新
ここから はじまる 日本語学

伊坂淳一 著

ひつじ書房

はじめに

　本書は日本語学の基礎について体系的に学ぶための入門書・概説書でも、日本語学のおもしろさを伝えるための啓蒙書でもありません。性格付けはむつかしいのですが、しいて言えば、日本語を素材として、大学生の思考力や表現力を伸ばすことを目的として編んだテキストです。

　もちろん、日本語学の入門テキストを大きく外しているわけではありません。『ここからはじまる日本語学』初版のはしがきには、同書をねらいを、次のように記しました。

> すでに母語を不自由なく使える人に対しては、なぜその言語を研究するのか、言語研究においてはなぜそのような研究の視点を持つのか、そのような研究の発想をするメリットはどこにあるのか、なぜそのような術語＝概念が必要なのか、そもそもどうしたら言語を客観的研究の対象として切り出せるのか、というあたりに意識的に重点を置くことがいっそう大切なのではないか。

　つまり、「日本語学概論『以前』」の概説書を志向したつもりでしたし、このもくろみは本版でも大きくは変わっていません。そして、おそらくこの立ち位置を支持していただいたのかもしれませんが、多くの方から誤謬等の指摘をいただきつつ、結果として19刷を重ねることができました。ただし、初版から20年近くたってみると、すでに話題として古くなってしまった素材が目立ってきたというだけでなく、当初のもうひとつのねらいである、専門性を離れても価値のある、思考力と表現力のためのテキストという意義が実現されているのかという疑問がわいてきました。

義務教育や高等学校教育の世界では、この十年間ほどの間に、めざすべき子どもの学力の姿が大きく変わってきました。根底にはOECD（経済協力開発機構）のPISA調査や、全国学力・学習状況調査のB問題に対する評価があり、次世代を生きる子どもたちに必要な能力として、知識基盤社会に通用するキーコンピテンシーや、21世紀型スキルという用語が使われるようになってきました。また、経済産業省が主導した「社会人基礎力」というとらえ方も、これまでの学校教育について、自省を促すきっかけとなっています。もはや基礎・基本となる知識・技能の蓄積だけでは、グローバル化していく世界に対応できるものではなく、社会や他者とつながる能力、必要な場面で必要な道具を取り出せる能力、競争と協働を同時に進めていく能力などが求められています。現行の小・中・高等学校学習指導要領の中核に、思考力・判断力・表現力の育成がすえられているのも、このようなバックグランドをふまえてのことです。

　一方、大学教育の現状はどうなっているでしょうか。そして、専門分野としての大学における日本語学の研究や教育は、ここ数十年の間にどう変わってきたでしょうか。

　日本語学研究の世界が、日本の社会全体から見たら、閉鎖された小さなムラのような存在であることは、今も昔も変わりません。しかし、文学研究もそうですが、日本語学が俗世を離れた孤高の存在としての価値を主張できる時代では、もはやありません。この研究分野・教育分野が、どうしたら社会に貢献し、社会からその必要性を認められることができるかについて、鈍感であることは許されません。本書が日本語学の基礎・基本を習得することが第一の目的ではなく、日本語の事象をあくまでも素材として取り上げ、その素材を通して、大学生の思考力と表現力を高めることをねらいとしているのは、このような理由からです。

　くりかえしになりますが、本書は日本語学についての知識を網羅的に概説することではなく、言語に関する事象を読み解き、思考し、その思

考プロセスを言語化して表現することをもくろみとして構成しています。各章の各節の冒頭には導入課題を置いています。また、各節の終わりには、各自で事象を集めたり、集めた事象や提示している事象について考えたり、その過程をまとめたりするための［課題］を置いています。そこでは高い専門性が求められているわけではないので、課題への解決の筋道は直感的につかめると思います。それをきっちりと書き出せるかどうかで、思考の過程も評価されます。途中に【広げよう・深めよう】として、やや高度な知識としての習得を目的とした説明を施していますが、不必要であればここはとばしてください。

　巻末の参考文献は、それぞれの領域の概要や、最新のテーマへと進んでいくための手引きです。日本語学研究にとっては基礎的で必須の先行研究文献であっても、古いもの、入手しにくいものは省き、おおよそ1990年以降のものを列記しました。

　前版と同様に、本書の趣旨を貫くために、本版も一人で書きあげることを自らに課してきました。しかし、この研究分野に情熱を持って取り組んでこられた多くの方々の研究から、多大なご教示をいただいていることは言うまでもありません。本書の性格上、いちいちの場所にそれを明記できませんでしたが、ご寛恕をいただけたらありがたく思います。

2016年10月
著者識

目　次

はじめに　iii

1　日本語学の視界 ……………………………………………… 1

1.1.　日本語研究の立ち位置　1
　　1.1.1　言語の研究的視点　1
　　1.1.2　言語の構成単位と研究分野　9
1.2.　人間の言語の特徴と機能　13
　　1.2.1　人間の言語の特徴　13
　　1.2.2　言語の機能　16

2　日本語の音声・音韻 ………………………………………… 21

2.1.　音声と音韻—言語の音のとらえ方—　21
　　2.1.1　日本語のガ行子音　21
　　2.1.2　音韻論的対立　25
2.2.　日本語の母音と子音—音の種類—　28
　　2.2.1　発音のしくみ　28
　　2.2.2　五十音図の「行」　33
　　2.2.3　撥音・促音　37
2.3.　日本語の拍—リズムと仮名文字の単位—　42
　　2.3.1　音節・拍　42
　　2.3.2　言語間の体系のずれ　46

2.4. 新生の音節—外来語音の取り込み— 50
    2.4.1 ハ行音の歴史 50
2.5. 濁音の機能—意味と情意の伝達— 55
    2.5.1 合成語の表示機能 55
    2.5.2 語頭の濁音 58
2.6. 日本語のアクセント—体系と機能— 61
    2.6.1 アクセントのとらえ方 61
    2.6.2 合成語のアクセント 65
2.7. 発音のゆれ 67
    2.7.1 音声のゆれ 67
    2.7.2 アクセントのゆれ 72

3 日本語の語彙 75

3.1. 語彙・語彙体系 75
    3.1.1 語と語彙 75
    3.1.2 語彙体系 79
3.2. 語彙の分類 85
    3.2.1 さまざまな分類の視点 85
    3.2.2 語種 90
3.3. 語の意味 97
    3.3.1 「意味」の意味 97
    3.3.2 類義語 100
    3.3.3 対義語 106
3.4. 語構成と語形成 113
    3.4.1 語構成 113
    3.4.2 語形成 116

3.5. 語句・表現の変化　122
  3.5.1　ことばの「乱れ」意識と変化過程　122
  3.5.2　誤用と非誤用の境界線　129
3.6. ことばと社会　138
  3.6.1　ことばの社会的変異　138
  3.6.2　集団語　143
3.7. 語句・表現とイメージ　147
  3.7.1　語句・表現の印象　147
  3.7.2　語句・表現と人物像　151

4　日本語の文法　……………………………………… 159

4.1. 文法に対する考え方　159
  4.1.1　文法規則と正しさ　159
  4.1.2　誤用と正しさの境界線　164
4.2. 文の構造と品詞　170
  4.2.1　文の構成要素と承接関係　170
  4.2.2　品詞の分類　177
4.3. 動詞・形容詞・形容動詞の諸相　184
  4.3.1　自動詞と他動詞　184
  4.3.2　感情形容詞　188
4.4. 活用　194
  4.4.1　動詞の活用表のしくみ　194
  4.4.2　活用のゆれと不規則性　199
4.5. 主語・主題と助詞の意味・機能　205
  4.5.1　「主語」の認識と「主題」の設定　205
  4.5.2　「は」と「が」　211
  4.5.3　助詞の種類と意味　214

4.6. 述語のしくみと助動詞の意味・機能　219
 4.6.1　述語の内部　219
 4.6.2　ヴォイス(態)　222
 4.6.3　アスペクト(相)・テンス(時)　226
 4.6.4　モダリティ　228

4.7. 連用修飾・連体修飾と文の接続　232
 4.7.1　副詞の分類　232
 4.7.2　連体修飾節の諸相　235
 4.7.3　複文の接続　238

5　日本語の文字・表記　243

5.1. 日本語の文字　243
 5.1.1　日本語表記の規範性と多様性　243
 5.1.2　表記の正しさの根拠　249

5.2. 漢字のかたちと読み　257
 5.2.1　漢字の字体・字形　257
 5.2.2　漢字の音と訓　260

5.3. 熟語の表記　266
 5.3.1　漢字表記の多様性　266
 5.3.2　代用字によって生じた多様性　270

5.4. 仮名表記とローマ字表記のきまり　275
 5.4.1　仮名づかいの問題点　275
 5.4.2　ローマ字表記の多様性　280

5.5. 表記の周辺　284
 5.5.1　表記の多様性　284

… 293

6.1. 「日本語」と「国語」　293
　　　6.1.1　日本の言語　293
　　　6.1.2　絶滅危惧言語　297
6.2. 日本語の類型　304
　　　6.2.1　日本語特殊論　304
　　　6.2.2　日本語文法特殊論　307

参考文献　311

図版出典一覧　319

索引　325

1 日本語学の視界

1.1. 日本語研究の立ち位置

1.1.1 言語の研究的視点

ここからはじめよう

次の新聞の読者投書欄の記事を読んで、どう思うか、また、そのように思う根拠は何か、お互いの意見を交換しよう。

①

感情表現には適切な日本語を

主婦　津村　みゆき
（埼玉県川越市　50）

私は朝刊の連載マンガ「ののちゃん」が好きです。だから24日はがっかりしました。遅刻しかけたのちゃんが、「ぎりぎりに起きてテンション上げとかないと」という友達に同意して「朝ヤバイよね」と言っていたからです。

が料理を一口食べ、「ヤバイ」と叫びました。続けて見ていると、「驚くほどおいしい」という意味だと分かりました。このタレントはその後も美しい景色を見て「ヤバイ」と叫び、かわいい雑貨を見つけて「ヤバイ」と言っていました。感情を「ヤバイ」の一言で全て表現していたのです。

「ヤバイ」という言葉は若者を中心に今では日常的に使われます。ののちゃんの場合は「まずい」「危ない」という意味でしょうが、他の意味でも使われています。ある旅行番組で、きれいな若手女性タレント

自分が思っていることは、適切な言葉で言い表さなければ他人には伝わりません。ののちゃんにも若い人たちにも、日本語の豊かな表現をきちんと使って自分の気持ちを言い表せる人になってほしいものです。

②

若者語考 言葉とは奥が深い

公務員　西岡　義治
(大阪市城東区) 52

若者たちがよく使う「こ
れでよろしかったでしょう
か?」の「よろしかった」
といった表現が気になる、
という声を耳にします。
確かに、口語文法で助動
詞「た」の用法が「過去」
しかないとすれば抵抗感が
あります。しかし「た」に
は過去のほか、完了・存続
・確認などの語法があり、
この場合は「確認」だと考
えると、文法的には誤りで
はありません。「この本、
君のだったね」の「た」と同じです。とはい
え、多くの人が気になる表
現を使うのはいかがか、と
いう課題は残るでしょう。
また、パソコンで「来れ
る」「見れる」と打ち込む
と、「ら抜き表現」と表示
されます。テレビで若い出
演者から抜き言葉で話す
と、字幕で訂正される場合
もあります。文法上のルー
ルに従っているのです。
しかし、私は「着れる」
など語幹の短いものは認め
てよいと考えています。そ
のことを留学生らに日本語
を教えている友人に話す
と、「ら抜き言葉も覚えな
ければならないのか。日本
語を学習する人には、また
負担が増えるね」と言われ
ました。言葉とは奥が深い
と、改めて感じます。

③

美しい鼻濁音
消滅は寂しい

高校非常勤講師　岡　優子
(千葉市緑区) 53

日本語のカ行音には濁
音の他に鼻濁音(半濁音)
があり、鼻にかかる柔ら
かい音で発音する。濁音
の「ガギグゲゴ」と区別
して「ガギグゲゴ」と表
記することもあり、語中
や語尾のカ行濁音は鼻濁
音で発音する。

発音が好まれるのか、本
当にギゴチナイのかは分
からないが「ゴゴ(正・
ゴ)の天気は」や「お過ゴ
(正・ゴ)し下さ
い」など、気に
しだすと耳障り
に感じることが
ある。
私はNHKの
大河ドラマを毎
週楽しみに見ているが、
将軍の御台所となるため
に言葉も厳しく直された
はずの篤姫がカ行濁音を
連発することに軽い忍耐
を要した。また、正確な
発音教育を受けたはずの
アナウンサーの中にも、
この鼻濁音に無頓着な人
がいることに驚きを禁じ
得ない。
アコガレ、アリガトウ、
カグワシイ、ナゴヤカ
…など、数限りなくある
日本語の美しい響きを、
ガギグゲゴと耳障りに発
音されてしまうのは、い
かにも寂しいと感じるの
は私だけだろうか。

ところが最近、特に若
い女性の言葉から鼻濁音
が聞かれなくなっている
ようだ。幼くギゴチナイ

④

主婦　井上　香織
（東京都）　41

「美しい鼻濁音　消滅」（11日）を読み高校の部活の苦労を懐かしく思い出しました。
故郷の広島には鼻濁音がなく、放送部で初めて鼻濁音や標準語とのアクセントの違いを学びました。アクセント辞典を参考にプロのアナウンサーの指導で練習しましが、鼻濁音は英語の発音練習にも似た難しさでした。それは標準語だけでなく方言も含めてのことです。
18年前の上京以後、標準語を話すよう努力しますが、帰郷して昔の友人と話す時は広島弁に戻りますし、今は広島で話される言葉も年々標準語に近づいているようで、とても寂しく感じています。
鼻濁音は日常会話では使わず、PTAのコーラス練習で気をつけているくらいです。
鼻濁音に限らず、地方の言葉や発音を耳障りに思わずに、後世に伝える美しいものと認めていただきたいと思います。私も美しい日本語を守

鼻濁音のない方言も美しい

鼻にかけ過ぎ家族に不自然と笑われる始末です。

りたいと思いますが、そ

[図版1]　『朝日新聞』の読者投稿記事
(『朝日新聞』(①＝2012年5月29日　②＝2010年7月16日　③＝2008年12月11日　④＝2008年12月18日)より)

▶一般的な関心

　日本語の母語話者は、特別な訓練や集約的な学習を経験することなく、気がついたら日本語を話せるようになっています。文章表現や話術、あるいは、文字の書写の巧拙などには個人差があるとはいえ、けっして日本語を外国語のように「使えない」と意識することはないでしょう。必要で最少限の言語運用能力の獲得は、特別の事情がない限り、すべての人にとって自然に、そして均質に与えられた先天的な能力です。

だから、今さら「日本語」の「学」でもないだろう、ということになるのは自然です。

　英語やフランス語なら、学習することによって、その言語が使えるようになるのではないかという期待感があります。そのための基礎的研究の意義も、おのずから納得できるでしょう。しかし、日本語の母語話者にとって、日本語の文法を「学ぶ」ことにどれほどの価値があるのか、疑問に思うのも不自然ではありません。

　一般的な日本語の母語話者が、日本語に関心を持つことがあるとすれば、どうしたらうまい文章が書けるか、どうしたらうまく人前で話せるようになるか、どうしたら字が上手に書けるようになるか、どうしたら漢字が正しく覚えられるか、どうしたら敬語が正しく使えるようになるかといった、一言でいえば、日本語の運用技術の向上を意識する場合が第一でしょう。その次には、珍しい漢字や古いことわざなどについての知識、いわば日本語の蘊蓄に対する興味ということになるでしょう。

　さらにその次に考えられるとすれば、いわゆる日本語問題、すなわち、「最近の日本語は乱れている」とか、「美しい日本語を守るべきだ」とかいった類の、日本語の「正しさ、美しさ」が議論される場合でしょう。失われゆく方言を、特別天然記念物のように貴重なものであると感じる感傷的な方言擁護論も同様です。文化庁が行った「国語に関する世論調査」では、約8割の人が、「今の日本語は乱れている」と感じていますが、「乱れている・乱れていない」という感覚は、いわば評論的な視点であり、科学的根拠を伴っているわけでありません。軍事評論家や航空評論家になるため

[図版2]　平成19年度国語に関する世論調査

には、相当の勉強が必要であることはわかっていても、日本語評論家には、だれでも、一夜にしてなれるような錯覚を持ってしまうハードルの低さがあります。

【ここからはじめよう】で取りあげたように、新聞の読者投書欄には一般の人々の日本語への意見が時々あげられ、肯定・否定の双方の側からさまざまな興味深い主張がされます。しかし、それらの意見の論拠はというと、科学的な実証データに基づくものではなく、おおよそ個人の主観や信条、感想によっているといえます。

［問］ 今の日本語は乱れていると思うか、乱れていないと思うか。

	調査年度	
	平成14年度	平成19年度
非常に乱れている	24.40%	20.20%
ある程度乱れている	56.00%	59.30%
余り乱れていない	15.10%	15.10%
全く乱れていない	1.20%	1.10%
分からない	2.50%	4.30%

［図版3］ 「国語の乱れ」についての意識
（文化庁文化部国語課『国語に関する世論調査』より作成）

「日本語学」はこのような、言語表現技術やいわゆる日本語問題に全く関与しないというわけではありませんが、基本的には直接的な解答を与えようとするものではありません。日本語学の中心課題は、他の言語の研究がそうであるように、日本語を客観的対象に据え、その構造や機能についての規則性を明らかにしていくことです。全く同じというわけではありませんが、自然科学が自然界の事象についての規則性を、法則や原理という形で説明しようとすることに似ています。したがって、日本語の母語話者が、他の言語を外国語として学ぶ時と同じように、日本語以外の言語の母語話者が、外国語として日本語を学習しようとする時には、日本語研究にも相応の意味が感じられるでしょう。しかし、日本語研究の有用性がそれだけであるとしたら、この世界において、日本語研究はただの無用の長物ということなってしまいます。

▶日本語の「乱れ」

　少し見方を変えてみましょう。現代の日本語問題として、新聞投書欄だけでなく、学校教育やマスコミでもしばしばふれられる事象に、いわゆる「ラ抜き言葉」があります。「テレビで見られる。」「素早く食べられる。」と言うべきところが、「見れる」「食べれる」となる事象をさしています。日本語の「乱れ」の張本人として、非難の矢面に立たされることもあります。

　上下一段活用動詞が可能表現となる時は、「食べられる」のように「未然形＋ラレル」というかたちをとるのが通則でした。「ラ抜き言葉」という命名は、「ラレル」の「ラ」が脱落したものである、という見方に基づいています。さらに、短い語形の方が言いやすく、経済的であるからそのような変化が起きたのだと理由づけされることもあります。ラ行音の連続が発音しにくいからだとか、現代人の話し方が早くなったからだといった、まことしやかな解説が付け足されることさえあります。

　しかし、もし、短い語形の方が言いやすいから変化が起きたというのであれば、より長い語形ほど「ラ」が落ちてもいいはずです。実際には「考えられる」、「試みられる」、「捕まえられる」のような長い語形は、「考えれる」、「試みれる」、「捕まえれる」とはなりにくいということが、本書の筆者の調査ではわかりました。

　さらによく観察してみると、「だれかに見られる。」という場合の受動表現での「見られる」は、けっして「見れる」とはなりません。したがって、この変化の背後には、まったく別の原理がはたらいていると考えなければなりません。

　いわゆる古典文法には、いくつかの動詞の活用型がありましたが、その中で所属語が最も多い四段活用動詞（現代語の五段活用動詞につながる）には、中世後期に、例えば「読む」に対する「読める」のような可能動詞形が新たに生まれました。その結果、現在では「だれかに手紙を

読まれる。」、「むずかしい漢字でも読める。」というように、受動表現と可能表現とがかたちのうえで分かれることになりました。

このことをふまえると、一段活用動詞で、可能表現にのみ「見られる→見れる」の変化が起きているのは、五段活用動詞に平行させて、意味の分化に対応するための新しいかたちの分化が起きたからであると解釈することができます。すなわち、

	四段動詞	一段動詞
可能表現	読まる	見らる
受動表現		

↓

	四段(五段)動詞	一段動詞
可能表現	読める	見ら(れ)る
受動表現	読ま(れ)る	

↓

	五段動詞	一段動詞
可能表現	読める	見れる
受動表現	読まれる	見られる

[図版4] 可能表現と受動表現

従来は上の図のいちばん上段の体系であったものが、中段の体系にずれたことをきっかけとして、再度、均整のとれた下段の体系に変化しつつあるということを意味しています。新しい体系では語尾のかたちも、可能表現で -eru、受動表現で -areru ときれいにそろえられています。

四段(五段)動詞の可能動詞形が、中世後期に新しく生じたかたちであるということは、日本語の歴史をさらにさかのぼった段階においては、四段動詞も可能表現と受動表現が同形であったということになります。要するに、一つのかたちへの負担がかかりすぎていたために、その負担を軽くしようとして、可能形を新しく生み出す動きが、四段(五段)動詞においてまず先行し、その数百年後の現在にいたって、一段動詞がそのあとを追従していると考えられます。一方が動いたことによって生じた体系の不均衡を、あらたに修復しようとする動きが起こったのだともいえます。

言語の体系とは、固定された不動のものではありません。均衡をめざしてみずからを調整しつつも、その調整の動きがさらに新たな不均衡を生む可能性を常にはらんでいることもあります。同時に、せっかく整えられた秩序から勝手にひとりで離脱しようとする動きをも抱えていると

いう、永久に流動的な体系であるといえます。

▶研究的な見方

　日本語学とはこのように、日本語の構造や機能に関する客観的データを、日本語の規則性というかたちで明らかにしようとする研究分野です。ある言語の母語話者にとって、自分の言葉づかいに注意することはあっても、母語の構造や機能は、特に意識しない限り研究対象にはまずなりません。日本語学の目的は、意識して日本語の構造や機能を考えることにより、言語によるコミュニケーションのメカニズムを明らかにすることにあります。言語表現技術や言語生活の向上に対して、また、言語問題に関する議論に対して、基礎的・客観的なデータを提供することはありますが、そのようなテーマは、最終的には生活者個人の態度や思想に委ねられた問題です。

　ただし、個人の主義主張に関わる議論の基礎となるような客観的データを、いかにすれば見つけることができるかという視点を持つことには、相応の意義があると考えられます。例えば、「わけの分からない略語や、いかがわしい横文字・カタカナ言葉の氾濫は嘆かわしい」という「主張」を、「『農協』や『JA』などの略語は、どのような造語の原理によってできた語か」、「略語やカタカナ語に対して、異なる社会集団に属する人々の間での理解や使用のされ方にはどのような差があり、また、持たれるイメージにはどのような違いがあるのか」という客観的な観点からの研究課題として、とらえなおすことができます。

広げよう・深めよう　言語の「規則」

　言語の「規則」という言い方は、多分に誤解を招きやすい表現でもある。ふつう規則といわれてまず思いつくのは、法律としての規則や

スポーツやゲームの決めごととしての規則であろう。これらは、個人の行動を外側から規制する「従わざるをえないもの」である点は、言語の規則に似ているが、決定的に異なるのは、人為的な取り決めとして合意が形成されたものである点である。たしかにことばの規則でも、文字や表記に関する規則には、人為的な取り決めとして成り立っているものがないわけではない。しかし、文字や表記の規則は、言語を書き写すためのきまりであって、言語そのもののきまりではない。

次に規則として考えられるのは、自然科学が扱う科学的な法則の類であろう。個の人間の力によって変えることができない超越的な規則である点で、言語もこれに似ているともいえないことはない。しかし、自然界の法則にそれなりの実体があるとしたら、言語の規則には同じような意味での実体があるとはいえない。例えば、本書4.4.「活用」の第1節「動詞の活用表のしくみ」[⇨ 194頁] がわかりやすいだろうが、言語の規則とは、研究者個人や学派の理念・観点・手法にしたがって解釈され、構築された仮説、言いかえると、いい意味での「虚構」と考えていいものである。

1.1.2　言語の構成単位と研究分野

ここからはじめよう

　パーツを組み合わせてモジュールを作り、モジュールを組み合わせて製品を作ることになった。パーツは、図1のようなP1〜P3の三色の丸形の部品で、3種類ある。モジュールは図2のような丸い穴があいている型で、これもM1〜M3の形の違う3種類があり、この穴に図1のパーツP1〜P3を埋め込む。このM1〜M3を図3の枠にはめ込んで製品を作るが、この枠も形の違う3種類がある。このような工程を経て、最終的にできあがる製品は何種類になるだろうか。なお、同じパーツやモジュールを並べて使用してもよい。

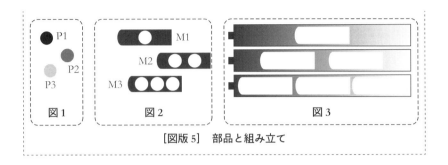

[図版5]　部品と組み立て

▶言語の基本構造

　言語は小さな単位の組合せによってできています。最も小さな単位は音であり、音が時間軸に沿って配列されていくことで単語が、その単語が同じように時間軸に沿って配列されていくことで文ができます。さらに、文が配列されていって文章・談話ができていきます。

　文章・談話はひとまず置くとして、文はこのような二段階からなる部品の配列によってできていますが、このことを、「言語は分節性を持っている」といいます。一般に人が伝えたいメッセージの数は無限にあるといってよいでしょう。しかし、人が発音できる音の数や、記憶できる単語の数にはおのずと限界があります。文が二段階で分節的であるということは、限られた数の音や単語を材料として、その材料を共通に理解された規則に従って並べていくことになり、そうすることで伝えられるメッセージの数が飛躍的に増大するというメリットを持っています。

　とはいっても、これらの部品を実際に切り出すことは、思うほど容易ではありません。そもそも文とは何かということについても、昔からさまざまな議論があって、簡単には定義できません。単語でも、例えば「菜の花・木の葉・檜の木」ということばがまとまった一語なのか、それとも三語からなるのかは、見方によっては曖昧になります。

　そこで、言語学では、意味を持った最小の単位として形態素という用語を用意しています。「菜の花」は、「菜」「の」「花」という三つの形態

素からできているという言い方をします。同じように、それ以上には分解することが不可能な最小の言語の単位を音素といいます。「花」は、/h/ /a/ /n/ /a/ という四つの音素からできています。

　日本語の場合は、音素と形態素(単語)の間に音節という単位を、形態素(単語)と文の間に文節及び文の成分という単位を設定することがあります。しかし、音素—形態素—文という単位のレベルは、すべての言語に必ず備わっています。

▶言語研究の諸領域

　言語研究における研究領域の細目も、通常は言語の基本構造に合わせて構成されています。

　言語の音について研究する分野を音韻論・音声学といい、形態素の構造や配列のきまりについて研究する分野を形態論、文についてのきまりを研究する分野を統語論といいます。ただし、厳密には多少のずれがあることを承知の上で、形態論の代わりに語彙論、統語論の代わりに文法論という用語を慣用として使うことがあります。そして、言語の構成要素に平行した研究分野とは、異なる視点に立ったところに、文字論・表記論があります。

　ここまでは、言語の内部のいわば各部品について研究する分野ですが、言語研究には、言語と言語の外側にある事象との関係について研究する分野があります。主な分野では、地域や年齢等の社会的要因による言語の変異を扱う方言学や社会言語学、言語と人間の心理との関係を扱う心理言語学などがあります。

　言語の過去の歴史的な実態や時間軸に沿った変化を研究する分野を歴史言語学といいますが、通常、日本語史という言い方もします。

　異なる言語どうしを比べる研究には、比較言語学と対照言語学がありますが、比較言語学は、同じ系統から分かれた類縁関係にある言語の歴

史を扱うのに対して、対照言語学は、双方の言語の系統に関係なく、文法や語彙の構造的な違いや、言語の一般的な性質を明らかにしようとする分野です。

　本書では、従来からの言語の構造レベルにそった構成をなぞり、日本語の「音声・音韻」、「語彙」、「文法」、「文字・表記」をそれぞれ章として扱います。方言学や社会言語学、心理言語学、歴史言語学に関係する事象は、もともとが言語の構造レベルに対して横断的な視点に立っていますので、独立した章とするのでなく、これらの各章の中の必要なところで、必要に応じた形で取り上げていきます。

広げよう・深めよう　文を越えた単位の言語研究

　文を越えた、さらに大きい言語のまとまりを、書き言葉では文章、話し言葉では談話という。文章の構造や構成上のきまり、特徴などを研究する分野を文章論、また、特定の作家や時代、あるいはさまざま様式等による文章の個性や類型などを研究する分野を文体論という。

　近年の言語研究には、語用論や談話文法の研究と呼ばれる分野がある。文法論では基本的に文を単位として議論が展開されるが、言語によるコミュニケーションのしくみを明らかにするためには、文の内部構造を分析するだけでは不十分であり、文を越えた談話の中のきまりについて分析する必要があるという視点に立っている。

課題

1. 新聞の読者投書欄などで、日本語に関してどのような「意見」があるか、調べよう。それが個人の価値観や主張に根ざした見解である場合、視点を変えることによっては、客観的な研究対象になりうる課題としてとらえ直すことができないか、考えよう。
2. 本節でふれたケース以外に、「日本語を意識した」経験はどのような

時であったか、お互いに意見交換をしよう。
3. 本節で紹介した以外に、「言語〇〇学(論)」、「〇〇言語学(論)」という研究分野を表す用語がないか、調べてみよう。

1.2. 人間の言語の特徴と機能

1.2.1 人間の言語の特徴

ここからはじめよう

言語は、人が人に何かのメッセージを伝えるための記号とみなすことができる。その点では、交通標識も同じ記号であるが、両者を比較すると、メッセージの伝え方にはさまざまな点で相違がある。その違いについて、気がついたことを自分なりの言葉で箇条書きにしよう。

[図版6] 交通標識

▶**言語記号の伝え方**

交通標識では、「駐車禁止」なら「駐車禁止」という標識の図柄、つまり、ある一つのメッセージを伝えるための形式が、それ全体でまるごと「駐車禁止」という意味に対応しています。一方、「駐車禁止」という言語表現は、少なくとも「駐車」「禁止」という二つの単位に分けられます。その点で、交通標識は基本的には分節性を持っておらず、分節性があるとしても、例えば「Uターン禁止の」の「Uターンの矢印」の部分と「禁止の斜線」の部分の組み合わせ程度のごく簡単なものであり、おおよそは形式と意味とがまるごと一対一に対応しています。

このような記号体系は、体系全体としては単純でわかりやすいものになりますが、伝えたいメッセージの数だけ、感覚的に区別できる形式を用意しておかなければならないという制約がつきまといます。交通に関係する規制や、町中で見かけるさまざまな指示・案内のメッセージ程度なら、一対一対応の記号や、要素の単純な組み合わせによるマークでも間に

[図版7] 案内標示

合うでしょう。しかし、人間が一般的に伝えたいメッセージの数となると無限であり、それに見合うだけの言語記号の形式を、一対一で用意することなどとうてい不可能です。

　次に、交通標識は、標識の図柄全体を一瞬にして伝え、全体を一瞬にして理解します。しかし、言語は、音や単語を時間の流れに沿って、一直線上に順々に並べていきます。これを、言語の線状性といいます。文字に書く場合も時間軸に沿って線状的に記号を並べていきますし、書かれたものを単に見るだけなら全体を一瞬にして見られますが、言語として読む時には、書く時と同じように、時間の流れに沿って順次文字を追いかけていきます。

　その次に、交通標識の中には、例えば「Uターン禁止」のように、記号の形式(＝絵柄)と意味(＝メッセージの内容)とが、何かしらの現実世界に存在する事物と、意味のある関係を持っているものが少なくありません。「踏切注意」の標識では列車の絵柄が、「道路が滑りやすいので注意」の標識ではまさに滑っている車の絵柄が記号の形式となっており、それらの意味と直接的に関係づけられています。

　しかし、言語はオノマトペなどの一部の例外を除いて、記号の形式と意味の間には必然的な関係がありません。これを言語記号の恣意性といいます。〈犬〉を意味する日本語の記号は「イヌ」であり、英語の記号は

dog ですが、どちらの言語でも、形式と意味の関係は偶然の産物です。もしかすると、〈犬〉を表す単語が「ネコ」であり、〈猫〉を表す単語が「イヌ」だったかもしれませんが、それはそれで、いっこうに問題はありません。

▶ことばの創造と獲得

　交通標識は決められた範囲の記号を使って発信・受信をするだけで、個人が自由に新しい記号を作ることができません。言語は、例えば「駐車禁止」の「駐車」を他の単語と入れ替えることによって、「複製禁止」「居眠り禁止」「恋愛禁止」……などと、次々に新しいことばを作っていくことができます。これを言語の生産性といいます。

　さらに、言語を使う能力は、人間の他の能力とは異なり、特別な事情がない限り、幼児期に、自然に、無意識のうちに、そして平等に身につけることができます。つまり、言語の獲得は、人為的にコントロールができないという特徴があります。

広げよう・深めよう　刺激からの超越性

　動物がメッセージを伝え合うさまざまな手段を持っていることは、広く知られている。例えば、猿は外敵の接近を仲間に知らせるために、鳴き声を使い分けるというが、そのような動物のコミュニケーションサインは、時間・空間の限られたその現場の中に、サインを発するための何らかの刺激があることが条件となって生まれるものである。マンガや物語などの創作世界ではなく、現実世界の犬が、空腹でもないのに嘘をついて空腹時の鳴き声をして食べ物をくすね、どこかに隠しておいて、あとで食べるということはあり得ない。

　人間の言語は時間・空間を遠く隔てたところの刺激をもとに発する

ことも可能である。これを言語の超越性という。そのために、発話時点では痛くなくとも、過去に受けた痛みについて話したり、まだ実現していない将来の夢を語ったり、嘘をついたり、現実世界には存在しない想像上の事物や現象について語ったりすることができる。

比喩として「動物のことば」という言い方をすることがあるが、あくまで比喩である。たしかにごく一部の動物のコミュニケーションシステムの中には、ミツバチのダンスのように、単純な形式による分節性や、直接的な刺激からの超越性があることが指摘されている。しかし、それも人間の言語とは比較にならないほど単純なものである。

チンパンジーに人間と同じようなしくみを持った言語を教えるという実験も進められていて、相当の成果があげられている。それはそれでヒトとは何かを考える貴重な研究であるが、しかし、人間の言語はやはり人間しか使うことができないというのが事実である。

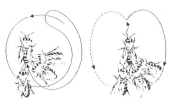

[図版8] ミツバチのダンス(左＝円舞ダンス(餌場が巣に近い時) 右＝尻振りダンス(餌場が遠い時))

(D. クリスタル、風間喜代三他訳(1992)『言語学百科事典』(大修館書店)より)

1.2.2 言語の機能

> 🏃 ここからはじめよう
>
> 次のそれぞれの発話には、発話者のどのような意図があるだろうか。どんな発話者や発話の場面であるかを想像しながら、お互いに考えたことについて意見交換しよう。
> ① 毎日、暑い日が続いていますが、今日も埼玉県熊谷市では、最高気温が38度をこえる猛暑日となりました。

② ああ、あっついなあ。暑い、暑い！
③ ねえ、ちょっと、窓が閉まってて、暑いんだけど。
④ あっ、どうも、お暑うございます。
⑤ 「暑い」と「厚い」は同音異義語である。
⑥ 連日の猛暑、もうしょうがないって。

▶主要な機能

　言語はコミュニケーションのための道具です。道具とは一般に、何かの仕事をするための方法として、特定の役割を果たすよう工夫されたものです。では、言語を発することによって、発信者は何をしようとしているのでしょうか。その時、言語はどういう役割を果たしているのでしょうか。

　言語の機能については、R. ヤコブソン Roman Osipovich Jakobson による、古典的な6要素の分類がしばしば取り上げられます。

　【ここからはじめよう】の①は、例えばテレビの定時ニュース番組のような場面での発話であり、「情報を聞き手に伝えたい」というのが、第一の目的です。発話には、その言語形式が意味する内容事物 context を聞き手に伝えるという要素が必ず含まれます。次に②は、発話の送り手 addresser にとっては、「自分の感情・感覚をことばに吐き出したい」というのが、目的の中心です。③の発話には、発話の受け手 addressee がこの発話の意図を理解し、例えば、窓を開けるという「実際的な行動を起こしてほしい」という意図があります。つまり、この発話は、相手の行動を促すよう働きかける機能を果たしています。このような、①、②、③のように内容事物、送り手、受け手に焦点を置いた言語の機能を、それぞれ表示機能(叙述的機能)referential function、表出機能(心情的機能)emotive function、刺激機能(能動的機能)conative function といいます。この3要素が言語の主要機能です。

▶補助的な機能

　【ここからはじめよう】の④のような、挨拶のことばを交わす場面を想定してみましょう。「ねえ。」や「あのう。」のような呼びかけのことばでも同じですが、最も重要な機能は、発話の送り手と受け手とを結びつけ、コミュニケーションの場を設定し、そのためのチャンネルを開くことです。このような、送り手と受け手の接触 contact を目的とした機能を接触機能（交話的機能）phatic function といいます。

　⑤の「同音異義語」という語は、「暑い」や「厚い」のような日本語の単語そのものではなく、日本語について論じるためのことばです。言語には、このような、言語自身の記号体系であるコード code に言及する機能があります。これを注釈機能（メタ言語的機能）metalingual function といいます。

　最後に⑥は、いわゆるだじゃれですが、ここでは表現された意味内容を伝えることや、作者の感情を表出することに、中心的な目的があるわけではありません。記号としての言語の形式（語形）である、メッセージ message そのもののおもしろさを表出することを目的としています。このような機能を鑑賞機能（詩的機能）poetic function といいます。

　詩は一般に、作者の心情表出が中心の目的となる言語表現であるといえますが、谷川俊太郎『ことばあそびうた』の詩は、まさにこの鑑賞機能のために作られた詩で、語形の取り合わせや連続の妙、アクセントや音の配置によって生み出されるリズム感、押韻による聴覚的な快さなど、まさに日本語の「カタチ」そのもののおもしろさ、巧みさを追求した作品が集められています。

　以上を整理すると、次のように、言語的な伝達の場を構成する6要素に対して、6種類の機能が抽出されます。個々の発話にはこちらの機能が対等に発現されるのではなく、ある発話にはある特定の機能が際だって現れるということになります。

[図版9] 谷川俊太郎『ことばあそびうた』の詩
（瀬川康男・絵、福音館書店）

内容事物 context	表示機能（叙述的機能）	referential function
送り手 addresser	表出機能（心情的機能）	emotive function
受け手 addressee	刺激機能（能動的機能）	conative function
接触 contact	接触機能（交話的機能）	phatic function
コード code	注釈機能（メタ言語的機能）	metalingual function
メッセージ message	鑑賞機能（詩的機能）	poetic functcion

広げよう・深めよう　**遂行文**

　例えば、「〈掃除〉という行為をする」ことは、実際に床を掃く、机をぞうきんで拭く、ゴミを片付けるというような行動をすることであり、
　（1）　私はこの部屋を掃除します。
と発話しただけでは、〈掃除〉という行為をしたことにならない。しか

し、言語の中には、その単語を使って発話すること自体が、その行為を遂行したことになる動詞がある。

（2）　同じ過ちを繰り返さないことを約束します。
（3）　正々堂々と戦うことを誓います。
（4）　今回のことについて、ここに謝罪いたします。
（5）　新しい計画を提案します。
（6）　こちらのプランをお勧めします。
（7）　先ほどの発言を取り消します。

　これらの発話では、発話をした時点で、それぞれ〈約束〉〈宣誓〉〈謝罪〉〈提案〉〈推奨〉〈取り消し〉という行為をしたことになる。このような文を遂行文といい、「約束する」「誓う」「謝罪する」「提案する」「勧める」「取り消す」のような、その動詞を使うことによって遂行文にすることができる動詞を遂行動詞という。

課　題

1. 「私は猫と話ができる」、「うちの犬はしばらく放っておくと、寂しかったと言ってじゃれついてくる」と主張する人に対して、反論する方法を考えよう。言語による人間のコミュニケーションには、単に「動物たちとコミュニケーションをとる」ことや、比喩として「動物とことばを交わす」こととは異なること、人間の言語にしかないシステムが働いていることを、一般の人に分かるように説明しよう。
2. ミツバチのダンスのしくみについて調べよう。また、その他の動物について、どのようなコミュニケーションのしくみを持っているか、調べよう。
3. 自分たちの日常会話の中で、「話の意味が伝わらない」、「誤解して伝わっている」と思われる時、それはどのような理由からであろうか、お互いに意見交換をしよう。

2　日本語の音声・音韻

2.1.　音声と音韻―言語の音のとらえ方―

2.1.1　日本語のガ行子音

> 🏃 ここからはじめよう
>
> 　日本語の「ガ行音」の発音には、鼻声がかかった発音とそうでない発音とが聞かれる。次の単語を発音して、自分は下線の部分をどちらで発音しているか、確かめよう。また、友だちの発音を聞いて、どちらで発音しているか、聞き分けてみよう。
> ①　カ<u>ガ</u>ミ（鏡）　　　　②　ハル<u>ガ</u>キタ（春が来た）
> ③　<u>ガ</u>ッコウ（学校）　　④　ショウ<u>ガ</u>ッコウ（小学校）
> ⑤　ジュウ<u>ゴ</u>ヤ（十五夜）　⑥　サン<u>ゴ</u>ジュウ<u>ゴ</u>（3×5＝15）
> ⑦　ブロ<u>グ</u>　　　　　　　⑧　ゴト<u>ゴ</u>ト

▶2種類のガ行音

　「カ<u>ガ</u>ミ（鏡）」、「ハル<u>ガ</u>キタ（春が来た）」、「ショウ<u>ガ</u>ッコウ（小学校）」ということばの発音をよく観察してみると、仮名文字では書き表せない、2種類の異なる音があることがわかります。地域や個人によっては、差が現れない場合もありますが、日本語全体としてみると、肺からの呼気が鼻の方へ抜けて鼻声がかかったような音になる「ガ」と、そうではない「ガ」とを聞くことができます。

鼻声がかかった「ガ」を鼻濁音といい、ここでは「カ゚」と表記することにします。もう一方は単に濁音と呼んでおき、普通に「ガ」で表記します。「ギ・ギ゚」「グ・グ゚」「ゲ・ゲ゚」「ゴ・ゴ゚」についても同じです。

2種類の発音を最も厳密に言い分けている人にとって、【ここからはじめよう】の8語の発音は、次のようになります。

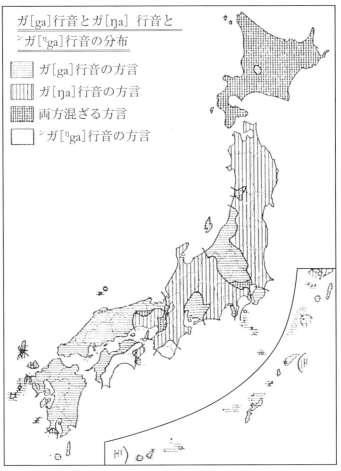

[図版1]　ガ行子音の分布（平山輝男（1968）『日本の方言』（講談社）より）

|鼻濁音| ① カガミ(鏡)
　　　② ハルガキタ(春が来た)
　　　④ ショウガッコウ(小学校)
　　　⑤ ジュウゴヤ(十五夜)
|濁　音| ③ ガッコウ(学校)
　　　⑥ サンゴジュウゴ(3×5＝15)
　　　⑦ ブログ
　　　⑧ ゴトゴト

1970年ごろの調査資料によると、日本各地には鼻濁音の地域と濁音の地域が、左頁の図のように分布していました。「゜ガ」というのは、鼻濁音の「ガ」の直前に、軽い「ン」の音が聞こえる発音をさしますが、その分布地域は限られています。

▶発音の違いと意味

現在は鼻濁音は衰退する方向にありますが、それでもまだ全体としてみると、「鏡」には異なる2種類の発音があるということになります。にもかかわらず、やはり同じ〈鏡〉という意味の語であることに変わりはありません。

鼻濁音の「カ゜」は、軟口蓋(口蓋の後方)の後ろの部分と後舌(舌の後方)とで閉鎖を作ると同時に、肺からの呼気を

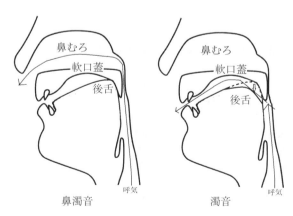

[図版2]　鼻濁音と濁音の発音のしくみ

鼻むろからも出すような発音をする音です。濁音の「ガ」では、呼気は鼻むろへは抜けず、軟口蓋の後ろの部分と後舌でいったん作った閉鎖を一気に開放することによって発生する音です。

　このような発音の違いがあるのですが、この違いは日本語において語の意味を区別していないことになります。このことを、「意味の弁別には関与していないので、同一の音素 phoneme の異音 allophone となる」といいます。

　ところが、たとえば「カ(蚊)」と「ガ(蛾)」は別の語となるので、［カ］と［ガ］の発音の違いは、意味の弁別に関与していると認められます。日本語の「カ」の子音と「ガ」の子音は、異なる音素であるということになります。

広げよう・深めよう　音声学・音韻論

　言語学では、言語の音を「音声」としてとらえられる視点と、「音韻」としてとらえられる視点とがある。前者の観点からの研究を音声学 phonetics、後者の観点からの研究を音韻論または音素論 phonemics, phonology と称している。最小の言語音の単位を、音声学では単音 phone、音韻論では音素または音韻 phoneme という。極端にわかりやすくいうと、音声は発音された音の物理的な姿、音素・音韻は解釈された抽象的な姿である。

　言語の発音をローマ字やその他の記号で書き表す際には、音声として表記する場合と、音韻として表記する場合がある。[　] は音声表記、/　/ は音韻表記を示す。音声表記は、言語の音声を言語間の相違を越えて、共通の符号によって表示することを理念として設定されている IPA(国際音声字母 International Phonetic Alphabet)にしたがっている。

　IPA では、

$$\begin{cases} ガ行鼻濁音＝「ガ」の子音…[ŋ] \\ ガ行濁音＝「ガ」の子音…[g] \\ 「カ」の子音…[k] \end{cases}$$

と表記される。

2.1.2　音韻論的対立

> 🏃 **ここからはじめよう**
>
> 　英語の light と right は、日本語では［ライト］という同じ発音になってしまう。ball と bowl も、一般的なカタカナ表記は「ボール」、「ボウル」と異なるが、発音は同じ［ボール］である。これらと同じような関係にある、他の例を探してみよう。

▶英語と日本語のずれ

　ガ行子音の発音一つをとっても、個人差があり、地域差があり、年代差があり、また、一個人内においても、そのときどきによって、まったく同じ発音が繰り返し実現されるわけではありません。厳密にいえば、全く同一の物理的性質を持った同じ「ガ」は、この地上に二つとして存在しないといえます。音声学の視点とは、実際に実現された一つ一つの音について、その違いのすべてを問題にしているといえます。

　つまり、ガ行鼻濁音［ŋ］とガ行濁音［g］は、たしかに音声学的には異なる音ですが、しかし、一方では同じ音であるともいえます。これは日本語において、異なる音素として機能していないからです。そこで、二つの音声は、同一の音素 /g/ として解釈されます。音韻論では、「必ずある言語において」という枠を設け、その言語における語の意味の弁別に関与する言語音の特徴を問題にします。ある音声的な違いが、音韻的な違いに関係するか、しないかは言語ごとに異なり、言語ごとに

決まっているからです。

　英語の [l] は舌先を上歯の裏の歯茎につけ、呼気がその舌の両側から流れ出るように発音します。[r] は舌先は歯茎にも上歯の裏側にもどこにもつけず、呼気はその舌の上の狭い空間を流れ出ていくように発音します。英語の [l] と [r] は、このような音声としての違いがあるだけでなく、light [lait]：right [rait] のように単語の意味を区別するので、/r/：/l/ として抽出される別の音素ということになります。これを、英語では /r/ と /l/ は音韻論的に対立しているといいます。しかし日本語では、「光」でも「右」でも「ライト」を [raito] と発音しようが、[laito] と発音しようが、それによって意味が区別されるわけではないので、同一の音素 /r/ であると解釈されます。

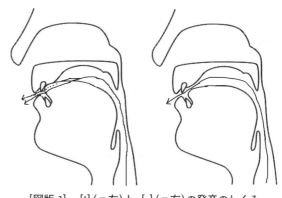

［図版3］　[l]（＝左）と [r]（＝右）の発音のしくみ

▶発音の変化のとらえ方

　日本語のガ行子音には、おおまかには語頭では濁音の [g]、非語頭では鼻濁音の [ŋ] になる、という位置による分布上の原則があります。テレビのアナウンサーや音楽の歌唱指導においては、鼻濁音を使わない発音は汚いという観念があり、何とかして鼻濁音を維持しようとする努力は現在もされています。にもかかわらず、鼻濁音の使用が日本語全体としては縮小しつつあるというのも現実です。

　意味の識別に関与しない音声的差異は、たとえその差異が消失したと

しても、心理的な抵抗感は残るにせよ、言語の伝達上において特段の不都合は生じません。鼻濁音の衰退という現象を、昔ながらの美しい発音が失われていくのだと見る見方は、論理的であるとはやはりいえません。

発音の変化を理解するためには、それが音声的な変化であるのか、音韻的な変化であるのか、そして、音声や音韻の体系全体にどのような変更をもたらすかという観点が重要です。

広げよう・深めよう　相補分布

音声を音韻論的に解釈する際の原則の一つとして、相補分布 complementary distribution という考え方がある。単純化していうと、ある音声的な環境(位置や前後の音の関係)で音声 $[α_1]$ が現れ、それ以外の環境で $[α_2]$ が現れて、両者に紛れがない時、$[α_1]$ と $[α_2]$ は相補分布をなすといい、同一の音素 /α/ として解釈される。$[α_1]$ と $[α_2]$ は、/α/ の異音 allophone となる。

英語の p には、発音の際に口から息が前に飛び出す $[p^h]$ と、息が出ない $[p]$、さらには両唇を閉鎖したまま止めて開放しない $[p^˺]$ とがあるが、peak $[p^hiːk]$、speak $[spiːk]$、stop $[stɑp^˺]$ のように、語頭・非語頭・非語尾・語尾という3種類の環境の違いによって、3種類の違う形として出現するので、これらは相補分布をなしているとなる。

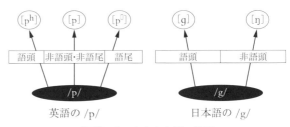

[図版4]　音声と音韻の関係

> **課　題**
>
> 1. ガ行音の鼻濁音と濁音の2種類の発音を、最も厳密に言い分けている人は、どのようなきまりを持っているだろうか。次の語例も参考にして本節の中で言及した、語頭：非語頭以外の条件を考えよう。
>   - ニジュウ<u>ゴ</u>ネン（二十五年）　ジュウ<u>ゴ</u>ジジュウ<u>ゴ</u>フン（15時15分）
>   - シン<u>グ</u>（寝具）　シングル／く<u>ぐ</u>る（潜る）　グー<u>グ</u>ル
>   - ガタ<u>ガ</u>タ　ギシ<u>ギ</u>シ
> 2. 自分がよく知っている方言の発音で、共通語では聞き慣れない音が聞かれることがないか、探してみよう。

2.2. 日本語の母音と子音—音の種類—

2.2.1　発音のしくみ

> 🏃 **ここからはじめよう**
>
> 　次の単語で下線の部分の発音がどのように違うかを観察し、自分の言葉で表現してみよう。口や舌の形や位置、息の出し方、のどぼとけのあたりの振動の有無などに注目しよう。
> - ①　「<u>パ</u>ン」と「<u>バ</u>ン」
> - ②　「<u>テ</u>」（手）と「<u>ケ</u>」（毛）
> - ③　「<u>タ</u>ケ」（竹）と「<u>サ</u>ケ」（酒）
> - ④　「<u>イ</u>シ」（石）と「<u>ウ</u>シ」（牛）
> - ⑤　「<u>ア</u>カ」（赤）と「<u>オ</u>カ」（丘）

▶**調音器官**

　言語の音は、だいたい右の図に示されるような調音器官の動きによって生み出されます。音声学には、調音器官による言語音の産出過程を主

に扱う調音音声学 articulatory phonetics、音波としての空気中の伝播を扱う音響音声学 acoustic phoetics、聴覚器官によって聞き取られ、認知される過程を扱う聴覚音声学 auditory phonetics の三分野があります。近年では、各種の音響機器を使った実験音声学に基づく音響音声学に、めざましい進歩が見られますが、言語音研究の基礎となるのは調音音声学です。

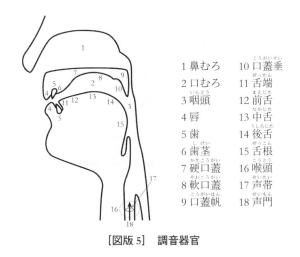

[図版5] 調音器官

1 鼻むろ　　10 口蓋垂
2 口むろ　　11 舌端
3 咽頭　　　12 前舌
4 唇　　　　13 中舌
5 歯　　　　14 後舌
6 歯茎　　　15 舌根
7 硬口蓋　　16 喉頭
8 軟口蓋　　17 声帯
9 口蓋帆　　18 声門

▶子音と母音

　世界の言語の中には、息を吸い込む時の空気の流れや、口の中にためこんだ空気の排出を利用して音を作る言語もあります。しかし、大方は肺からの呼気の流れが、調音器官によってさまざまに利用され、聞こえ方の違ういろいろな言語音として実現されます。

　言語音はまず、呼気の通り道のどこかに、閉鎖や狭めなどの妨害があるか、ないかによって、子音と母音とに分けられます。ただし、[h] [w] [j] などは、妨害の程度が低いにもかかわらず子音とされるのは、これらが音節[⇨ 42頁]の核にならない、という音韻論的な性質が考慮されているからです。

　子音は通常、呼気の流れの妨害の位置(調音点)、妨害の方法(調音法)、声帯振動の有無の3点から分類されます。【ここからはじめよう】の①〜

③の下線部の子音は、次のように発音されます。

	音声	調音点	調音法	声帯振動
①	「パン」の「パ」の子音	上下の唇	いったん閉鎖を作り、その後で一気に開放する	なし
	「バン」の「バ」の子音			あり
②	「テ」(手)の子音	舌先と上歯の裏の付け根	いったん閉鎖を作り、その後で一気に開放する	なし
	「ケ」(毛)の子音	後舌と口蓋の後方部位		
③	「タケ」(竹)の「タ」の子音	舌先と上歯の裏の付け根	いったん閉鎖を作り、その後で一気に開放する	なし
	「サケ」(酒)の「サ」の子音		呼気の通り道を狭めて、摩擦を起こす	

　母音は通常、舌の前後の位置、顎(あご)の開き具合、口唇の形状(丸めの有無)の3点から分類されます。【ここからはじめよう】の④〜⑤の下線部の母音は、次のように発音されます。

	音声	舌の前後の位置	顎の開き具合	口唇の形状
④	「イシ」(石)の「イ」	前方	狭い	丸めなし
	「ウシ」(牛)の「ウ」	後方		
⑤	「アカ」(赤)の「ア」	中間	広い	丸めなし
	「オカ」(丘)の「オ」	後方	中間	丸めあり

　このように言語で用いるいろいろな音は、どこかが異なるさまざまな要素の組み合わせによってできています。といっても人間の身体なので、要素の種類や組み合わせ方には自ずと限界があり、実際に発することのできる言語音は数に限りがあります。そこで今度は、音の並べ方を

いろいろと変えることによって、単語という意味を持ったまとまりを作っていくのです。

広げよう・深めよう　子音の定義・母音の定義

　既述のように、子音は通常、調音点、調音法、声帯振動の有無の3点から分類される。

　調音点については、調音器官の前方から順に、次のように定義される。日本語では唇歯音・反り舌音・硬口蓋歯茎音・口蓋垂音・咽頭音は使われない。

- ❶　両唇音　上下の唇により作られる音
- ❷　唇歯音　上顎の門歯と下唇により作られる音
- ❸　歯音・歯茎音　上顎の門歯・歯茎と舌端により作られる音
- ❹　反り舌音　上顎の硬口蓋と舌端により作られる音
- ❺　硬口蓋歯茎音　上顎の歯茎から硬口蓋にかけての部位と舌端により作られる音
- ❻　歯茎硬口蓋音　上顎の硬口蓋の前部と中舌により作られる音
- ❼　硬口蓋音　上顎の硬口蓋と中舌により作られる音
- ❽　軟口蓋音　上顎の軟口蓋と後舌により作られる音
- ❾　口蓋垂音　口蓋垂を含む上顎の軟口蓋後部と後舌により作られる音
- ❿　咽頭音　咽頭壁と舌根により作られる音
- ⓫　声門音　声門により作られる音

調音法は次のように定義される。日本語では、側面音・ふるえ音は使われない。

- ❶　閉鎖音　調音器官の一部による、呼気の閉鎖や閉鎖後の開放によって作られる音
- ❷　摩擦音　調音器官の一部の狭めによる、呼気の流れの摩擦に

よって作られる音

❸ 破擦音　閉鎖音の直後に、同じ調音点での摩擦音が続く音
❹ 鼻音　口腔内の一部に閉鎖が作られるが、同時に鼻腔にも呼気の通路が開かれることによって作られる音
❺ 接近音　摩擦音より広い、ゆるい狭めによって作られる音
❻ 側面音　口腔の中央部を舌によって閉鎖し、その両側に呼気の流れを作ることによって作られる音
❼ ふるえ音・弾き音　口腔の呼気によって、調音器官が数回、または一回ふるえることによって作られる音

声帯振動の有無によっては、次の2種が定義される。

❶ 無声音　声帯の振動を伴わない音
❷ 有声音　声帯の振動を伴う音

ただし、中国語や韓国・朝鮮語のように、声帯振動の有無ではなく、気息（＝強い息の流出）を伴うか、伴わないかの違いによる有気音・無気音の区別が意味を持つ言語もある。

母音は通常、舌の前後の位置、開口度、口唇の形状から分類される。

舌の前後の位置とは、口蓋に向かって持ち上がる舌の部位の前後関係であり、次の3種に分類される。

❶ 前舌音　前舌面が持ち上がる
❷ 中舌音　中舌面が持ち上がる
❸ 後舌音　後舌面が持ち上がる

開口度は通常、顎の開きの小さい順に、次の4種に分類される。ただし、日本語の場合は、狭母音・半広母音・広母音の3段階である。

❶ 狭母音
❷ 半狭母音
❸ 半広母音

［図版6］　円唇母音（英語の［u］）と非円唇母音（日本語の［ɯ］）

❹　広母音

口唇の形状については、次の2種が区別される。

❶　円唇母音　唇を丸める
❷　非円唇母音　唇を丸めない

2.2.2　五十音図の「行」

> 🏃 ここからはじめよう
>
> 　日本語のサ行「サ・シ・ス・セ・ソ」とシャ行「シャ・シュ・ショ」をゆっくり発音して、それぞれの行の子音がすべて同じかどうか、観察しよう。音を出し始める前の口の体勢や、舌の位置に注目しよう。ハ行「ハ・ヒ・フ・ヘ・ホ」とヒャ行「ヒャ・ヒュ・ヒョ」、ファ行「ファ・フィ・フェ・フォ」ではどうだろうか。

▶サ行の子音

　五十音図は日本語の仮名文字を、子音と母音によって整理した表です。ただし、「五十音」「濁音」「半濁音」「拗音」というのは便宜的な名称であって、体系的に分類されたものではありません。ヘボン式ローマ字表記というのは、現在広く使われている一般的なローマ字の表記方法ですが、発音そのものを表しているわけではありません。

　おそらく、五十音図の同じ行の子音には同じ子音の仮名が、同じ段には同じ母音の仮名が並べられていると思っている人が多いと思います。しかし、音声としてみると、例えばサ行の子音は、調音法については摩擦音、声帯振動の有無については無声音という点で共通しているものの、調音点で「シ」だけが他とは異なっています。「サ・ス・セ・ソ」は舌先と上歯の裏の歯茎のあたりで狭い閉鎖を作りますが、「シ」は舌の中ほどと硬口蓋の前の方の部分とで閉鎖を作ります。前者は歯茎音、

後者は歯茎硬口蓋音です。また、シャ行の子音は、「シ」と同じ歯茎硬口蓋音です。サ行とシャ行は直音（基本となる五十音）と拗音というかたちで、五十音図の中では別の行に位置づけられていますが、音声としてはこのようなねじれた関係になっています。

　では、音韻的にみた場合にはどうでしょうか。一般的な解釈では、「直音」と「拗音」という対立を優先して考えています。拗音が原則と

五十音

ん	わ	ら	や	ま	は	な	た	さ	か	あ
n	wa	ra	ya	ma	ha	na	ta	sa	ka	a
＊つまる音……っ	（い）(i)	り ri	（い）(i)	み mi	ひ hi	に ni	ち ti [chi]	し si [shi]	き ki	い i
	（う）(u)	る ru	ゆ yu	む mu	ふ hu [fu]	ぬ nu	つ tu [tsu]	す su	く ku	う u
	（え）(e)	れ re	（え）(e)	め me	へ he	ね ne	て te	せ se	け ke	え e
	を o [wo]	ろ ro	よ yo	も mo	ほ ho	の no	と to	そ so	こ ko	お o

拗音　半濁音　濁音

ぴゃ pya	びゃ bya	ぢゃ (zya) [dya]	じゃ zya [ja]	ぎゃ gya	りゃ rya	みゃ mya	ひゃ hya	にゃ nya	ちゃ tya [cha]	しゃ sya [sha]	きゃ kya	ぱ pa	ば ba	だ da	ざ za	が ga
												ぴ pi	び bi	ぢ (zi) [di]	じ (zi) [ji]	ぎ gi
ぴゅ pyu	びゅ byu	ぢゅ (zyu) [dyu]	じゅ zyu [ju]	ぎゅ gyu	りゅ ryu	みゅ myu	ひゅ hyu	にゅ nyu	ちゅ tyu [chu]	しゅ syu [shu]	きゅ kyu	ぷ pu	ぶ bu	づ (zu) [du]	ず zu	ぐ gu
												ぺ pe	べ be	で de	ぜ ze	げ ge
ぴょ pyo	びょ byo	ぢょ (zyo) [dyo]	じょ zyo [jo]	ぎょ gyo	りょ ryo	みょ myo	ひょ hyo	にょ nyo	ちょ tyo [cho]	しょ syo [sho]	きょ kyo	ぽ po	ぼ bo	ど do	ぞ zo	ご go

［図版7］　五十音図とローマ字表記

して、漢語や外来語、及び、和語であっても極めて俗語的な口頭語にしか現れないという音の使われ方の面も考慮されています。そして、サ行の中では、母音［a］［ɯ］［e］［o］の前に歯茎音が、母音［i］の前に歯茎硬口蓋音が現れて、位置の上で互いに重複するところがないという相補分布をしています。そこでサ行の子音は同一の子音音素 /s/ であるとなります。母音音素 /i/ の前では、この母音の性質の影響を受けて（＝同化されて）、口蓋的な性質（＝舌全体が口蓋に向けて持ち上がる）を伴った歯茎硬口蓋音として実現されたのだ、と考えるわけです。

　以上を表にまとめてみましょう。ここまでと同様に、音声表記は IPA にしたがっています。［ɕ］は歯茎硬口蓋音、/j/ は拗音を統一的に解釈するために設けた拗音音素です。

		サ行					シャ行		
		サ	シ	ス	セ	ソ	シャ	シュ	ショ
音声	母音	[a]	[i]	[ɯ]	[e]	[o]	[a]	[ɯ]	[o]
	子音 [s]	[sa]		[sɯ]	[se]	[so]			
	[ɕ]		[ɕi]				[ɕa]	[ɕɯ]	[ɕo]
音韻	/s/	/sa/	/si/	/su/	/se/	/so/	/sja/	/sju/	/sjo/

［図版 8］　サ行・シャ行の音声と音韻

▶ハ行の子音

　ハ行は少し複雑です。「ヒ」はサ行の中での「シ」と似た位置にあり、音声的には「ヒャ・ヒュ・ヒョ」と同じ子音です。IPA では［ç］と書き、「シ」よりやや奥よりの位置で狭めが作られます。ハ行・ヒャ行の関係でも、音韻的には直音・拗音の対立を優先して解釈しています。

　さらにハ行では、「フ」も「ハ・ヘ・ホ」と同じ子音ではありません。両唇を狭めて閉鎖を作る子音で、これは普通は五十音図に入れないファ行「ファ・フィ・フェ・フォ」と同じ子音であって、IPA では［ɸ］で

表します。しかし、ここでも「フ」は直音であるハ行の音として解釈します。

以上をサ行と同じように、表にまとめてみます。/w/ はファ行音を他の拗音と同じ構造とみなし、「ハ行子音＋両唇的な拗音＋母音」として解釈するために用いる拗音音素です。

		ハ行					ヒャ行			ファ行			
		ハ	ヒ	フ	ヘ	ホ	ヒャ	ヒュ	ヒョ	ファ	フィ	フェ	フォ
	母音 子音	[a]	[i]	[ɯ]	[e]	[o]	[a]	[ɯ]	[o]	[a]	[i]	[e]	[o]
音声	[h]	[ha]			[he]	[ho]							
	[ç]		[çi]				[ça]	[çɯ]	[ço]				
	[ɸ]			[ɸɯ]						[ɸa]	[ɸi]	[ɸe]	[ɸo]
音韻	/h/	/ha/	/hi/	/hu/	/he/	/ho/	/hja/	/hju/	/hjo/	/hwa/	/hwi/	/hwe/	/hwo/

[図版9]　ハ行・ヒャ行・ファ行の音声と音韻

広げよう・深めよう　サ行音の歴史

　歴史的にみると中世後期には、「サ・ス・ソ」の子音はすでに現在と同じ子音になっていたが、「セ」の子音はいまだ「シ」と同じ子音であっただろうということが、確認されている。次の『天草版伊曽保物語』から切り出した部分には、

　Xixi：獅子
　Xitagocoro：下心
　cŏxeqi：行跡

のように、「し」「せ」が xi、xe と記されている。しかし、

　sanzan：さんざん
　sore：それ

のように、それ以外のサ行音は s で書かれている。また、現在でも一部の方言には、「セ」を「シェ」、またはその変化形である「ヒェ」と

発音するところがある。

このようなことから、かつてはサ行音がすべて、現在のシャ行音のように発音されていた時代があったのではないかと推定されている。ただし、さらにそれ以前には、それらと

天草版伊曽保物語
　1593(文禄2)年に天草で、イエズス会の宣教師たちによって活版印刷され、刊行された。ポルトガル語式のローマ字によって当時の日本語の話し言葉が記されている。現在はイギリスの大英博物館に保存されている。

[図版10]　『天草版伊曽保物語』

もまた異なる音声であったという論もある。
　現在、「シ」にのみ古い音声が残っているのは、後続の母音 [i] の音声的な特徴に支えられているからである。しかし、ある特定の歴史的段階(ここでは現代)の音韻論的解釈は、歴史的経緯とは切り離した、それ自身で完結した枠組みの中で行うのが原則である。そこで、歴史的には「サ・ス・セ・ソ」で [c] → [s] の変化が起きたのだが、現代語に対する解釈としては、音素 /s/ が /i/ の前で [c] として実現されていると考えるのである。

2.2.3　撥音・促音

🏃 ここからはじめよう

　次の単語の下線部分が、実際にはどのように発音されているか、観察しよう。特に、「ん」を発音している時の口の形や舌の位置に注目しよう。

① さんまい(三枚)　さんぺん(三編)　さんぼん(三本)
② さんにん(三人)　さんてん(三点)　さんだい(三台)
③ さんかい(三回)　さんごう(三号)

▶「ん」の発音

　仮名で「ん」と書かれる撥音は、どれも同じ発音であると思い込みがちです。しかし、その次にどのような子音が来るかによって、実際の音声はまちまちです。

　【ここからはじめよう】の①は、「ん」の次に「ま」「ぺ」「べ」が来ますが、これらの子音は両唇を閉じることで発音されます。その直前の「ん」は、それらの音の影響を受けて(＝同化されて)、両唇を閉じる［m］になります。②は「ん」の次に「に」「て」「だ」が来ます。これらの子音は、舌先と上歯の裏の歯茎の閉鎖によって発音されるので、その性質に同化されて、「ん」は［n］になります。③も同様の原理によって、［ŋ］になります。

　つまり、「ん」はその直後の子音と同じ調音点の鼻音になっているのです。これら以外の位置での撥音の実現のされ方はかなり複雑なので、その詳細について、ここでは省略しますが、結論的には全体的に相補分布をなしているということがいえます。音韻論的には、「鼻音性」という共通性を持つ、子音でありながら単独で拍［⇨ 42 頁］を形成することのできる特殊な音素として解釈されることになります。

▶「っ」の発音

　促音「っ」も注意して発音を観察すると、すべて同じ音として発音されているわけではないことに気づきます。次の語を、注意して発音してみましょう。

① いっかい(一回)　いっき(一気)　いってん(一点)　いっつう(一通)　いっぽん(一本)　いっぺん(一辺)
② フック　ビッグ　ヒット　ベッド　トップ　グッバイ

「っ」「ッ」と書かれる部分は、その直後の子音と同じ口の形をして、そのまま一拍に相当する時間のあいだ止めるという発音をしています。止めているだけなので、実際には音は聞こえません。つまり、「っ」という音は実体がないともいえます。しかし、「ん」と同じように、相補分布をなしていて、「子音性」という共通点を持つ、単独で拍を形成する特殊な音素として抽出することができます。

広げよう・深めよう　日本語の音声一覧と音素目録

　言語音は体系をなしているといわれる。ある音は他の音との部分的な違いによって対立し、全体としてひとつのシステムを作っているという意味である。例えば、子音の体系の一部を、もっとも単純化した形で示したものが、右の表である。日本語や英語でもこれらの音が使われている。

　では実際に日本語では、どのような種類の音が使われているのであろうか。

		両唇音	歯茎音	軟口蓋音
閉鎖音	無声音	p	t	k
	有声音	b	d	g
鼻音		m	n	ŋ

[図版11]　子音の体系

　音声としては、次頁の表が共通語で標準的に現れると考えられる子音の一覧である。ただし、音声のことなので、方言差や個人差までをも網羅的に含めることは不可能である。表記法として、[ɕ][ʑ][ç][tɕ][dʑ]は、[ʃ][ʒ][tʃ][dʒ]と表記されることがあるが、IPAではこれらは別の音声を示すことになっている。

　音声に関して、以下の点に注意しておきたい。
・　[w]、[j]はそれぞれワ行音、ヤ行音の子音を表す音声記号で

- ある。
- バ行音は、語頭では閉鎖音の[b]として、語頭以外では摩擦音の[β]として現れるのがふつうである。

		両唇音	歯茎音	硬口蓋歯茎音	硬口蓋音	軟口蓋音	硬口垂音	声門音
閉鎖音	無声音	p	t			k		
	有声音	b	d			g		
摩擦音	無声音	ɸ	s	ɕ	ç			h
	有声音	β	z	ʑ				
破擦音	無声音		ts	tɕ				
	有声音		dz	dʑ				
接近音	有声音	w			j			
弾き音	有声音		r					
鼻音	有声音	m	n		ɲ	ŋ	N	

[図版12] 日本語の音声（子音）

- 仮名表記では「ジ」「ヂ」、「ズ」「ヅ」が別の文字として使われるが、音声的にはふつう、「ジ」「ヂ」は語頭では破擦音、非語頭では摩擦音として発音される。「ズ」「ヅ」は普通は摩擦音として発音されるが、撥音や促音の後ではふつうは破擦音になる。ジャ行の「ジャ・ジュ・ジョ」、ヂャ行の「ヂャ・ヂュ・ヂョ」の音についても、「ジ」「ヂ」と同様である。
- 日本語のラ行の子音は、英語の[r]とは発音の仕方が異なる音であり、舌先が上歯茎の内側に一定の時間、固定されるのではなく、離れた状態から一瞬だけ接触し、すぐにまた離れるという発音のしかたをする。
- ナ行「ニ」は、他の「ナ・ヌ・ネ・ノ」と調音点が異なる。母音[i]の前の子音が口蓋化を受ける時、「キ」「ギ」のように調音点や調音法の違

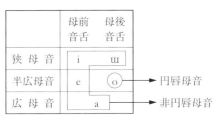

[図版13] 日本語の音声（母音）

いにまで影響を受けない場合と、「シ」「ヒ」「チ」のようにそうでない場合とがある。「ニ」は調音点自体が変わっている。

次は母音であるが、ここでも、実際に現れる音声の微小な差異までは考慮しないこととする。共通語でも母音の直前の「ん」は、鼻母音となって現れるのが普通であるが、そのような複雑な要素もここでは省略する。

日本語の「ウ」は、英語の円唇母音［u］と違い、非円唇母音［ɯ］である。円唇母音は「オ」だけである。

ここまでは音声であるが、次に日本語の音素の一覧表ということを考えてみる。音素は音韻論的な解釈の結果であるから、解釈の視点や方法によって、これまでにもさまざまなものが提案されてきた。特殊音素とは単独で拍を形成することができる特別な機能を持った音素であり、撥音に対する音素 /N/ のほかに、促音、長音に対する音素 /Q/、/R/ がある。さらに、「アイ」の「イ」のような二重母音の二拍目に来る母音(下り二重母音)が、/J/ として立てられることもある。なお、音素はそもそもが抽象的な存在なので、母音「ウ」に対してはわざわざ /ɯ/ と書くのではなく、/u/ としておくのがふつうである。

ここまでは、比較的よく見られる日本語の音素の種類であるが、/S/、/Z/、/T/、/D/、/C/ は、本書独自の主張として、それぞれ「スィ」、「ズィ」、「ティ」「トゥ」、「ディ」「ドゥ」、「ツァ」「ツェ」「ツォ」の拍に現れる子音の音素として立てたものである。

母音音素	/i/ /e/ /a/ /o/ /u/
子音音素	/k/ /g/ /s/ /z/ /t/ /d/ /n/ /h/ /b/ /p/ /m/ /r/ /S/ /Z/ /T/ /D/ /C/
半母音素	/j/ /w/
特殊音素	/N/ /Q/ /R/

[図版14] **日本語の音素**

課題

1. 「タ・チ・ツ・テ・ト」をゆっくり発音して、それぞれの子音が同じであるか、観察しよう。調音点だけでなく、調音法についても注目しよう。
2. 撥音・促音の分析を参考にし、次の単語を使いながら、長音が実際にはどのような音声として発音されているか、観察しよう。また、発音と仮名表記との関係について、どうまとめられるか、考えよう。
    ① ばあさん　じいさん　空気　ねえさん　英語　おおきい　おうぎ
    ② アート　シート　スーツ　セール　モール　烏龍茶
    ③ ネイル　デイリー　フェイスブック　クラスメイト　レイトショーメイク　ボウリング　ソウル　ドアツウドア
3. 次の英単語が外来語として日本語になった時、下線部の発音がどのようになっているか、説明しよう。

    thi<u>rd</u>　fa<u>ther</u>　<u>i</u>mage　s<u>ea</u>t　f<u>u</u>zzy　t<u>oo</u>l　s<u>a</u>fe　g<u>oa</u>l　w<u>oo</u>l

2.3. 日本語の拍—リズムと仮名文字の単位—

2.3.1 音節・拍

ここからはじめよう

次のような例で、ふつう「5」とか「7」と数えているのは、何の数だろうか。それはどのような単位なのだろうか。自分の言葉で説明しよう。

○短歌
　人はいさ心も知らずふるさとは花ぞ昔の香ににほひける
　たわむれに母を背負いてそのあまり軽きに泣きて三歩あゆまず
○俳句・川柳
　五月雨を集めて早し最上川
　万緑の中や吾子の歯生え初むる

本降りになって出て行く雨やどり
○都々逸
　　ざんぎり頭を叩いてみれば文明開化の音がする
　　丸い玉子も切りよで四角ものも言いようで角がたつ
○標語
　　曲がり角いつも危険が隠れてる
　　リサイクルあなたの意識が地球を守る
○文語定型詩

> 初恋　　島崎藤村
>
> まだあげ初めし前髪の
> 林檎のもとに見えしとき
> 前にさしたる花櫛の
> 花ある君と思ひけり
>
> やさしく白き手をのべて
> 林檎をわれにあたへしは
> 薄紅の秋の実に
> 人こひ初めしはじめなり
>
> わがこころなきためいきの
> その髪の毛にかかるとき
> たのしき恋の盃を
> 君が情に酌みしかな
>
> 林檎畠の樹の下に
> おのづからなる細道は
> 誰が踏みそめしかたみぞと
> 問ひたまふこそこひしけれ

▶「ニッポン（日本）」の発音のしかた

　言語音の実質的な最小単位は単音、または音素ですが、それらが配列されて形態素となるまでの中間段階に、「音節・シラブル・拍・モーラ」と呼ばれる単位があります。これらの用語は、研究者によって定義や内容をやや異にすることがあります。ここでは音声学的見地からの単位として「音節」を、また、日本語における音韻論的見地からとらえた等時間的な単位として「拍」を使うことにします。

　たとえば、「ニッポン（日本）」という語は、2音節・4拍として数えられる語です。英語の母語話者が、しばしばこの語を「ニッ‐ポン」というように、2単位に区切って発音するように聞こえるのは、拍が日本語には存在しても、英語には存在しない単位であるため、「ニ‐ッ‐ポ

-ン」のように等時間的な四つの単位として発音することを、英語母語話者は苦手としているからです。

　音声学的な音節には、通常その核となる母音が含まれている必要があります。日本語の撥音・促音・長音は、単独では音節を構成しませんが、音韻論的なレベルにおいて、単独でも等時間的な一つの単位を形成することができます。つまり、それ自身で独立した1拍となることができます。だから、「ニッポン」は4拍の語となります。この点をふまえて、撥音・促音・長音の音素を特殊音素、撥音・促音・長音によって形成される拍を特殊拍と呼ぶことがあります。

▶5拍と7拍

　拍は日本語の母語話者にとっては身近で、比較的たやすく実感しうる単位です。短歌や俳句・川柳から、現代の標語にいたるまで、5または7のまとまりを句として構成されている表現が、日本語には少なくありません。この時、5とか7とかと数えているのは拍の数です。短歌や俳句で「字余り」という時には、実際には「字」ではなく、「拍」が余っているのです。ただし、日本語でなぜ5拍と7拍の連続がリズミカルで、心地よく耳に響くのかについては、容易に答えが見つかりません。

　拍余りを「字余り」と呼ぶことが定着していることに象徴されるように、拍は仮名文字の単位とほぼ重なります。音声的な実体としてさまざまな形に姿を変える撥音・促音・長音にも、仮名文字1字分に相当する共通の表記（「ん」や「っ」、ただし長音は仮名づかいとしていくつかのバリエーションがある）が与えられています。

広げよう・深めよう　日本語の拍の体系

　日本語の拍の種類はいったいいくつあるのか、確定的な数値を出す

ア /a/	イ /i/	ウ /u/	エ /e/	オ・ヲ /o/	ヤ /ja/	ユ /ju/		ヨ /jo/	ワ /wa/	
カ /ka/	キ /ki/	ク /ku/	ケ /ke/	コ /ko/	キャ /kja/	キュ /kju/		キョ /kjo/		
ガ /ga/	ギ /gi/	グ /gu/	ゲ /ge/	ゴ /go/	ギャ /gja/	ギュ /gju/		ギョ /gjo/		
サ /sa/	シ /si/	ス /su/	セ /se/	ソ /so/	シャ /sja/	シュ /sju/	シェ* /sje/	ショ /sjo/		
ザ /za/	ジ・ヂ /zi/	ズ・ヅ /zu/	ゼ /ze/	ゾ /zo/	ジャ・チャ /zja/	ジュ・チュ /zju/	ジェ・チェ* /zje/	ジョ・チョ /zjo/		
	スィ* /Si/									
	ズィ* /Zi/									
タ /ta/	チ /ti/	ツ /tu/	テ /te/	ト /to/	チャ /tja/	チュ /tju/	チェ* /tje/	チョ /tjo/		
ダ /da/			デ /de/	ド /do/						
	ティ* /Ti/	トゥ* /Tu/				テュ* /Tju/				
	ディ* /Di/	ドゥ* /Du/				デュ* /Dju/				
ツァ* /Ca/			ツェ* /Ce/	ツォ* /Co/						
ナ /na/	ニ /ni/	ヌ /nu/	ネ /ne/	ノ /no/	ニャ /nja/	ニュ /nju/		ニョ /njo/		
ハ /ha/	ヒ /hi/	フ /hu/	ヘ /he/	ホ /ho/	ヒャ /hja/	ヒュ* /hju/	ヒェ* /hje/	ヒョ /hjo/	ファ* /hwa/ フィ* /hwi/ フェ* /hwe/ フォ* /hwo/	
バ /ba/	ビ /bi/	ブ /bu/	ベ /be/	ボ /bo/	ビャ /bja/	ビュ* /bju/		ビョ /bjo/		
パ /pa/	ピ /pi/	プ /pu/	ペ /pe/	ポ /po/	ピャ /pja/	ピュ* /pju/		ピョ /pjo/		
マ /ma/	ミ /mi/	ム /mu/	メ /me/	モ /mo/	ミャ /mja/	ミュ /mju/		ミョ /mjo/		
ラ /ra/	リ /ri/	ル /ru/	レ /re/	ロ /ro/	リャ /rja/	リュ /rju/		リョ /rjo/		
撥音拍 /N/	促音拍 /Q/	長音拍 /R/								

[図版 15] 日本語の拍

ことはむずかしい。前頁の表は、標準的な共通語で使われていると考えられる拍を抽出し、可能な限りで五十音図の枠に当てはめて示そうとした案である。特殊拍は単純にそれぞれを1単位として見なした。※印は外来語やオノマトペ、俗語的な口頭語など、使用される範囲が限定され、したがって出現頻度も相対的に低い拍である。

　仮名文字の種類と拍の種類とは本来的に一致しないから、仮名文字の数そのままが拍の種類の数となるわけではない。拍の分布を仮名の五十音図にぴったりと重ねることは、もともと不可能である。「ジ・ヂ」と「ズ・ヅ」、ジャ行とヂャ行、及び「オ・ヲ」は、それぞれ仮名文字は別々であるが、発音としては同じである。それゆえに、同じ音を単語によってかき分ける仮名づかいが生じる。また、「スィ」「ズィ」のように、単独の仮名文字が存在しなくても、出現頻度は少ないが、拍としてはたしかに存在する場合がある。逆に、「ヴ」のように仮名表記が存在しても、それに相当する拍が存在しないものもある。

2.3.2　言語間の体系のずれ

> 🏃 ここからはじめよう
> 　英語の spring は1音節の単語だが、日本語の「スプリング」は何拍の単語になっているだろうか、考えよう。

▶発音のずれ

　日本語の母語話者にとって、英語の発音の中には、いくつか難しいところがあります。[l] と [r] の音も、聞き分けたり言い分けたりするのが厄介なものの一つです。light [lait] と right [rait] は意味が異なる

ので、英語には /l/ と /r/ の音韻的な対立が存在することになりますが、日本語では両語とも「ライト」という外来語となり、原語にあった音韻論的対立は消えています。日本語には、もともと一つの音素 /r/ しかないからです。言語と言語の間には、このような音韻体系のずれが常に存在します。

あまり知られていないことですが、日本語の母語話者の pool [pul] の発音は、なかなか英語らしく聞こえないものの一つです。外来語としての日本語「プール」は、おおよそ [pɯːɾɯ] のように発音されます。日本語の「ウ」[ɯ] は非円唇母音ですが、英語の [u] は円唇母音であって、しかも唇などに緊張を伴う張り母音といわれるものです。日本語の [ɯ] は、弛み母音です。英語の pool と pull の母音の本質的な違いは、長・短という長さに関する点ではなく、音声器官に緊張を伴う張り母音か、伴わない弛み母音かという点にあります。つまり、日本語でも英語でも音韻表記では同じように /u/ と表記されますが、音声的には異なる母音です。

▶外来語の借用

英語の spring [spriŋ] は、外来語としての日本語になる時に、「スプリング」[sɯpɯriŋɡɯ] のように発音されます。原語では音声的に1音節の語が、日本語では5拍の語になってしまいます。それぞれの言語には、その言語での音の配列に関するきまりがあります。

英語では spring のほかにも、strike、screen など、厳密にはさらに条件を限定しなければいけませんが、おおまかにいうと、語頭に三つまでの子音連続が許容されます。日本語では、C＝子音音素、V＝母音音素、s＝拗音音素によって表すと、原則的に拍の構造は、/V/、/CV/、/CsV/ のいずれかとなるか、撥音・促音・長音の拍に限定されるかするため、撥音・促音を含まない子音連続が現れることがありません。しかも、英

語のように一音節内で連続するということがありません。したがって、英語の /spr-/ という子音連続は、外来語としての日本語に組み入れられる時に /supuri-/ という、基本的な /CV/ 構造に変更される必要があります。

　一般に、ある言語の語彙が他言語に借用される際には、原語の音素配列規則がそのまま持ち込まれるのではなく、借用する側の言語の音素配列規則にしたがった変更が行われることになります。そのような語の中での音の配列に関する規則性や制約を扱う分野を、音用論（音素配列論）phonotactics といいます。

広げよう・深めよう　母音の無声化

　東京方言では、「無声子音＋狭母音の「イ」[i]、「ウ」[ɯ]」の拍が、無声子音の前や語末に来る時、その母音が無声化するという現象がある。

　例えば、「きしゃ（汽車）」の「キ」の母音「イ」は、前後を無声子音に挟まれており、このような環境では声帯の振動を伴わない無声の母音として発音されるのがふつうである。実際にはっきりとした声としてというよりは、息の流出がかすれた音として聞こえてくる感じである。しかし、あくまでも一拍分の時間的な長さは保たれているので、単なる子音の連続に変化しているというわけではない。このよう

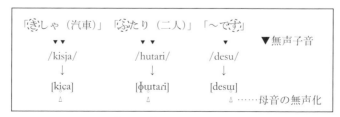

[図版16]　母音の無声化

な点からも、日本語の発音では拍という単位が、重要な役割を果たしていることがわかる。

　なお、関西方言では母音の無声化は原則的に起きない。東京方言と関西方言を聞いた時の聞こえ方の印象の違いは、母音の無声化現象の有無が要因の一つとなっている。

課　題

1. 次の拍に対して、「ガング(玩具)」・「ギャング」のような関係にある単語をあげよう。また、「ギェ」「ビェ」「ピェ」という拍が使われる単語があるか、探してみよう。
   ①「ガ・グ・ゴ」と「ギャ・ギュ・ギョ」
   ②「バ・ブ・ボ」と「ビャ・ビュ・ビョ」、「ピャ・ピュ・ピョ」
2. 45頁の表で、「オ・ヲ」となっているのはなぜだろうか、考えよう。
3. 45頁の表で、「ジ・ヂ」「ズ・ヅ」、「ジャ・ヂャ」「ジュ・ヂュ」「ジェ・ヂェ」「ジョ・ヂョ」となっているのはなぜだろうか、考えよう。
4. 次の拍を含む単語を探してみよう。それらは、どういう種類の語だろうか。
   ①「シェ」「チェ」「ジェ・ヂェ」
   ②「ミュ」
5. 日本語の母語話者にとって、英語との言語の体系のずれによって発音がむずかしいと感じるところは、本節であげた点の他にどのような点であろうか。ここまでに出てきた用語を使って説明してみよう。

2.4. 新生の音節—外来語音の取り込み—

2.4.1 ハ行音の歴史

ここからはじめよう

下の図版は、キリシタン資料の一つである『天草版平家物語』(1592(文禄2)年刊)の表紙である。ここに出てくる次の単語は、どんな日本語を書き記しているだろうか、考えよう。

・NIFON

・FITO

・FEIQE

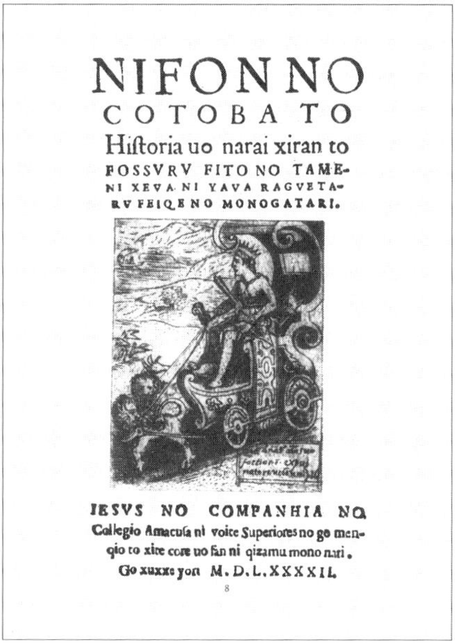

NIFON NO
COTOBA TO
Hiſtoria uo narai xiran to
FOSSVRV FITO NO TAME-
NI XEVA NI YAVA RAGVETA-
RV FEIQE NO MONOGATARI.

IESVS NO COMPANHIA NO
Collegio Amacuſa ni voite Superiores no go men-
qio to xite core uo fan ni qizamu mono nari.
Go xuxxe yori M.D.L.XXXXII.
8

[図版 17] 『天草版平家物語』

▶中世後期のハ行音

　日本語の歴史を過去にさかのぼれば、ハ行子音はすべて無声両唇摩擦音［ɸ］であった時期がありました。『天草版平家物語』では、例えば「日本」、「人」、「平家」を 'NIFON' 'FITO' 'FEIQE' と表記しているように、ハ行音は 'fa fi fu fe fo' という綴りで表されています。この f は、当時の日本語のハ行子音［ɸ］を写そうとしたものであったと推定されています。つまり、当時の「ハ・ヒ・ヘ・ホ」の子音は、現在の「フ」と同じ、上下の両唇を狭めて、呼気の流れの摩擦によって音を生じさせる発音であったと考えられています。

　後奈良院が撰述した『何曽(なぞ)』には、16世紀初頭の文献に記された「母にはふたたび会ひたれど、父には一度も会はず（答）くちびる」というなぞなぞがあります。これも当時のハ行子音が上下の唇が接触するか、それにかなり近い発音であったことを示唆しています。

　ハ行子音はその後に音声的な変化が起きて、現在のようになりました。［ɸ］は母音「ウ」の前、つまり「フ」の音節に残るだけとなり、母音「イ」の前ではその影響を受けて口蓋的な子音［ç］に、そしてそれ以外の母音の前では無声声門摩擦音である［h］になっています。

　ところで近世後期の国学者であった本居内遠［1792〜1855］は、『後奈良院御撰何曽之解』の中で、「『母』は『歯々』の意、『父』は『乳』の意であり、『母』は上唇と下歯、下唇と上歯が二度合い、『乳』は唇が届かないので一度も合わない、だから『唇』と解いたのだ」と記しています。この時期にはすでに「ハ」が、現在と同じ発音に変わってしまっていたため、後奈良院の時代のなぞなぞが、もはやなぞなぞとして成立しなくなっており、そのためにこのような解釈に到達せざるを得なかったのだと考えられます。

▶体系の「あきま」

現代語のハ行・ヒャ行・ファ行の音節は、36 頁のように複雑な構成となっています。どのようにしてこのような現在の形ができたのでしょうか。

まず、ハ行音の音声は今でこそ 3 列に分かれていますが、中世ごろは下図のように、同じ子音 [ɸ] の列にそろって並んでいる形でした。また、子音 [ç] の列には、漢語で使われる「ヒャ・ヒョ」と、俗語的な口頭語に現れる「ヒュ・ヒェ」のヒャ行音が並んでいました。

子音＼母音	[a]	[i]	[ɯ]	[e]	[o]
[ç]	ヒャ [ça]		ヒュ [çɯ]	ヒェ [çe]	ヒョ [ço]
[ɸ]	ハ [ɸa]	ヒ [ɸi]	フ [ɸɯ]	ヘ [ɸe]	ホ [ɸo]

この状態から、「ハ・ヒ・ヘ・ホ」の子音が変化して、次のような分布に変わりました。

子音＼母音	[a]	[i]	[ɯ]	[e]	[o]
[h]	ハ [ha]			ヘ [he]	ホ [ho]
[ç]	ヒャ [ça]	ヒ [çi]	ヒュ [çɯ]	ヒェ [çe]	ヒョ [ço]
[ɸ]			フ [ɸɯ]		

その結果、もと「ハ・ヒ・ヘ・ホ」がいた場所は空白となって、体系に「あきま」ができました。その間隙を、外来語として取り入れられた「ファ」[ɸa]・「フィ」[ɸi]・「フェ」[ɸe]・「フォ」[ɸo] が埋めたということになります。

子音＼母音	[a]	[i]	[ɯ]	[e]	[o]
[h]	ハ [ha]			ヘ [he]	ホ [ho]
[ç]	ヒャ [ça]	ヒ [çi]	ヒュ [çɯ]	ヒェ [çe]	ヒョ [ço]
[ɸ]	ファ [ɸa]	フィ [ɸi]	フ [ɸɯ]	フェ [ɸe]	フォ [ɸo]

（外来語）

　たとえて言うなら、かつて平屋の5部屋に住んでいた5人の住人のうち、4人が2階の空き部屋と、あとから増築した3階に移ってしまったので、新しく空き部屋になった1階の4部屋に、外国からの移住者が住みついたということなのです。結果として、行と音声がねじれた関係になっていますが、この表のほとんどの枠はきれいに埋まったことになります。ただし、[hi] [hɯ] のすきまは、発音上の制約があって、今後も埋まる見込みはないと思われます。

　このように、外国語の音声が外来語として日本語に取り込まれるか、そうでないかは、日本語の側の体系のありように依存している部分が大きいといえます。

広げよう・深めよう　「ヴ」の表記

　英語の [f]、[v] は上歯と下唇が接近若しくは接触して摩擦を起こして発音される音声である。英語の学習初期段階で、「上歯で下唇を噛んで」と言われた発音である。これらの音を含む英語の単語が外来語として日本語に取りこまれる際には、基本的に [f] はファ行音として、[v] はバ行音として受け入れており、日本語に新しい音が生じた形跡はない。音声的にも音韻的にも、日本語の側にこれらの音を定

着させることができる「あきま」がないためである。

外来語の表記法については、「外来語の表記」(1991年内閣告示)が目安となっているが、「ヴァイオリン・ヴィーナス・ヴェール」などに使われる「ヴ」の仮名は、その第2表に出ている。第2表は、「外来語や外国の地名・人名を原音や原つづりになるべく近く書き表そうとする場合に用いる仮名」であるとしているが、これは、「原音の発音を書き表そうとするもの」でも、「原音に近い日本語としての発音を書き表そうとするもの」でもないことに注意しておきたい。

第1表

アカサタナハマヤラワガザダバパ
イキシチニヒミ　リ　ギジビピ
ウクスツヌフムユル　グズブプ
エケセテネヘメ　レ　ゲゼデベペ
オコソトノホモヨロ　ゴゾドボポ
キャシャチャニャヒャミャ　リャ　ギャジャビャピャ
キュシュチュニュヒュミュ　リュ　ギュジュビュピュ
キョショチョニョヒョミョ　リョ　ギョジョビョピョ

ツァ　　　　　　　　　　シェチェツェ　ツォ
ファ　ティ　　　　　　　　フェジェ　　　フォ
　　　フィ
　　　ディ　　　　　　　　デュ

第2表

　　　ウィ　　　イェ　　ウォ
クァ　　クィツィ　ウェ　　クォ
グァ　　　　　トゥ
　　　　　　　ドゥ
ヴァ　ヴィ　　　　　ヴェテュフュ　ヴォ
　　　　　　　　　　　ヴュ

ン（撥音）
ッ（促音）
ー（長音符号）

[図版18] 外来語の表記

課題

1. 現代日本語から次の拍を含む単語を探してみよう。それらの単語は、実際にどのように発音されるか、同じ意味で異なる語形が存在しないか、その場合の仮名表記はどのようになるのかについて考えよう。
   ①「スィ」「ズィ」
   ②「ティ」「トゥ」「ディ」「ドゥ」
   ③「テュ」「デュ」
2. 「ヴ」のように、仮名表記は存在してもそれに相当する独立した拍が存在しないもの、つまり、その表記に固有の発音を持たない単語を探

～してみよう。

2.5. 濁音の機能―意味と情意の伝達―

2.5.1 合成語の表示機能

> 🏃 ここからはじめよう
>
> 「雨傘」「日傘」「花笠」のように二つ以上の語が連接してできている語では、その後部の語頭が、「かさ」→「がさ」のように濁音に変化していることがある。このような例をほかにあげよう。

▶単語と単語の合成

　日本語には伝統的に、清音と濁音という用語があります。この「清濁」のとらえ方には、次の3種類の見方があります。

❶　五十音図の「カ・サ・タ・ハ」行、「キャ・シャ・チャ・ヒャ」行を清音といい、「ガ・ザ・ダ・バ」行、「ギャ・ジャ・ヂャ・ビャ」行を濁音という。つまり、清濁は、対称関係にある、直音4行・拗音4行の8行の清音行とそれに対応する8行の濁音行についていい、その他の行については清濁を問題としない。

❷　五十音図の「ガ・ザ・ダ・バ」行、「ギャ・ジャ・ヂャ・ビャ」行を濁音といい、残りの行を清音という。つまり、清濁を対称関係として見るのではなく、濁音以外を清音という。

❸　34頁の五十音図では、「五十音―濁音―半濁音―拗音」が同列に並んでいて、「清音」という用語は出てこない。つまり、「ガ・ザ・ダ・バ」行の4行を濁音といい、清音という用語は使わない。

　言語学の用語は、あくまで言語をどのように見るか、どのように切り取るかという視点に基づくものですから、単純にどれが正しく、どれが

誤りだということはありません。以下では、清音と濁音との対立関係を主にとりあげるので、❶の視点に立つことにします。

さて、例えば「カサ(傘・笠)」という語の前に、何か他の語が付いて複合語の後部要素となる場合、「ヒガサ(日傘)・アマガサ(雨傘)・ハナガサ(花笠)・アイアイガサ(相合い傘)……」のように、「カサ」が「ガサ」という形に変わることがあります。これは、連濁とよばれる現象です。言語学では、このような語と語、より正確にいえば、形態素と形態素の接合によって引き起こされる音論的な事象を扱う分野を形態音韻論 morphophonemics といいます。

日本語を古くさかのぼると、和語(もともとの日本語に存在した語)では、語頭に濁音が来ることがありませんでした。いいかえると、「カサ」という語はあっても、「ガサ」という語は存在しませんでした。したがって、「カサ」→「ガサ」と変化しても、この二つの語が別の語であるということにはならないのです。

▶語の切れ目

二つの語が結合した一語になっているか、そうでないかという違いは、意味の問題に関わります。次の2組の文を発音して、意味の違いを比べてみましょう。

(1)a 一本、橋がかかっている。
　b 一本橋がかかっている。
(2)a 草、花が植えられている。
　b 草花が植えられている。

自分にとっての未知の言

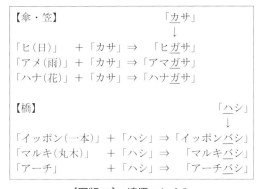

[図版19] 連濁のしくみ

語を耳にし、その言語の意味を理解しようとしたらどうするでしょうか。はじめはただの音の連続にしか聞こえない発話の、どこに語の切れ目があり、どこが一語のまとまりであるかをまず調べようとするでしょう。言語は語のまとまりや切れ目を示すために、耳で聞いてわかる何らかのしくみを、それぞれの言語ごとの方法で持っているのがふつうです。

ただし、連濁が起きるのは、対立する濁音があるカ行・サ行・タ行・ハ行の4行の拍から始まる語に限られます。また、「カラカサ（唐傘）」、「マツカサ（松笠）」のように、常に連濁が起きるわけでもありません。現代語では、二語の複合語化を示すはたらきは、主としてアクセントが担っています［⇨ 65頁］。

広げよう・深めよう　複合語

中学校国語教科書には、「語構成」や「単語の種類」などのタイトルで、右のような図が載っている。語はどのような内部構成によってできて

［図版20］　単語の分類

いるかという観点から、通常このように分類される。「黒」のように一つの語からできているものを単純語、二つ以上の語からできているものを合成語という。合成語はさらに、「黒色」「白黒」のように対等な単純語の結合からなる複合語、「まっ黒」のように接頭辞や接尾辞の付いた派生語、「黒々」のように単純語のくり返しによる畳語に分かれる。接頭辞や接尾辞は、「お話」「大ボラ」「こわがる」「自分らしい」の「お―」「大―」「―がる」「―らしい」のように、単独では語として働かない補助的な要素をさす。

複合語の意味は、個々の語の単なる和ではないということに、注意

しておきたい。「卵焼キ・目玉焼キ・オ好ミ焼キ・鉄板焼キ・今川焼キ・タコ焼キ・鯛焼キ」という語群は、「X＋焼キ」という構成を共通に持っている。このXと「焼キ」との意味的な関係はまちまちであって、一貫性がない。それぞれに、目に見えない何かしらのプラスアルファの意味が隠されているというのが、複合語の本質である。

2.5.2 語頭の濁音

> 🏃 **ここからはじめよう**
>
> 　現代日本語で、漢語、外来語以外から、濁音で始まる語を探してみよう。

▶語形変化の産物

　漢語、外来語以外からとなると、必然的に和語から探すことになりますが、実際に濁音で始まる語のほとんどは漢語、外来語です。もともとの和語では、濁音が語頭に位置することがなかったからです。日本語の起源が明らかになっているわけではないので、もともとの和語という言い方は実はあいまいな用語ですが、少なくとも上代の日本語には、擬声語・擬態語の類を除くと、そのような語は見つかっていません。

　現代語でわずかながら見つかる、濁音が語頭に位置する和語には、まず、何らかの事情による語形変化の結果でそうなったものがあります。「バラ(薔薇)」「デル(出)」「ダク(抱)」「ドコ(何処)」「ドレ」は、古い文献には、「うばら・むばら」「いづ」「うだく・むだく」「いづく」「いづれ」などの表記で現れています。かつては語頭に濁音があったとは単純にはいえないのです。「ダレ(誰)」は古くは「タレ」と清音でしたが、「ドコ」「ドレ」などとの相似性の確保のために、語頭が濁音化したもの

です。「イバラ」はもともと棘のある木の総称でしたが、現在の「バラ」は主に洋バラを指します。

▶オノマトペの音とマイナスイメージ

　これらの歴史的事情のある語のほかには、「ガタガタ・ドタドタ」のようなオノマトペの類に、語頭に濁音を持つ語がたくさんあります。それらを除くと、「ザマ（様）・ガラ（柄）・ドブ・ゴロツキ・ガサツ・グレル・ゴネル・ジレル・バテル・ダマス・ボケル・ズルイ・バッチイ」といった語が見つかります。これらはどれも、口頭語的・俗語的な感じの強い語であり、しかも、不快な感じ、汚い感じというマイナスイメージがつきまとう語ばかりです。まさに「どぎつさ」がよく現れています。

　日本語のオノマトペの類をよく観察してみると、「トントン：ドンドン」、「クルクル：グルグル」、「クチャクチャ：グチャグチャ」というように、清音の語形と濁音の語形とが対になっているものが多いことに気づきます。しかも、濁音の語形の方は、より大きい、強い、激しい、汚いという印象を与えるものばかりです。

　オノマトペの類は、文献の上にはその姿を残しにくく、中古にできた仮名の場合、現在のように濁点を必ず付けるという原則があったわけではないので、濁音の語形として確認しにくいものです。しかし、日本語にオノマトペが存在しなかったということは考えにくく、語頭に濁音が位置しないという原則も、オノマトペを対象外としていたと考えられます。一般の語彙では語頭に濁音が位置しなかったがゆえに、語頭に濁音が立った時の表現効果は、きわだっていたはずです。語頭に濁音を持つオノマトペの表現機能が潜在的に意識され、「ザマ・ガラ……」といった、マイナスイメージを持つ語形において、その表現価値が生かされていると解釈することができます。

広げよう・深めよう　濁音が関与する語形変化

　「だらしない」という語は、近世まで「しだらない」という語形であった。「しだらない」から「だらしない」への変化によって、語頭に濁音が立つことになったのであるが、ここにも語頭の濁音の情意的な表現機能が生かされていると考えられる。漢語の例であるが、『天草版伊曽保物語』には、「貪欲」という語が'tonyocu'と表記されている。この語はもともとは「とんよく」という語形であったが、それがどこかで「どんよく」という語形に変化したということになる。

```
Tonyocuna monono coto.
Aru tonyocuna mono yxxeqiuo cotogotocu co-
qiacu xite, qinſu fiacuriŏuo motome, fitomo yucanu
tocoroni anauo fotte, fucŏ cacuxedomo, ſoremo na-
```

[図版 21]　『天草版伊曽保物語』より

課題

1. 「アマガサ（雨傘）」には、連濁のほかに「アメ（雨）」→「アマ」という語形の変化が含まれている。「アマ―」となる複合語をほかに探してみよう。また、「サケ（酒）」「キ（木）」を前部要素として持つ複合語など、同じような変化が起きる語をほかに探してみよう。
2. 　現代語の和語から、オノマトペ以外でパ行音が使われている語を探し、どのような音の後に現れやすいか、また、そのような語がどんな性質の語であるか、考えよう。
3. 「あまり：あんまり」、「やはり：やっぱり」、「まるい：まあるい（丸）」のように、もとの語形と、撥音・促音・長音が途中に挿入されている語とのペアを探し、二つの語の意味がどのように違うか、考えよう。

2.6. 日本語のアクセント―体系と機能―

2.6.1 アクセントのとらえ方

ここからはじめよう

次の図版は、中学校国語教科書の言語に関する教材の記述の一部である。ここから、世間一般にいう「アクセント」、「イントネーション」の意味が、どのように誤っているか、説明しよう。

> **イントネーション・プロミネンス**
>
> 次の文を見てください。
>
> ・このバス、美術館前には止まります。
>
> 文末を上げたり下げたり、いろいろな言い方をしてみましょう。断定や確認、疑問、驚きなど、さまざまな意味を表すことができます。このような文の上げ下げの口調を**イントネーション**といいます。
>
> また、文の中のある部分を強く言うと、その言葉を強調して伝える意味が出てきます。例えば、「美術館前には」の部分を強く言うと、「他ではなく美術館前には」という意味合いが出てきます。これを**プロミネンス**といいます。
>
> このように、話し言葉では、書き言葉にはない要素を使って、話し手の気持ちや相手に対するはたらきかけ方など、微妙な意味を伝えることができるのです。私たちは、無意識のうちにこのようなコミュニケーションを行っているといえます。

[図版22] 国語教科書の「アクセント」についての記述

▶アクセントとイントネーションとの混乱

一般社会では、「東京と大阪では、単語のイントネーションが違う。」というように、アクセントとイントネーションを取り違えて使っている場合が少なくありません。アクセントとは、語における強弱や高低の配

置のことで、世界の言語の中には、強さアクセント(ストレスアクセント)を持つ言語と、高さアクセント(ピッチアクセント)を持つ言語の二種類があります。英語やドイツ語などは強さアクセント、日本語や中国語は高さアクセントを持っている言語です。

　なぜ、アクセントとイントネーションが取り違えられているかというと、おそらく英語学習の影響があるのではないかと考えられます。英語では、'réport' 'repórt' のような単語内の強弱の配置をアクセントといい、'He has two brothers(↘).'、'He has two brothers(↗)?' のような文全体に関係する声の高低の変化をイントネーションと呼んでいます。そこで、「単語内」「文全体」が忘れられて、「強弱」、「高低」を、それぞれアクセントとイントネーションに直結して理解し、それを日本語にもあてはめてしまっているからではないかと考えられます。

▶日本語のアクセントのしくみ

　日本語の高さアクセントには、そのとらえ方に二つの立場があります。一つは、高い拍と低い拍とが一語の中でどのように配置されているかという段階的な見方です。現代語ではそれぞれの拍は高平調、低平調、下降調のいずれかであり、ある語のアクセントは、これらの「高」「低」「下降」の配置によって記述されるとするのです。もう一つの見方は、語の中に音調の下がり目や上がり目があるか、それはどこにあるかという方向的な見方です。ここでは、段階的な見方に立って、高平調の拍を●で、低平調の拍を〇で、下降調の拍を◐で表すことにします。

　日本語では、長い単語を除けば一語の中ではアクセントの高い部分が連続した一箇所としてしか現れないという原則があります。また、東京方言では、第1拍と第2拍は必ず高さが異なるという原則もあり、さらに、語末が高い拍で終わる場合は、そのあとに助詞「が」が付く時、その「が」が高くなる場合と低くなる場合があるというきまりがあります。

結果として東京方言には、例えば2拍名詞では、次のような3つのパタンがあることになります。このような高・低・下降の配置のパタンを、アクセントの型といいます。▷、▶は、助詞を表します。

- 箸が(ある)＝ハシガ［●○▷］
- 橋が(かかる)＝ハシガ［○●▷］
- 端が(あぶない)＝ハシガ［○●▶］

　言語の諸要素の中でも、アクセントはきわめて高い規則性が認められる要素です。例えば、ある方言のあるアクセントの型に所属する語は、他の方言ではその型全体がまとまって別の型に所属するという基本的な原則があります。

　歴史的な変化においても、個々の語がばらばらに変化するのではなく、型全体として変化するのが通則です。そこで、例えば2拍名詞は、アクセントの観点から、次の表のように五分類して考えています。現代東京方言だけを問題にするのであれば、アクセントの型は三つですみます。しかし、あえて五つの区分を立てるのは、過去の日本語や現代の諸方言を総合的におさえ、それらを比較対照しようという意図があるからです。

　次の表に示したように、現代京都方言では、東京方言で一つになっている第4類と第5類が異なるアクセントの型を持っています。

式	平板式	起伏式		
型	平板型	尾高型		頭高型
現代東京方言アクセント	○● ○●▶	○● ○●▷		●○ ●○▷
語例	飴柿風釜顔 鳥庭端鼻水	石歌音紙川 橋町胸村雪	足泡犬色髪 月波花山雲	息糸稲帯肩 鎌空箸麦松	秋雨声猿汗 露鶴春窓蜘蛛
類	第1類	第2類	第3類	第4類	第5類
現代京都方言アクセント	●● ●●▶	●○ ●○▷		○● ○●▶	○◐〜○● ○●▷

[図版23]　現代日本語2拍名詞のアクセント

広げよう・深めよう　平安時代のアクセント

　録音資料がない過去の時代の日本語のアクセントが、どうしてわかるのか。その中心的な役割をはたしているのは、現在に残されている文献資料である。例えば、平安時代のアクセントは、当時の辞書の類に記された声点という符号から知ることができる。

　漢字・漢語を見出し語のような形で掲出し、その漢字・漢語に対する和語での読み(和訓)を主に列記した『類聚名義抄』には、その和語がどういう語であるかという同定を助けるために、アクセントを示す声点が使われている。文字の四隅に記入された「・」の符号は、位置によって声の高さを表している。例えば、

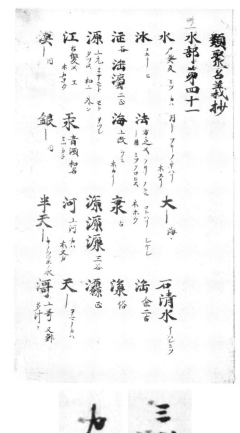

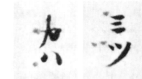

[図版24]　観智院本『類聚名義抄』の声点

左下隅の点は低平調、左上隅の点は高平調を表している。例示した図版から、「ミヅ(水)」は［●●］、「カハ(河)」は［●○］であっただろうということがわかる。

　このようなことから、当時のアクセントには主要な型が五種類あっ

たことが推定され、それが第1類〜第5類という分類の基礎になっている。五種類のアクセントの型の体系は、その後、四種類(現代京都方言)から三種類(現代東京方言)へと減少した。この変化がより進んだのが、現代の九州地方などに存在する二種類、一種類の型に集約された体系であり、さらに北関東から南東北の地域には、型の区別がなくなったアクセントが分布している。

　なお、「ミヅ」の「ツ」には「‥」のように二つの声点が付いている。「ツ」が濁音であることを示したものであるが、これが仮名文字の右肩へ移動し、現在の濁音の起源になったとされる。

2.6.2　合成語のアクセント

> 🏃 ここからはじめよう
>
> 　自分自身の発音を観察して、「ハル(春)」、「カゼ(風)」のアクセントと、二語が複合した「ハルカゼ(春風)」のアクセントを調べ、両者を比べてみよう。

▶アクセントの弁別機能

アクセントのはたらきには二つの面があります。

　一つは、語の意味を区別する弁別機能です。例えば、現代日本語東京方言では、「アメ(雨)」[●○]と「アメ(飴)」[○●]、「ハシ(箸)」[●○]と「ハシ(橋)」[○●(▷)]と「ハシ(端)」[○●(▶)]のような区別があります。ただしこの弁別機能は、語彙全体の中の一部に認められるにすぎません。たしかに、アクセントが変わると意味が変わるという現象は目につきやすいものですが、必要以上に過大評価すべきではありません。

▶アクセントの統括機能

　アクセントのもう一つのはたらきは、語の切れ目・まとまりを示す統括機能です。「草、花がある。」と「草花がある。」という二つの文では、意味される内容が異なります。「草、花」という二語の並列か、「草花」という一語の複合語かの違いですが、その違いは音声の上で、どのように示されるのでしょうか。複合語になると、「ハナ」が「バナ」に変わる連濁は、その一つの方法ですが、さらにアクセントに注目する必要があります。

　東京方言では、語の単独のアクセントは、「クサ(草)」[○●]、「ハナ(花)」[○●]です。これが複合語となって、「クサバナ(草花)」になると、アクセントは「クサバナ(草花)」[○●○○]となります。アクセントの変化が起きて、高い部分が連続した一箇所になるように調整されています。一語の中では高い部分が分断されて、二か所以上に現れることがないという原則がはたらくからです。

　「アサカゼ(朝風)」という複合語では、連濁は起こりえません。しかし、「アサ(朝)」[●○]＋「カゼ(風)」[○●]→「アサカゼ(朝風)」[○●○○]のように、アクセントの調整は起きています。ただ、複合語になった時に、アクセントがどのように変わるかについての統一的な規則はありません。

広げよう・深めよう　**アクセントの表示方法**

　アクセントを段階的にとらえるか、方向的にとらえるかにかかわらず、その表示方法には幾種類かがある。段階的な視点に立つ表示法では、各拍が[高]になるか、[低]になるかを、それぞれの方法で記述していることになる。方向的に見る表示法では、アクセントの下がり目の位置を記している。「①」、「ア̚」というのは1拍目の直後、「ア」

の拍の直後に下がり目があることを示しており、「⓪」は下がり目がないことを示している。また、段階的な視点と方向的な視点を折衷した表示法が行われることがある。国語辞典などでは省スペースのために、「⓪、①……」方式を採ることが多い。

```
段階式：「雨」 アメ[●○] ア̄メ ア̄メ̲ アメ
       「飴」 アメ[○●] アメ̄ ア̲メ̄ アメ
方向式：「雨」 アメ アメ① アメ̄
       「飴」 アメ アメ⓪ アメ⓪
折衷式：「雨」 ア̄メ
       「飴」 ア メ̄
```

[図版 25]　アクセントの表示方法

課題

1. 自分自身や周囲の人から、63 頁の「現代日本語 2 拍名詞のアクセント」の例にあがっている語のアクセントを調べ、その結果を分類し、表と比べてみよう。
2. 「クサ（草）」[○●] +「ハナ（花）」[○●] →「クサバナ（草花）」[○●○○]、「アサ（朝）」[●○] +「カゼ（風）」[○●] →「アサカゼ（朝風）」[○●○○] となるような例をあげ、同じような方法で示してみよう。

2.7.　発音のゆれ

2.7.1　音声のゆれ

ここからはじめよう

　自分自身や周囲の人が「雰囲気」、「店員」を実際にどのように発音しているか、漢字のふりがなという先入観にとらわれることなく観察してみよう。また、平仮名での書き方との相違を明らかにしよう。

▶発音のバリエーション

　方言によっては、「七」、「質屋」を「ヒチ」、「ヒチヤ」というように、共通語と異なって発音する地域がありますが、ある方言の中でも、異なる発音が共存することがあります。以下では日本語共通語と、その基盤となっている東京方言について考えていきます。

　発音のゆれは、語形のゆれや文字・表記のゆれと密接に関係しているので、厳密に発音だけがゆれている現象として取り出せるか、微妙なところがあります。以下でも、それは語形のゆれではないか、あるいは表記が二通りあるから発音にも二通りあるのではないかと考えられる事象も含まれています。仮名は仮名表記を示し、発音は実際の音声を示そうとしたもので、[　]は発音をカタカナで近似的に写したものです。

　まず、仮名表記は一通りだが、実際にはその仮名表記とは異なる発音が現れることがあります。

・「先生」 仮名「せんせい」 発音 [センセー・センセ]
・「女王」 仮名「じょおう」 発音 [ジョオー・ジョーオー]
・「愛想」 仮名「あいそう」 発音 [アイソー・アイソ]
・「体育」 仮名「たいいく」 発音 [タイイク・タイク]
・「委員会」 仮名「いいんかい」 発音 [イインカイ・インカイ]

　国語の漢字テストで「体育」に「たいく」と読みをつけたら、×になるでしょう。つまり、仮名表記としての正解は一つですが、実際の発音にはそれと異なる発音が現れることがあるということになります。このためにふだんは気づかれにくいゆれであり、調査を行っても規範意識が強くはたらいて、仮名表記と異なる発音は意識されにくいものです。仮名表記は発音を正確に写し取るものではないということに、あらためて注意しておく必要があります。

　次の例はどうでしょうか。

・「新宿」 仮名「しんじゅく」 発音 [シンジュク・シンジク]

- 「十回」 仮名 「じっかい」「じゅっかい」 発音 ［ジッカイ・ジュッカイ］
- 「情緒」 仮名 「じょうちょ」「じょうしょ」 発音 ［ジョーチョ・ジョーショ］

　常用漢字表では、「宿」には「シュク」の音しかなく、「ジク」の音はありません。「十」には「ジッ」の音がありますが、「『ジュッ』とも。」という注記がついています。つまり、「十」という漢字自体に「ジュッ」という正規の音読みはなく、「十回」を「ジュッカイ」と読むことも許容されているという扱いになっています。「情緒」の「緒」には「ショ・チョ」の二つの音があり、「情緒」は「チョ」の例としてあがっていますが、備考欄に「『ジョウショ』とも。」という注記が付いています。「奥義」の「オクギ・オウギ」、「合点」の「ガッテン・ガテン」は「十本」と同類の例、「吉日」の「キチジツ・キツジツ」は「情緒」と同類の例です。ここまでくると、単に発音の問題なのか、語形の問題なのか、線引きはむずかしくなります。

　次に、「十回」「情緒」の例と似ていますが、臨時的な漢字の読みの変化に伴って、発音も二通りになるものがあります。

- 「的確」 仮名 「てっかく」「てきかく」 発音 ［テッカク・テキカク］
- 「水族館」 仮名 「すいぞっかん」「すいぞくかん」 発音 ［スイゾッカン・スイゾクカン］
- 「入口」 仮名 「いりくち・いりぐち」 発音 ［イリクチ・イリグチ］
- 「～所」(例「休憩所」「研究所」) 仮名 「～しょ」「～じょ」 発音 ［～ショ・ジョ］

　常用漢字表の「的」「族」に「テッ」「ゾッ」という音の登録はありませんが、これは、「出　シュツ」＋「発　ハツ」→「出発　シュッパツ」と同じように、熟語になる時の音の変化であって、一般的にも正規のものとして認められたものです。ただし、「出発」に［シュツハツ・シュッパツ」という二通りの発音はありませんが、「的確」「水族館」には二通

りあるという点が違います。「入口」「〜所」も熟語になる際の連濁の問題であり、同じとらえ方ができます。

その次に、外来語の長音に関してゆれることがあります。
・computer の外来語　仮名「コンピューター」「コンピュータ」
　発音［コンピューター・コンピュータ］
・data の外来語　仮名「データー」「データ」　発音［データー・データ］

以上は、単に発音のゆれであるのか、仮名表記のゆれが先行しているのか、語形そのものがゆれているのか、たしかなことはいえません。

▶熟語の読み方

漢字による熟語の読みの問題として、結果的に発音がゆれているのではないかと見られるものがあります。これらも表記と発音と語形の関係は、単純にとらえきれません。以下では、仮名表記と発音とを区別せず、通常の片仮名表記によって両者をまとめて示します。

・「出生」:「シュッセイ・シュッショウ」
・「越権」:「エッケン・オッケン」
・「口腔」:「コウコウ・コウクウ」
・「世論」:「ヨロ

世論	せろん	よろん
	18.9%	73.6%
重複	じゅうふく	ちょうふく
	76.1%	20.0%
情緒	じょうしょ	じょうちょ
	14.9%	82.2%
固執	こしつ	こしゅう
	73.7%	19.5%
施策	しさく	せさく
	67.6%	26.1%
十匹	じっぴき	じゅっぴき
	23.3%	75.1%

[図版 26]　漢語語形のゆれ
(文化庁文化部国語課(2004)『平成 15 年度国語に関する世論調査』より作成)

ン・セロン」
- 「重複」:「チョウフク・ジュウフク」
- 「固執」:「コシツ・コシュウ」
- 「施策」:「シサク・セサク」
- 「施行」:「シコウ・セコウ」
- 「早急」:「ソウキュウ・サッキュウ」

　文化庁が毎年行っている「国語に関する世論調査」の平成15年度調査から、熟語の発音のゆれに関する調査結果の一部を前頁に引用しておきます。

広げよう・深めよう　ことばのゆれ

　言語は記号の一種であるが、一般社会に存在する多くの記号と異なるのは、それが変化するということである。例えば、数学の記号に変化が起きたら、計算も議論も共通理解のもとにできなくなるし、交通標識に変化が起きたとしたら、安全な歩行も走行も不可能になる。しかし、発音に関するきまりは人工的に作られたものでもなく、社会的な活動を上から規制するものでもない。自然放置された状態では、常に変化することを妨げることができないきまりである。

　変化の過程では、新旧のことばが併用される段階がある。そこに、例えば「以前のことばの方が正しい」というような価値判断を持ち込むと、ことばの「乱れ」として指摘されることになる。オーソドックスな言語学では、そのような価値判断を取り入れることはないので、中立的な「ゆれ」という用語を使っている。「人々はことばが乱れていると感じているか」という研究は、ある意味で社会学の視点に立つ研究である。

2.7.2 アクセントのゆれ

> 🏃 **ここからはじめよう**
>
> 　自分自身や周囲の人、特に高年層の人が次の語をどのようなアクセントで発音しているか、観察しよう。
> ① ドライバー（運転者）　② ドリブル　　　　③ 電車
> ④ 音楽　　　　　　　　　⑤ むずかしい　　　⑥ 薄暗い
> ⑦ 読み上げる　　　　　　⑧ 書き直す

▶**共通語内でのバリエーション**

　日本語の共通語を記述したアクセント辞典を見ると、例えば次のように二通り以上のアクセントが記されていることがあります。

　　・電車　[●○○○] [○●●●]
　　・むずかしい　[○●●●●]
　　　　　　　　　[○●●●○]

　地域的な方言の違いということでなく、同じ地域の中で、世代の差などによって異なるアクセント

| ム̄ス　蒸す |
| ム̄スイ̄アルコール　無水alcohol |
| ム̄スー、ムスー　無数 |
| ム̄ズカシイ、ムズカシ̄イ　難しい |
| ム̄ズガ̄ユイ、ムズガユイ　むずがゆい |
| 　《痒》 |
| ムズカル、ムズカ̄ル　むずかる |
| ム̄ス̄コ　息子 |

[図版 27]　アクセント辞典の記述
（NHK放送文化研究所編(1998)『NHK日本語発音アクセント辞典新版』より）

が聞かれることがあります。アクセントにもゆれが見られます。

▶**アクセントの平板化**

　共通語や東京方言でしばしば指摘されるのは、アクセントの平板化という現象です。例えば「図書館」という語は、もともとは [○●○○] のように2拍目の後に下がり目がありましたが、若年層にかけて [○●

●●］というアクセントが広がっています。助詞「が」がついても、［○●●●▶］と平板式になるので、このような変化を平板化とよんでいますが、その理由はさまざま考えられています。

しかし、「読み上げる」［○●●●●］→［○●●●○］というような平板化とは逆の方向での変化も起きているので、単純に「日本語のアクセントが平坦になってきている」と決めつけることはできません。

広げよう・深めよう　形容詞のアクセント

現代の日本語において、形容詞のアクセントは、いろいろな活用形で変化が起きている。次のような現象が見られる。

- 「悲しい」…「悲しくて」［○●○○○］→［○●●○○］
- 「白い」…「白くて」［●○○○］→［○●○○］
- 「高い」…「高かった」［●○○○○］→［○●○○○］
- 「短い」…「短かった」［○●○○○○］→［○●●○○○］

課題

1. 本節の67〜71頁にあげられている語例について、自分自身や周囲の人がどのように発音しているか、観察しよう。また、これらの語以外にも発音のゆれが起きている語を見つけよう。
2. アクセント辞典から二通り以上のアクセントが記されている語を抜き出し、自分自身や周囲の人がどのように発音しているか、調べてみよう。
3. 次ページのアクセント分布図を見て、自分が住んでいる地域の方言は、どのようなアクセントの特徴を持っているか、調べよう。

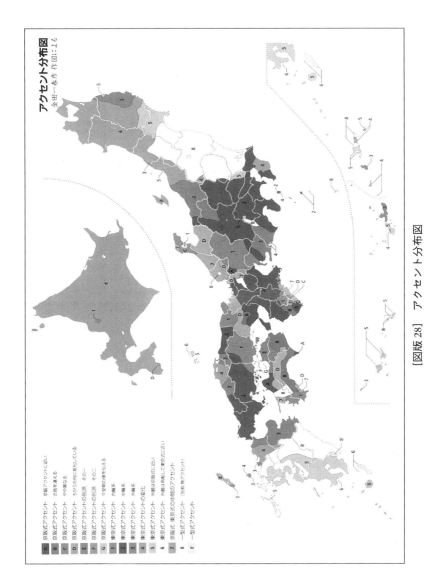

[図版28] アクセント分布図

(金田一春彦監修・秋永一枝編 (2014)『新明解日本語アクセント辞典 CD付き』第2版(三省堂) より)

3　日本語の語彙

3.1.　語彙・語彙体系

3.1.1　語と語彙

> 🏃 ここからはじめよう
>
> 次の各組はどういう語の集合であろうか。自分の言葉で説明しよう。
> ①　大根　人参　じゃがいも　椎茸　松茸　しめじ　ほうれん草
> ②　椎茸　松茸　しめじ　テング茸　ニガクリ茸　ツキヨ茸
> ③　赤　青　白　茶色　黄色　緑　だいだい色
> ④　赤い　青い　白い　茶色い　黄色い　青白い
> ⑤　死亡　死去　逝去　崩御　死没　他界　永眠　落命　往生　終焉
> ⑥　作付け　苗代　田植え　取入れ　足踏み脱穀機　むしろ
> ⑦　ホシ　デカ　ワッパ　マルボウ　おしこみ　泳がせる　白　黒

▶語の集合

①は「野菜類を表す語」、②は「キノコ類を表す語」の集合です。同じ「椎茸」があっても、どのような語とグループ化されるかによって、集合の枠組が変わってきます。また、「テング茸・ニガクリ茸・ツ

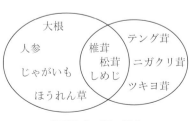

[図版1]　語の集合

キヨ茸」は毒キノコの類なので、これは「野菜類を表す語」に入ることはできません。

③④は「色名を表す語」の集合ですが、名詞のグループと形容詞のグループとでは、語どうしが整然と対応するわけではありません。例えば、「緑い」、「だいだい色い」という語は存在しません。

⑤は「『死』を表す語」の集合ですが、似たような語であっても、「病死・凍死・横死・切腹・暗殺」など、死因を意味として含んでいる語は、このグループの集合とは少し異なります。

［図版2］　苗代(上)と足踏み脱穀機(下)

⑥は「農業(米作り)に関係する語」、⑦は「警察関係者が専門的に使う語」の集合ですが、①～⑤のような意味によるつながりではなく、ある特定の分野に関係のある語という社会的な性格を持った語の集合です。⑥には現在では現物が一般社会から姿を消したために、日常では使われなくなったことばが含まれています。⑦にはかつては警察関係者だけの閉ざされた世界で使われていたことばで、その集団の壁を越えて、広く一般社会に広まった語が含まれています。

言語の「語」について考える時に、単に一つの語を取りあげて、意味や語形、用法などを論じることはもちろん可能です。しかし、どのような語であっても、実際の言語表現の中でその語の前後に現れる語や、その発話の中には現れなくても、さまざまな意味で潜在的に関係を作っている無数の語とつながっているといえます。

そこで、単独の語ではなく、語の「集合」ということを考えて、それを語彙といいます。集合の枠組としては、ある特定の意味、文法的な機能、社会的な性質というだけでなく、ある時代、ある地域、ある集団、ある世代、ある個人、ある作家、ある作品など、任意のさまざまな切り

取り方ができます。当然ながら、集合の枠組が変わればその集合に所属する語も変わってきます。

▶特定の分野の語彙

　言語学では特定の分野にしぼって、「○○語彙」という形で取りあげられることがよくあります。下図は、一般的に使用されていると考えられる日本語の親族語彙です。親族語彙には、「うちの父が、……」というように話の中で言及する時の親族名称と、「ねえ、おとうさん、……」というように呼びかける時に使用する親族呼称とがあります。

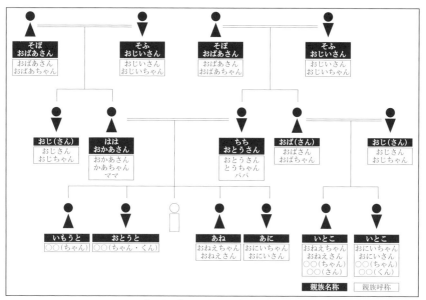

［図版 3］　日本語の親族語彙

次の表は、寺村秀夫(1982)『日本語のシンタクスと意味』第Ⅰ巻(くろしお出版)の研究をもとにして整理し直した日本語の感情表現語彙です。感情表現語彙は大きく動詞語彙と形容詞・形容動詞語彙に分けられ、さらにそれぞれが、用いられる文型や意味的な特徴によって、表のようなグループに分けられています。文型というのは、基本的な文表現が上から順に、例えば、

(1)　(私たちは)突然の知らせに驚いた。
(2)　(家族は)久しぶりの旅行を楽しんだ。
(3)　(私は)彼の将来が心配だ。
(4)　祟りが恐ろしい。

となることをいっています。そして、表の上方向に行くほど、一時的な感情の動きを表すものになり、下方向に行くほど、対象が持つ恒常的な性質を表すものとなっています。

		文型	意味の類型	語例
感情表現語彙	動詞語彙	〜に—	一時的な気の動き	驚く　怯える　失望する
		〜を—	能動的な感情の動き	悲しむ　恐れる　楽しむ
	形容詞語彙	〜が—	感情状態の直接表出	憎い　うれしい　心配だ
	形容動詞語彙	〜が—	感情的判断	恐ろしい　かわいらしい　憐れだ

広げよう・深めよう　「語彙」の意味

　「語彙」というと、「私はボキャブラリーが少ないから、話すのが苦手で…」というように使われる時の、「vocabulary＝語彙量・語彙力」の意味で受け取られがちである。言語学で語彙という時は、「lexicon＝語彙目録」の意味で使われる。語彙のリスト、語彙の一覧表の意味であり、同じ「語彙」という訳語を使用していることから生じる混乱である。

3.1.2 語彙体系

> 🏃 **ここからはじめよう**
>
> 次の図はそれぞれどういうことを表そうとしているのだろうか。自分のことばで説明しよう。
>
> ①
>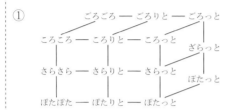
>
> ②
>
>
>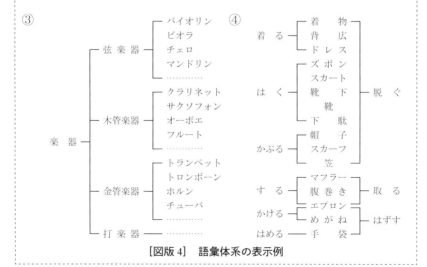
>
> [図版 4] 語彙体系の表示例

▶語形と意味の体系モデル

　ある言語の中で語はばらばらにまとまりなく存在しているのではなく、形式（語形）や意味、用法などの点で関連性を持った語彙という集合を作っています。さらにその集合の内部の語は、ネットワークのように張りめぐらされた網の目によって関係づけられ、結びつけられていると見ることができます。このような語彙のあり方を語彙体系といいます。語彙体系の例として、形式による体系と意味による体系を取りあげてみましょう。

　①は、語形を手がかりとしてまとめたオノマトペの体系（の一部）を示そうとしたものです。もちろん、日本語のオノマトペが、このように目に見える形で整然と並んでいるわけではないし、この順序に並んでいるわけでもありません。オノマトペの語彙を語形という点から整理し、その相互関係を説明しようとして作成したモデルであるといえます。この立体図の見えない部分には「ザラザラ・ザラリト・ボタボタ・ボタリト」が存在し、さらにこの立体の枝は四方に伸びています。

　②は、語形の観点から整理した色彩語彙の体系を示したものです。その一部には語形が厳密には対応していないところや、空隙（Ø）が存在する箇所があります。語彙体系は体系といっても、常にこのような「ずれ」や「すきま」があちらこちらに存在する体系なのです。

　③は、楽器類に関する語彙を、その意味の抽象度の段階に従って組織化し、全体を階層構造として示そうとしたものです。階層の上位にある語を上位語、下位にある語を下位語、同じ階層にある語を同位語といいます。もちろん、結果としては同一になるかもしれませんが、あくまでもことばの関係であって、楽器そのものの分類ではありません。

　語の指示対象が事物のように具体的で明確な場合には、③のような示し方ができますが、そうでない場合には、何かしらの工夫が必要となります。④は、衣服類の着脱に関する動詞語彙を、動作の対象となる事物

を手がかりとして、「着」と「脱」の関係により示そうとしたものです。

▶さまざまな語彙体系モデル

　語彙体系のモデルには、次のように、類義語や反義語で示そうとするモデルや、二言語間の対照によって示そうとするモデルなどがあります。このように図表化されたモデルは、そこで取りあげられている語彙がどのような体系を構成しているかということを、明確に示すための有効な方法です。

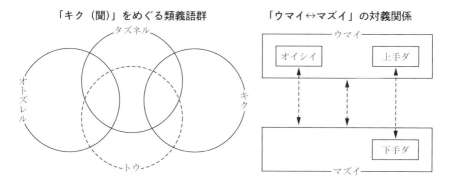

[図版 5]　日本語の語彙体系
（田中章夫(1982)「日本語の語彙の構造」より）

[図版5]の「『キク(聞)』をめぐる類義語群」では、「キク・タズネル・オトヅレル・トウ」の類義語間で、どの語とどの語が意味的な重なりを持っているかを示そうとしています。ただし、このような重複関係は単純に導き出せるものではなく、本書「3.3.2　類義語」でとりあげているような検証の手続きを経なければ明らかにできません。「『ウマイ↔マズイ』の対義関係」は語と語の包含関係と対義関係を、「『いく(行)』の関連語の日・英・独対照」は多言語間の対照関係を示そうとしたものですが、同じようにそれぞれの語の意味の重なりや違いがわかってはじめて作図・作表が可能となります。

　なお、言語のきまりは自然界の科学的法則ではありません。モデルによって説明しきれないモデルの周辺に位置する語や、モデル化の対象として取りあげていない、モデルの外側にある語などにも、目を向けることも必要です。

広げよう・深めよう　シソーラス

　国語辞典でも、ある特定分野の専門用語辞典でも、語は五十音順に配列されているのがふつうである。シソーラスは、語を意味の大分類から小分類に段階的に分けていき、上位語・下位語の関係や意味の包含関係によって体系的に整理した語彙分類の一覧表である。結果として類義語や意味的に関連する語、近接した分野の語などが系統的にまとめられた類義語辞典のようになる。そのようなことから、単に類義語辞典をシソーラスと呼ぶこともある。

　最近ではシソーラスを電子情報化することにより、紙面の上では表せないような、背後にある見えない語どうしの関係を情報として付加し、平面的な語の分類を越えた語どうしの関係まで引き出せるようにしたり、文字情報検索の際に、入力された検索語の類義語や関連語を一括して検索できるようにしたりする場合に利用されている。

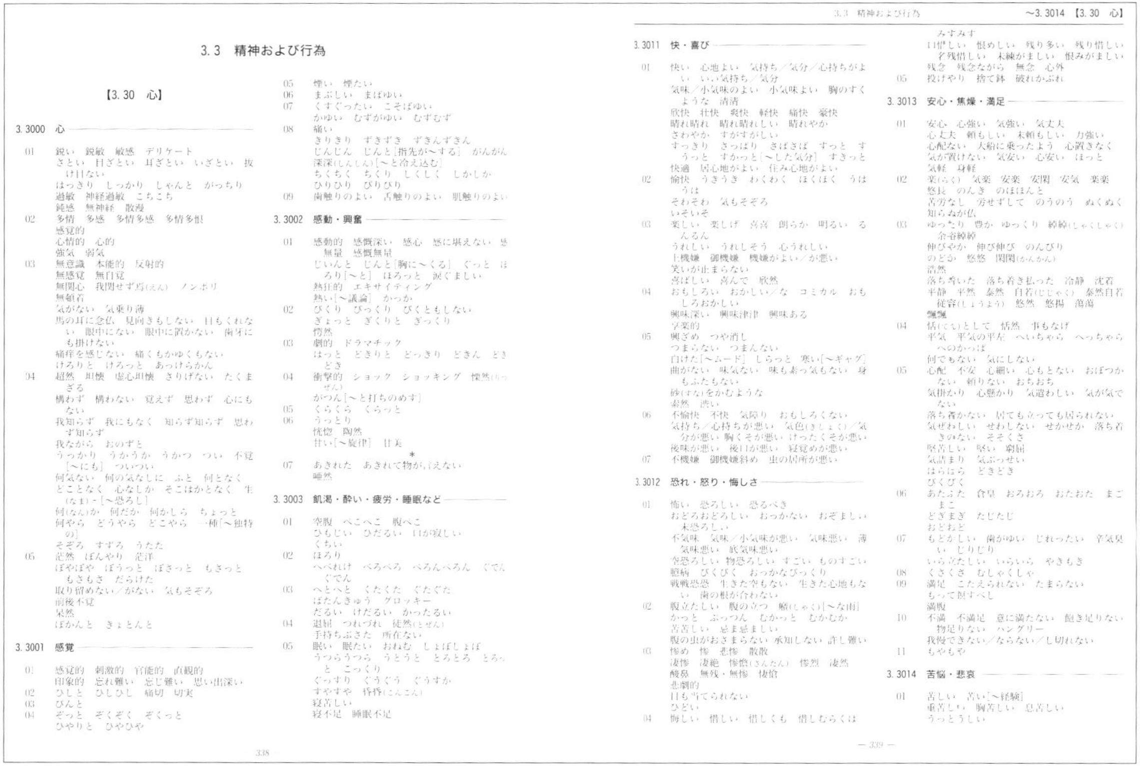

3.3 精神および行為

【3.30 心】

3.3000 心

01 鋭い 鋭敏 敏感 デリケート
さとい 目ざとい 耳ざとい いざとい 抜け目ない
はっきり しっかり しゃんと がっちり
過敏 神経過敏 こちこち
鈍感 無神経 散漫
02 多情 多感 多情多感 多情多恨
感覚的
心情的 心的
強気 弱気
03 無意識 本能的 反射的
無感覚 無自覚
無関心 我関せず焉(えん) ノンポリ
無頓着
気がない 気乗り薄
馬の耳に念仏 見向きもしない 目もくれない 眼中にない 眼中に置かない 歯牙にも掛けない
痛痒を感じない 痛くもかゆくもない
けろりと けろっと あっけらかん
04 超然 坦懐 虚心坦懐 さりげない たくまざる
構わず 構わない 覚えず 思わず 心にもない
我知らず 我にもなく 知らず知らず 思わず知らず
我ながら おのずと
うっかり うかうか うかつ つい 不覚[～にも] ついつい
何気ない 何の気なしに ふと 何となく
どことなく 心なしか そこはかとなく 生(なま)-[～恐ろし]
何(なん)か 何だか 何かしら ちょっと
何やら どうやら どこやら 一種[～独特の]
そぞろ すずろ うたた
05 茫然 ぼんやり 茫洋
ぼやぼや ぼうっと ぼさっと もさっと もさもさ だらけた
取り留めない／がない 気もそぞろ
前後不覚
呆然
ぽかんと きょとんと

3.3001 感覚

01 感覚的 刺激的 官能的 直観的
印象的 忘れ難い 忘じ難い 思い出深い
02 ひしと ひしひし 痛切 切実
03 びんと
04 ぞっと ぞくぞく ぞくっと
ひやりと ひやひや

05 煙い 煙たい
06 まぶしい まばゆい
07 くすぐったい こそばゆい
かゆい むずがゆい むずむず
08 痛い
きりきり ずきずき ずきんずきん
じんじん じんと[指先が～する] がんがん
深深(しんしん)[～と冷え込む]
ちくちく ちくり しくしく しかしか
ひりひり ぴりぴり
09 歯触りのよい 舌触りのよい 肌触りのよい

3.3002 感動・興奮

01 感動的 感慨深い 感心 感に堪えない 感無量 感慨無量
じいんと じんと[胸に～くる] ぐっと ほろり[～と] ほろっと 涙ぐましい
熱狂的 エキサイティング
熱い[～議論] かっか
02 びくり びっくり びくともしない
ぎょっと ぎくりと ぎっくり
愕然
03 劇的 ドラマチック
はっと どきりと どっきり どきん どきどき
04 衝撃的 ショック ショッキング 慄然(りつぜん)
がつん[～と打ちのめす]
05 くらくら くらっと
06 うっとり
恍惚 陶然
甘い[～旋律] 甘美
＊
07 あきれた あきれて物が言えない
唖然

3.3003 飢渇・酔い・疲労・睡眠など

01 空腹 ぺこぺこ 腹ぺこ
ひもじい ひだるい 口が寂しい
くちい
02 ほろり
へべれけ べろべろ べろんべろん ぐでんぐでん
03 へとへと くたくた ぐたぐた
ばたんきゅう グロッキー
だるい けだるい かったるい
04 退屈 つれづれ 徒然(とぜん)
手持ちぶさた 所在ない
05 眠い 眠たい おねむ しょぼしょぼ
うつらうつら うとうと とろとろ とろっと こっくり
ぐっすり ぐうぐう ぐうすか
すやすや 昏昏(こんこん)
寝苦しい
寝不足 睡眠不足

338

3.3 精神および行為 ～3.3014 【3.30 心】

3.3011 快・喜び

01 快い 心地よい 気持ち／気分／心持ちがよい いい気持ち／気分
気味／小気味のよい 小気味よい 胸のすくような 清清
欣快 壮快 爽快 軽快 痛快 豪快
晴れ晴れ 晴れ晴れしい 晴れやか
さわやか すがすがしい
すっきり さっぱり さばさば すっと すうっと すかっと[～した気分] すきっと
快適 居心地がよい 住み心地がよい
02 愉快 うきうき わくわく ほくほく うはうは
そわそわ 気もそぞろ
いそいそ
03 楽しい 楽しげ 喜喜 朗らか 明るい るんるん
うれしい うれしそう 心うれしい
上機嫌 御機嫌 機嫌がよい／が悪い
笑いが止まらない
喜ばしい 喜んで 欣然
04 おもしろい おかしい／な コミカル おもしろおかしい
興味深い 興味津津 興味ある
享楽的
05 興ざめ つや消し
つまらない つまんない
白けた[～ムード] しらっと 寒い[～ギャグ]
曲がない 味気ない 味も素っ気もない 身もふたもない
砂(すな)をかむような
索然 渋い
06 不愉快 不快 気障り おもしろくない
気持ち／心持ちが悪い 気色(きしょく)／気分が悪い 胸くそが悪い けったくそが悪い
後味が悪い 後口が悪い 寝覚めが悪い
07 不機嫌 御機嫌斜め 虫の居所が悪い

3.3012 恐れ・怒り・悔しさ

01 怖い 恐ろしい 恐るべき
おどろおどろしい おっかない おぞましい 末恐ろしい
不気味 気味／小気味が悪い 気味悪い 薄気味悪い 底気味悪い
空恐ろしい 物恐ろしい すごい ものすごい
臆病 びくびく おっかなびっくり
戦戦恐恐 生きた空もない 生きた心地もない 歯の根が合わない
02 腹立たしい 腹の立つ 癪(しゃく)[～な雨]
かっと ぷっつん むかっと むかむか
苦苦しい 忌ま忌ましい
腹の虫がおさまらない 承知しない 許し難い
03 惨め 惨 悲惨 散散
凄惨 凄絶 惨憺(さんたん) 惨烈 凄然
酸鼻 無残・無惨 悽愴
悲劇的
目も当てられない
ひどい
04 悔しい 惜しい 惜しくも 惜しむらくは
みすみす
口惜しい 恨めしい 残り多い 残り惜しい 名残惜しい 未練がましい 恨みがましい
残念 残念ながら 無念 心外
05 投げやり 捨て鉢 破れかぶれ

3.3013 安心・焦燥・満足

01 安心 心強い 気強い 気丈夫
心丈夫 頼もしい 末頼もしい 力強い
心配ない 大船に乗ったよう 心置きなく
気が置けない 気安い 心安い ほっと
気軽 身軽
02 楽(らく) 気楽 安楽 安閑 安気 楽楽
悠長 のんき のほほんと
苦労なし 労せずして のうのう ぬくぬく
知らぬが仏
03 ゆったり 豊か ゆっくり 綽綽(しゃくしゃく) 余裕綽綽
伸びやか 伸び伸び のんびり
のどか 悠悠 閑閑(かんかん)
浩然
落ち着いた 落ち着き払った 冷静 沈着
平静 平然 泰然 自若(じじゃく) 泰然自若 従容(しょうよう) 悠然 悠揚 蕩蕩
飄飄
04 恬(てん)として 恬然 事もなげ
平気 平気の平左 へいちゃら へっちゃら へのかっぱ
何でもない 気にしない
05 心配 不安 心細い 心もとない おぼつかない 頼りない おちおち
気掛かり 心懸かり 気遣わしい 気が気でない
落ち着かない 居ても立っても居られない
気ぜわしい せわしない せかせか 落ち着きのない そそくさ
堅苦しい 窮い 窮屈
気詰まり 気ぶっせい
はらはら どきどき
びくびく
06 あたふた 倉皇 おろおろ おたおた まごまご
どぎまぎ たじたじ
おどおど
07 もどかしい 歯がゆい じれったい 辛気臭い じりじり
いら立たしい いらいら やきもき
08 くさくさ むしゃくしゃ
09 満足 こたえられない たまらない
もって瞑すべし
満腹
10 不満 不満足 意に満たない 飽き足りない 物足りない ハングリー
我慢できない／ならない／し切れない
11 もやもや

3.3014 苦悩・悲哀

01 苦しい 苦い[～経験]
重苦しい 胸苦しい 息苦しい
うっとうしい

— 339 —

[図版6]　日本語のシソーラス

(国立国語研究所編(2004)『分類語彙表—増補改訂版』(大日本図書)より)

課題

1. 77頁の「日本語の親族語彙」の図を参考にして、自分や自分の周囲の人たちがどのような語彙を使っているか、この図にある語以外を使っていないか、考えよう。
2. 78頁の「日本語の感情表現語彙」の表に、このほかの語を追加しよう。
3. 「〈つくる〉ことを意味する動詞類義語語彙」、「〈話し合う〉ことを意味する動詞類義語語彙」「自分の知っている方言の特有語彙」、「ある特定の職業関係者間のみで使われる語彙」、「自分の学校で使われているキャンパス語彙」の集合に属する語をあげよう。
4. 「現代日本語の指示語」、「『煮る・ゆでる・蒸す・焼く・炒める・揚げる……』などの〈調理〉に関する動詞語彙」、「『晴、曇、雨、雪、みぞれ……』などの〈天気〉に関係する語彙」がどのような語彙体系を作っているか、自分なりに工夫して、図表に表してみよう。
5. 空欄を埋める語を探し、「言語」の下位区分としての「【表現】に関する語彙」、「【説明】に関する語彙」のリストを作成しよう。必要に応じて、類義語辞典を参照してもよい。

【表現】
01 表す　言い表す　　　　
　　表現する　　　　
02 写す　　　　
　　描写する　　　　
03 修飾する　　　　
　　強調する　　　　
04 言い換える　　　　
　　言い紛らす　　　　
05 言葉を尽くす　　　　

【説明】
01 説く　解き明かす　　　　
　　説明する　　　　
02 注釈する　　　　
03 解釈する　　　　
04 総説する　　　　
05 細説する　　　　
06 概説する　　　　
07 結論する

3.2. 語彙の分類

3.2.1 さまざまな分類の視点

> 🏃 ここからはじめよう
>
> 次の語を、自分なりの基準を立てて分類しよう。
>   机　テーブル　読む　書籍　料理する　ジャンプ　刮目する
>   うたかた　忽然と　いちゃつく　畢竟　たまげる　喝破する
>   サーベイランス　マジで　しっかりと　ウケる　営々と　ぜひ
>   チクる　蓋然性　たまさか　シャーペン　紅差し指　論外
>   突拍子　トレーサビリティー　ぶっちゃけ　明後日　いざよい

▶品詞による分類

語彙はさまざまな観点から分類できます。【ここからはじめよう】の語群を見ると、まず「品詞」という分類方法を思いつきます。通常の学校文法にしたがえば、これらの語は次のように分類されます。

名詞	机　テーブル　書籍　ジャンプ　うたかた　サーベイランス　ぜひ　蓋然性　シャーペン　紅差し指　論外　突拍子　トレーサビリティ　明後日　いざよい
動詞	読む　料理する　チェックする　刮目する　いちゃつく　たまげる　喝破する　ウケる　チクる
副詞	忽然と　畢竟　マジで　しっかりと　営々と　たまさか　ぶっちゃけ

品詞分類は単純なように見えても、実は難しい問題がたくさんあります。詳しくは117頁でとりあげますが、大まかに言うと、
❶　分類の枠組み(＝品詞の数)はいくつなのか。
❷　ある語をある品詞に分類するのに、見方が分かれることがないのか。

という2点に集約されます。

❶についていえば、例えば、かつては中学校教科書で設定されていた11品詞の区別が、代名詞を名詞の下位分類に組み入れたために、現在は10品詞になっているという例があります。また、日本語教育では形容詞と形容動詞を、別々の品詞として立てないことがあります。品詞の枠組自体が、固定した絶対的なものではありません。

❷についていえば、例えば、上記の語の中の「明後日」について、「明後日は体育祭を挙行する日である。」という文での「明後日」は名詞でいいとして、「明後日、体育祭を挙行する。」の場合の「明後日」を、副詞としても分類するのかという問題があります。いずれにしても方針や考え方の違いによって、結果は異なるものになりますが、原則としてすべての語が、必ずどこかの品詞分類枠に入れられるということになります。

[図版7] 理解語彙と使用語彙

理解語彙量の発達

年齢	語彙量		年間増加率	
	男	女	男	女
6	5,606	5,158	18.7	21.6
7	6,655	6,250	17.5	16.5
8	7,822	7,283	25.4	27.1
9	9,812	9,256	31.0	36.5
10	12,863	12,635	35.0	42.9
11	17,359	18,057	33.0	39.9
12	23,085	25,254	24.8	22.9
13	28,809	31,035	19.3	15.1
14	34,379	35,726	14.8	11.2
15	39,475	39,722	11.2	6.9
16	43,886	42,447	8.7	4.0
17	47,721	44,161	4.9	2.3
18	50,069	45,190	1.8	0.6
19	50,985	45,467	0.4	0.1
20	51,176	45,496	―	―

坂本一郎(1984)「私の基本語彙論」より

[図版8] 語彙数の獲得に関する研究例

▶理解語彙・使用語彙

【ここからはじめよう】の語群の中には、自分にとって聞いたり読んだりして理解もできるし、話したり書いたりして実際に使用している語、意味は理解できるものの、自分は使用しないという語、意味を理解することもできないし、当然使用することもない語という区別があります。

ある個人が聞いたり読んだりして意味がわかる語の集合を理解語彙、話したり書いたりして使用することができる語の集合を使用語彙といいます。使用語彙は理解語彙の中に包摂され、また、理解語彙の外側は理解することができない、使用することもない語彙となります。理解語彙、使用語彙の量は一人一人異なります。しかし、ある個人が持っている語彙の量はいったい何語くらいあるのかとなると、正確に数え上げることはほぼ不可能です。子どもの語彙量の発達について推定した研究もありますが、調査方法が確立されているわけではありません。

▶文体による違い

　【ここからはじめよう】にあげた語群の中には、「硬い、改まった、フォーマルな、古めかしい」といった語感を伴う、主に書かれた文章で使われそうな語と、その逆で、「やわらかい、くだけた、インフォーマルな、新しい」といった語感を伴う、主に話す時に使われそうな語との違いがあります。一般には、「文章語・口頭語」、「文語・口語」、「書き言葉・話し言葉」などの用語によって区別をすることがあります。これらの用語は、ある国語辞典では次のように説明されていますが、辞典による微妙な表現の違いも見られます。
　〇文章語
　　　文章による言語表現において、特徴的に見られる語句(表現法)。日常語としては、あまり見聞きしなくなった漢語・和語や、漢文訓読語的な語彙・文体。
　〇口頭語
　　　口語による言語表現において特徴的に見られる語句(表現法)。〔形式的な面では省略・圧縮・倒置などの特徴があり、音声的な面ではアクセント・イントネーション・プロミネンスなどの特徴がある〕

○文語
　表現される言語の中で、現代口語ではすでに一般的ではなくなった文体・文法体系に属する表現。〔狭義には、平安時代の和文を規範とするものを指す〕
○口語
　音声で表現される言語のうち、その社会の人が日常の生活でごく一般的に使用するもの。〔話し言葉そのものとは異なる整合性が求められ、同時に文語に対して、独自の文法・語彙の体系が備わっている〕
○書き言葉
　論(説)文や手紙を書いたり文学作品を創作したりする時に一般に用いられる言葉。〔会話を交えることもあるが、地の文は性格としてはよそ行きであり、改まった表現であることが多い〕
○話し言葉
　日常の言語生活で、実際に用いられる言葉。〔書き言葉が内省的であり、規範的であるのに対し、くだけた場面で使用されることが多いので、文法的に整わなかったり、省略表現が用いられることがある〕

　また、雅語・俗語という用語が使われることもあります。辞書的には、「雅語」は「古代・中世の詩歌や物語・日記の中に用いられた和語。(また)和語化した字音語をも含む。現代でも和歌・俳句などの世界では用いられる。」、または、「洗練された優美なことば」、「俗語」は「話し言葉の中で、内容的に卑猥にわたったり、下品に流れたりする点があるため、人前でおおっぴらには使用することがはばかられる表現」、または、「改まった場面では用いられない、日常的なくだけたことば」と説明されています。

　以上は、いずれも言語学的に厳密に定義された用語ではありませんし、分類される語彙がぶれることなく、一様に決まっているというわけ

ではありません。たしかにあいまいさを含んだ用語ですが、このような用語によって、語の性質や文体に関係するさまざまな性格が言及されるということは、なにかしらの語の性質の違いがあるということになるのでしょう。

広げよう・深めよう　国語教育における「話し言葉・書き言葉」

　国語教育で用いられる用語は、「話し言葉・書き言葉」であり、国語科学習指導要領の中にもこの用語が明示されている。例えば、中学校2年の指導事項には、「話し言葉と書き言葉との違い、共通語と方言の果たす役割、敬語の働きなどについて理解すること。」という記述があり、「共通語と方言」、「敬語」と並んで、「話し言葉と書き言葉」についての学習が指定されている。

　実際の国語教科書では、例えば、

> ○　私は今朝、急いでいて、ひざを歩道橋の階段にぶつけてしまいました。とても痛かったのですが、走って、なんとか遅刻しないように来ました。
> ○　ええと、あのう、今朝ですね、急いだら、ここ、このひざんとこ、ぶつけちゃって、家の、じゃなくて、歩道橋の階段なんですけど。すごく痛くて、でも、走って、なんとか遅れないように来ました。
>
> ―平成24年度版三省堂『中学生の国語』(2年)より

というような例があげられているが、単に、「とても―すごく」、「遅刻する―遅れる」という使用される語の違いだけでなく、話し言葉には、
　・「ええと」「あのう」のような感動詞
　・「ここ」「あの」のような現場指示の指示語

- 「ね」のような文中の終助詞(間投助詞)

などの要素が使われたり、

- 「〜んとこ」「〜ちゃって」「〜じゃなくて」のような音の融合による発音の変化
- 「〜けど」のような語の一部の略化による短縮

などの現象や、

- ことばの省略や文を構成する要素間の整合性の欠如
- 倒置や言い直し

などが現れることを気づかせようとしている。このように、国語教育における「話し言葉・書き言葉」は、単に語彙的な違いを意味するのでなく、語法や文体的・文法的な特徴を含めた言語表現全般を扱うものとなっている。

3.2.2 語種

> 🏃 ここからはじめよう
>
> 85頁の【ここからはじめよう】にあがっている単語を、❶もともとからの日本語の語、❷中国語から日本語に入ってきた語、❸中国語以外の外国語から日本語に入ってきた語、❹以上の❶〜❸の語の組み合わせによってできている語に分類しよう。

▶語の出自

語感や文体の違いをもたらす要素の一つには、語の出自が関係しています。日本語の語彙は、その出自によって和語、漢語、外来語に分類されます。

和語は日本語にもともとあった固有の語を指し、漢語は中国語からの、外来語は中国語以外の外国語からの借用語を指します。漢語、外来

語には本来の借用語としての漢語や外来語をまねて、日本語の中であらたに作られた語を含みます。また、「餃子・麻雀」のような近代の中国語からの借用語は、外来語として扱います。さらに「中華ソバ・自動ドア・生ビール」のような、複数の語種からなる合成語を混種語といいます。【ここからはじめよう】にあげた語の語種は、次のようになります。

和語	机　読む　うたかた　いちゃつく　たまげる　ウケる　マジで　しっかりと　チクる　たまさか　紅差し指　ぶっちゃけ　いざよい
漢語	書籍　畢竟　ぜひ　蓋然性　論外　突拍子　明後日
外来語	テーブル　ジャンプ　サーベイランス　シャーペン　トレーサビリティー
混種語	チェックする(外来語＋和語)　刮目する(漢語＋和語)　忽然と(漢語＋和語)　喝破する(漢語＋和語)　料理する(漢語＋和語)　営々と(漢語＋和語)

　美しい日本語の擁護を主張する人にとって、大量の外来語の日本語への流入は、まさに憂慮すべき事態といえるかもしれません。しかしその前に、日本語の談話や文章に現れる語彙が、語種別にどのような比率によって構成されているかということをおさえておく必要があります。古いデータですが、国立国語研究所が昭和30〜50年代に行った雑誌九十種の語彙調査の結果は、右の表のようになっています。

　これを見ると、異なり語においては和語の比率と漢語の比率に大きな差はないが、延べ語になると和語が圧倒的な優位を占めるということがわかります。このことは、和語では少ない種類の語が繰り返し何度も使用さ

	異なり語数		延べ語数	
	語数	%	語数	%
和語	11,134	36.7	221,875	53.9
漢語	14,407	47.5	170,033	41.3
外来語	2,964	9.8	12,034	2.9
混種語	1,826	6.0	8,030	1.9
計	30,331	100	411,972	100

[図版9]　日本語語彙の語種構成
(沖森卓也他(2011)『図解日本の語彙』(三省堂))

れ、漢語では逆に、使用される語の種類は多いけど、その頻度が低いということを意味しています。

　すなわち、文章や談話を構成する基礎となり、骨組みの中核となる、頻繁に使用される基本的な語彙としては、和語が支配的な地位にあると考えられます。外来語は、異なり語においても延べ語においても量的に少なく、しかも、異なり語から延べ語への後退の程度は漢語以上ですから、基本的な構造に関わる語彙に、ほとんど影響を与えていないといえます。ただ、最近の調査では、大筋は変わりませんが、少しずつ変化が現れてきているようにも思われます。

（数字は%）

〇認知度（「聞いたこと、又は見たことがある」）　　〇意味の理解度（「分かる」「何となく分かる」の合計）

高い順		低い順		高い順		低い順	
ストレス	98.5	エンフォースメント	9.4	ストレス	98.1	エンフォースメント	6.7
インターネット	97.2	コンソーシアム	10.2	リサイクル	96.4	コンソーシアム	8.0
リサイクル	96.8	メセナ	13.8	スタッフ	95.7	メセナ	9.8
スタッフ	96.8	エンパワーメント	14.1	レクリエーション	95.0	エンパワーメント	10.3
レクリエーション	96.6	タスクフォース	14.5	ボランティア	94.7	タスクフォース	11.6
ホームページ	96.1	リテラシー	18.7	ホームページ	94.0	リテラシー	13.8
ボランティア	95.4	トレーサビリティ	19.4	インターネット	93.7	トレーサビリティ	16.5
テーマ	94.6	サマリー	22.2	テーマ	93.6	サマリー	19.0
リーダーシップ	94.4	バックオフィス	22.4	リーダーシップ	93.5	バックオフィス	19.5
キャンペーン	94.1	ガバナンス	26.7	キャンペーン	93.3	ガバナンス	20.0

高い順		低い順		高い順		低い順	
サンプル	96.1	インキュベーション	12.1	サンプル	94.5	インキュベーション	9.2
ドキュメント	94.2	キャピタルゲイン	29.1	リフレッシュ	91.4	キャピタルゲイン	22.2
リフレッシュ	93.8	ジェンダー	29.4	ドキュメント	90.3	ジェンダー	24.9
パフォーマンス	92.5	スクリーニング	41.4	パフォーマンス	89.6	スクリーニング	35.9
アクセス	92.0	インフォームドコンセント	45.9	バリアフリー	89.2	インフォームドコンセント	36.9
バリアフリー	91.9	トレード・オフ	50.2	リスク	87.7	トレード・オフ	42.4
オンライン	91.8	マクロ	52.7	フルタイム	87.5	マクロ	48.0
コミュニティ	91.1	スクーリング	54.3	コミュニティ	86.5	スクーリング	48.3
コーディネーター	90.5	フィードバック	56.1	オンライン	86.3	イニシアチブ	48.5
ホワイトカラー	90.2	イニシアチブ	57.2	セキュリティー	86.1	セクター	50.3

［図版10］　カタカナ語の理解度
（文化庁文化部国語課『国語に関する世論調査』（上＝平成19年度調査、下＝平成20年度調査）より抜粋）

▶カタカナ語

　最近の社会問題として、外来語の過度の多用が、高齢者などの情報弱者にわかりにくさをもたらしているという指摘にも注意をしておかなくてはなりません。

　文化庁が行っている「国語に関する世論調査」でも、「エンフォースメント・コンソーシアム・メセナ・エンパワーメント・タスクフォース・リテラシー・インキュベーション・キャピタルゲイン」などの語は、一般への浸透度がかなり低いということがわかっていますが、このような語を、特にカタカナ語と呼ぶことがありますが、行政や医療などに関わる語では、時に重大な事態を生じかねないという危険性をはらんでいます。

▶異なる語種間の類義語

　日本語では異なる語種間で、類義語の関係に立つものが少なくありません。しかも、指し示す意味がおおよそ類義関係にある場合、情意的・文体的な差が現れることがあります。なお、以下では語種間での品詞が整然と対応しているわけではないので、和語の動詞

和語	漢語（＋和語）	外来語（＋和語）
手紙	書簡	レター
宿屋	旅館	ホテル
おしろい	化粧品	コスメチック
薬屋	薬局	ドラッグストアー
受け取り	領収書	レシート
終わり	終了	フィニッシュ
求める	要求する	リクエストする
調べる	調査する	リサーチする
飛ぶ	跳躍する	ジャンプする
柔らかい	柔軟だ	ソフトだ
望む	希望する	
決める	決定する	
穏やかだ	温厚だ・温順だ	
扉・戸		ドア
居間		リビング
印		マーク
	角度	アングル
	圧力	プレッシャー
	単純だ	シンプル

[図版11]　異語種間の類義語(1)

に対して、漢語・外来語は「―する」を付けた混種語をあげる場合があります。

　まず、和語と漢語では和語の方がより口語的であり、漢語の方がより文章語的であることが多く、その結果、和語は私的、日常語的で、くだけた、柔らかい印象を与え、漢語は公的、専門的で、あらたまった、硬い印象を与えるという文体的な傾向が現れることがあります。また、程度や規模において和語よりも漢語の方がより「大」であるという語感を伴うことがあります。そして、外来語は新鮮さ・洒脱さ・スマートさを印象付けることがあります。

　次に、和語は一般に意味の覆う範囲が広く、総合的・抽象的であるのに対し、漢語は具体的に細かく言い分けをしている場合があります。例えば、

　（1）　きのう、ぼくは乗ったよ。

という言い方では何に乗ったのか、分かりませんが、

　（2）　きのう、ぼくは $\begin{cases} 乗車した \\ 乗馬した \\ 乗船した \\ 搭乗した \end{cases}$ よ。

という言い方は、「何に」を含んだ言い方になっていて、その点での紛れはありません。

　以上の例からも分かるように、日本語は中国語やその他の外国語の語彙を、単に名詞として取り入れるだけでなく、「跳躍する・ジャンプする」のように「―する」をつけて動詞化したり、「柔軟だ・ソフトだ」のように「〜だ」をつけて形容動詞化したりして、日本語に取り入れてきました。これは、外国語を日本語の文法構造に巧みに適合させてき

和語	漢語
乗る	乗車する 乗馬する 乗船する 搭乗する
出る	出校する 出勤する 出社する 出港する 出廷する 出帆する 出獄する 出向する

［図版12］　異語種間の類義語(2)

た結果であるといえます。

　このような蓄積の結果として、現代の日本語は、意味が似ていると同時に語感や文体について微妙な違いを持つさまざまな出自の語が、二重、三重の形で共存するという結果になりました。この点をふまえて、日本語の表現は多様性に富み、繊細なニュアンスを細かく伝え分けることができる言語だと言われることがありますが、このことは厳密に検証されたうえで言われていることではありません。

広げよう・深めよう　語種の境界線

　語種の境界は、必ずしも明確であるわけではない。和語はもともとの日本語に存在する語であるというが、そもそも文献時代以前の日本語が明確になっているわけではない。つまり、日本語がいつ、どこから渡ってきた言語をベースにして成立したのかということが解明されてはいないのである。

　朝鮮語起源とされる語には「寺・冑・笠・窯・鉈・島・村」などが、中国語起源とされる語には「馬・梅・絵・銭・菊」などが、さらにはアイヌ語起源とされるには「鮭」などがあげられることがあるが、これらの言語からの借用語だというのは、あまりに古い時代のことだけに、肯定するにも否定するにも論拠が乏しい。

　「ナイター・マイカー・ゴールイン・イメージアップ」のような、いわゆる和製外来語は、外国語起源でない外来語ということになる。すなわち、定義自体が万能ではないのである。

　漢語にも、中国語に起源を持たない、日本において造語された、いわゆる和製漢語が含まれている。和製漢語には、本来の和語の漢字表記を音読することによって成立した、「返事（「かへりごと」から）・大根（「おほね」から）・出張（「でばる」から）・心配（「こころくばり」から）」などの疑似漢語と、幕末明治期に新しい概念を表すために輸入

された西欧語に対する訳語として新造された、「常識・良識・哲学・郵便・悲劇」などの翻訳漢語とがある。翻訳漢語は、中国語からの借用である「銀行・保険・代数・化学」や、古い漢語の再生である「観念・演繹・良心・福祉」などを含み、その内容は実に多彩である。この他に、「消耗(しょうこう)」から生じた「しょうもう」、「貼付(ちょうふ)」から生じた「てんぷ」というような、慣用音［⇨ 261 頁］によってあらたに生じた語形というのも存在する。語種には、このような本来的な定義をはずれるケースが含まれている。

次に、語の本来の出自と、一般にはどのように意識されているのかということの間に、ギャップがあることが少なくない。漢語には、「僧・旦那・刹那・和尚・袈裟」のように、仏教を通じて入ってきた古代インドの言語(サンスクリット語)起源の語を含んでいるが、「瓦・鉢・尼」のように、ふつうには和語のように意識されている語がある。古代の和歌には漢語を使わないという原則があるが、「梅・菊」などは 10 世紀に撰述された『古今和歌集』でふつうに使われているところから、当時としてすでに、漢語の意識が相当薄らいでいたのではないかと推察される。

逆に「バラ・バネ」のような、語頭に濁音を持つ和語では、和語らしい響きが薄れている。外来語でも「合羽(かっぱ)・襦袢(じゅばん)・羅紗(らしゃ)・煙管(キセル)」など、早い時期に移入された日常品の名前には、同じように外来語の意識が薄れたものがある。ここでは、当て字としての漢字表記の獲得も、外来語意識の希薄化と関係しているだろう。

「気配」はもともとは和語であったが、漢字表記を獲得することによって、和語の意識が薄くなった。「ばら・薔薇・バラ」、「ぼたん・牡丹・ボタン」にも、表記の違いによって、語の出自の意識のされ方に差があるのではないかと見られる。

［図版 13］「煙管」

> **課題**
>
> 1. 85頁の【ここからはじめよう】にあげた語についての自分自身の理解語彙、使用語彙の分類を行い、友だちと比較しよう。
> 2. 次のような、同じ内容を可能な限りで和語を使って書いた文、漢語を使って書いた文、外来語を使って書いた文を作ってみよう。
>   ① お休みの人であふれる海辺の宿屋で、新しいもくろみについて打ち合わせした。
>   ② 休暇の人であふれる海岸の旅館で、新規計画について議論した。
>   ③ バケーションの人であふれるビーチのホテルで、ニュープランについてディスカッションした。
> 3. 異なる語種間の類義語を見つけ、93頁の対照表にならって表を作成しよう。また、これらの類義語についての語感・文体の差が、本節の内容に合っているか、その反例となる例はないかについて検討しよう。
> 4. 疑似漢語、翻訳漢語、和製外来語の語例を調べよう。

3.3. 語の意味

3.3.1 「意味」の意味

> **ここからはじめよう**
>
> 次の文の下線の「意味」を、別の言葉で言い換えよう。
> ① 本というものは、それをどんな年齢の時読むかによって、持つ意味が違ってくる。
> ② 子供が親に反抗するのにも、それなりに意味がある。
> ③ 君の来ないクラス会なんて、行っても意味がない。
> ④ 彼の寂しげな笑みの意味が、ぼくには分からない。
> ⑤ 中学校生活をまとめる意味で、卒業文集を作ろう。
> ―林史典・他編(1986)『国語基本用例辞典』(教育社)より抜粋

▶一般的な「意味」の使われ方

　日常生活の中で「意味」とは何か、ということを明確に意識することはまれです。にもかかわらず、「意味」という語は、通常の会話においても【ここからはじめよう】①〜⑤のように、「役割」、「価値・意義」、「暗示」、「目的」などの意味で、手垢にまみれた語として頻出します。しかし、このような意味での「意味」は、通常の言語研究では「意味」として扱いません。

　ただし、例えば窓を閉め切った部屋で少し気分が悪くなり、窓を開けて欲しいと思って、「ちょっと暑いのですが。」と言ったとしましょう。この文自体の「意味」は、「私が今、暑いと感じているコト」でしかないのですが、相手に伝えようとしていることは、「その窓を開けてほしいと思っているコト」です。相手が実際に窓を開けてくれない限り、「意味が通じた」とは考えられません。このように、発話によって相手の行動を引き出そうとしている時の「意味」は、言語研究が扱う「意味」の範囲にあります。

　しかし、同じことを言語を用いずに、窓を開ける動作をしたり、汗を拭く、服をぱたぱたさせるなどの動作をしたりして、ジェスチャーによって伝えようとした場合の、その動作の「意味」は、広義のコミュニケーション研究が扱う「意味」には含まれますが、言語研究として扱う「意味」ではありません。

　同じように、「ハトは平和を意味している。」というような、事物が持つシンボルとしての「意味」や、「活発な火山活動は、近い将来の地震を意味している。」というような、諸現象が持つ兆候としての「意味」は、言語研究では扱いません。

　では、言語研究が扱う「意味」が、明確に定義されているかというと、必ずしもそうとは言い切れません。というより、ことばの「意味」自体が、定義することがかなりむずかしいので、意味の研究の専門書で

ない限り、多くの場合はそこに踏み込むことをしません。

▶「意味」の実体

　ここで注意しておかなければならないことがあります。それは、語の指し示す指示対象が、現実世界に実体として存在する場合、語の意味は指示対象そのものだと考えられやすい点です。言語学では、「ツクエ（机）」という語の意味は、現実の「机」そのものではないと考えます。国語辞典で「ツクエ」を引くと、例えば「本を読んだり、物を書いたりする時に用いる台。」となっていますが、意味とはこのように、実体としての机を何らかの形で説明したものであると考えます。

　もう少し踏み込んで言うと、国語辞典に書いてある「意味」は、「意味」そのものではなく、「意味」をことばによって説明しようとした試みの一つであると見ておく必要があります。さらに、辞典に向かう時の基本的な態度として、辞書には常に正しいことが書かれていて、それ自体が権威あるものであると思いこむことは危険であるという認識が必要です。

広げよう・深めよう　言語が伝える「意味」

　ことばを使ったコミュニケーションによって伝えられる「意味」は、相当広い範囲に及ぶものであり、その全体像を示すことはかなり難しい。話し言葉に関する私見の概略を示すと、次の図のようになる。下段が意味の種類である。ただし、「文体・敬語」の位置づけは微妙であり、「言語構成要素」であるが、伝えられる意味は「叙述内容」というよりは、「聞き手への伝え方」に近い。「泣き・笑い…」、「服装・化粧…」は厳密には言語行為ではないが、参考としてその位置づけを示しておく。

非言語コミュニケーション要素	言語的コミュニケーション要素	
	言語付随要素	言語構成要素
身ぶり・しぐさ 表情・視線 距離・身体接触… (笑い・泣き…) (服装・化粧…)	イントネーション プロミネンス 文末の引き延ばし ポーズ(間) 声の大小・速度… 声の調子・声色…	語 文 談話 アクセント 文体・敬語
話し手の感情・状態 聞き手に対する態度 ⇔	叙述内容に対する話し手の評価 聞き手への伝え方・働きかけ方	叙述内容 論理 思考 事実 客観的情報…

[図版14]　言語とその周辺要素によって伝えられる「意味」

3.3.2 類義語

> **🏃 ここからはじめよう**
>
> 「しばる・むすぶ・つなぐ」の3語について、それぞれの語を文中の空欄にいれて使うことができるか、そうでないかという点から、違いが出るような例文をできるだけたくさん追加し、次の対照表を補充しよう。○はそれぞれの語を例文の下線部の空欄に置いた時に、日本語として許容できることを、×は許容できないことを示す。
>
> また、同じことが、「わずか・かすか・ほのか」の3語ではどうなるか、やってみよう。
>
> | | 例文 | シバル | ムスブ | ツナグ |
> |---|---|---|---|---|
> | 1 | 髪の毛を輪ゴムで____。 | ○ | ○ | × |
> | 2 | 新聞の束をひもで____。 | ○ | ○ | × |
> | 3 | 二つの荷物をロープで____。 | × | ○ | ○ |
> | 4 | 二人の泥棒をなわで____。 | ○ | × | ○ |
> | 5 | ひつじを立木に____。 | ○ | × | ○ |
> | 6 | 小舟を桟橋に____。 | × | × | ○ |
> | 7 | 細いひもを蝶結びに____。 | × | ○ | × |
> | 8 | | | | |
> | 9 | | | | |
> | 10 | | | | |

▶意味の比べ方

　一口に「ことばの意味」といっても、特定の専門分野に特化された用語の意味を理解できるか、できないかは、知識の問題であり、要するに個人が過去にどこかで知る機会を得たか、そうでないかという経験の問題になってしまいます。例えば警察用語の「逮捕」と「検挙」、鉄道用語の「運賃」と「料金」の違いなどがそうです。言語学がふつう扱うのは、そのような特定分野の「意味」ではなく、日常的な一般的な語の「意味」です。

　語の意味を語義といいますが、語義をとらえるのは簡単な作業ではありません。特にある語の意味を単独でとらえるのはかえって難しいので、類義語相互を比較するという方法がよくとられます。しかし、国語辞典を引いただけでは、例えば、

> あがる【上がる】下の方(低い所)から上の方(高い所)へ移る。
> のぼる【上る】低い所から高い所へ移動する。また、移動して、上の方へ行く。

というように書かれており、その説明から違いを明確にすることはできません。

　2語(以上)を比較する目的は、両語の使い分けの条件を発見することにあります。そこで、それらの語を共通の文脈の中に置いた場合に、正しい文として許容できるか、できないかを、母語話者の内省によって判断するという方法がとられます。そして、その違いを一般化することにより、意味の差を見つけようとします。以下では許容できない場合には「*」を付して示します。

　【ここからはじめよう】の「しばる・むすぶ・つなぐ」で、例文をさらに追加し、対照表を拡充していくと、この3語の間には、

❶　二つ以上の対象物を結合するのか、ばらばらの個からなる一つの対象物を固定するのか。

❷　二つ以上の対象物を結合する場合、隙間なく接着させるのか、ひ

ものような仲介物によって連結するのか。

❸ 「ひもを結ぶ」のように、結束する道具自体を対象とした言い方ができるか。

という点で違いがあるのではないかと予想されます。さらに、

(1) ひつじを立木につなぐ。

(2) 小舟を桟橋につなぐ。

は許容できるのに、

(3) ＊掃除機を柱につなぐ。

はなぜ許容できないのか、しかしそれでも、

(4) 掃除機をコンセントにつなぐ。

はなぜ許容できるのかなど、さらに使い分けの条件が、細かく規定されなければならないこともわかってきます。

　検証の過程において、ある文脈の中で、二語とも許容される場合にはそれらが意味も同じになるのか、それとも見かけは同じでも、意味が違っているのかを見きわめなくてはなりません。例えば、

(5) ひつじを立木にしばる。

(6) ひつじを立木につなぐ。

では、状況がかなり違います。

　ある文脈の中で許容されない場合、言語の問題として許容されないのか、言語の問題というより現実世界での実現が不可能であるために許容できないのかについて、考えなければなりません。(5)は許容できても、

(7) ＊小舟を桟橋にしばる。

が許容できないのは、ひつじを木にしばりつけることはなんとかできるとしても、小舟を桟橋にしばりつけることは、単純に大きさや現実的な手段の問題として、ふつうは不可能だからです。

[図版15]　「ひつじを立木にしばる・つなぐ」

▶意味の違いの推論

次頁の表は、「わずか・かすか・ほのか」の対照表を試案として作成したものです。Aは連用修飾語として、Bは連体修飾語として使われた場合です。

まず、例文A9〜13やB10〜13を見ると、「わずか」は視覚や聴覚、嗅覚による感知の程度の低さという意味では使われないのではないかという予想が立てられます。そして、例文A3〜5やB3〜5から、「数量としてはかれる程度が低いこと」の意味が共通しているのではないかと推測できます。

それに対して「かすか」と「ほのか」は、「数量化されない、感覚的な感知の程度が低いこと」という点でくくられるのではないかと考えられます。3語とも許容される例文A1〜2、B1〜2では、そこから読み取れる意味の差も、これによって説明できそうです。

ただし、例文A6〜7、B6〜9のように、量的な程度の低さに関係するのではないかと疑われる例もありますから、まだはっきりしない点もあります。これらの例文では、「わずか」も「かすか」もおおよそ許容されますが、その場合の両者の意味の違いはないか、「かすか」の中で、例文A3〜5とB6〜7、B3〜5とB6〜9の、許容と非許容の違いを分ける要因は何かを探っていかなければなりません。

「かすか」と「ほのか」との間では、「かすか」は聴覚・視覚・嗅覚に使われるが、「ほのか」は視覚には使われないのではないかという予測が立てられます。ただし、例文A10は視覚でありながら非許容です。「人影」が非許容で、「家の明かり」が許容であるということは、さらに対象の条件が細かく分かれているのではないかと考えていかなければなりません。

例文B14のような聴覚、視覚、嗅覚以外の比喩的、慣用句的な用法は、まずはじめからは取りあげないというのが通則です。しかし、この

例文	ワズカ	カスカ	ホノカ
A 1 窓から遠くの山が＿＿＿に見える。	○	○	○
2 キャンプファイヤーの火が＿＿＿燃えている。	○	○	○
3 ＿＿＿に人が通れるくらいの幅がある。	○	×	×
4 第一球は外角を＿＿＿はずれた。	○	×	×
5 料理の腕前は＿＿＿に上達した。	○	×	×
6 陸に上がったカエルが＿＿＿に息をしている。	○	○	×
7 成功する可能性は＿＿＿に残っている。	○	○	×
8 朝もやの中で島が＿＿＿に見える。	△	○	×
9 風の音が＿＿＿に聞こえる。	×	○	×
10 暗闇で人影が＿＿＿に見える。	×	○	×
11 遠くに家の明かりが＿＿＿に見える。	×	○	○
12 懐中電灯の光が＿＿＿に光っている。	×	○	○
13 バラの花が＿＿＿に香る。	×	○	○
14 暗闇にろうそくの火が＿＿＿に揺れている。	×	○	○
B 1 ＿＿＿な光	○	○	○
2 ＿＿＿な期待	○	○	○
3 ＿＿＿な蔵書	○	×	×
4 ＿＿＿な食料	○	×	×
5 ＿＿＿な食欲	○	×	×
6 ＿＿＿な手がかり	○	○	×
7 ＿＿＿な記憶	○	○	×
8 ＿＿＿な希望	△	○	×
9 ＿＿＿な疑問	△	○	×
10 ＿＿＿なうめき声	×	○	×
11 ＿＿＿な物音	×	○	×
12 ＿＿＿な香り	×	○	○
13 ＿＿＿な月の光	×	○	○
14 ＿＿＿な恋心	×	○	○

ような事例も、本来の基本的な用法の延長上で、なにかしらの説明をしなければなりません。

　類義語の意味の違いは、以上のようなプロセスをたどっていくことで、少しずつ明らかにしていくことができきます。ふつうの国語辞典では説明してくれないような意味を解きほぐしていくところや、ことばの意味を別のことばで説明しようと試みるところに、ことばの意味を考えるおもしろさがあります。

🏃 広げよう・深めよう　意味の違いの種類

　住宅の広告を見て、「キッチン」と「台所」、「テラス」と「ベランダ」とあるのでは、連想されるその住宅の高級感に差がある。集合住宅を「○○荘・○○アパート・メゾン○○・○○マンション……」と、どう命名するかは所有者の自由であるが、名前から連想されたイメージと実体との差に開きがあることもある。ある人が「死んだ・亡くなった・他界した・逝去した・くたばった……」と、どう表現するかによって、死者に対する発話者の思いの一端が見えることになる。一般には、「ニュアンスが違う」といわれることばの一面である。

　語義には、明示的意味と副次的意味とが区別される。「キッチン」と「台所」、「死ぬ」と「亡くなる」「くたばる」では指し示される事物や事態そのものに違いはないが、ことばが伝える付随的な意味には差が存在する。「能弁」と「多弁」では、プラスの評価しているか、マイナスの評価しているかという評価的な違いが認められる。これらを「明示的意味は同じであるが、副次的意味が違う」という言い方をする。

　ただし、類義語同士の意味の差が、明示的意味の差であるのか、副次的意味の差であるのか、分別の難しいケースは少なくない。鉄道用語の「運賃」は「貨物や旅客を運送する代金」、「料金」は「運賃とは別に支払われるグリーン車、特急列車、寝台車などの使用代金」であって、両者は明示的意味が異なるものである。しかし、「落花生・ピーナツ・南京豆」が明示的意味の差であるのか、副次的意味の差であるのか、判断は難しい。そして、異なる形式の二語の間には、必ず副次的意味の差が存在するとなると、厳密な意味では同義語は存在しないことになる。

　また、語義には基本的な意味と派生的な意味とが区別される。次の(1)「くずす」の例文の中で、aが基本的な意味であり、b以下はaか

ら比喩によって派生した意味である。(2)「からい(辛い)」は、aが基本的な意味である。通常、国語辞典には、最初のブランチ(意味記述の項目)に基本的な意味が記述されている。

(1) a 山をくずして道をつくった。
   b 風邪をひいて体調をくずした。
   c ひざをくずして座る。
   d 字をくずして書く。
   e 千円札をくずしてください。
   f 相場をくずす。

(2) a とうがらしはからい。
   b この料理は味付けがからい。
   c この日本酒の味はからい方だ。
   d あの審査員の採点はからい。

【くず・す 崩すくづす】【動五】①物を砕いてばらばらに壊す。「山を崩す」②整った状態のものを乱してばらばらにする。「列を崩す」「体調を崩す」③体の姿勢を楽にする。「膝を崩す」④崩し書きをする。「字を崩す」⑤高額の貨幣を、同額の小銭に換える。「一万円札をくずす」⑥相場を下げる。「値をくずす」(名)崩し】

【から・い 辛い（▼鹹い）】【形】①トウガラシ、ショウガ、ワサビ、サンショウなどのように、舌や口をぴりぴり刺激するような感じだ。「辛いカレー」②塩味が強い。↔甘い。「からい煮付け」③甘味が少ない酒などにいう。↔甘い。「点が辛い先生」②は「鹹い」とも書く。(名)辛さ】【名）辛み】

[図版16] 国語辞典の「くずす」・「からい」
(『現代国語例解辞典［第4版］』(小学館 2006年)より)

3.3.3 対義語

ここからはじめよう

次の語群の中の語について、類義語と対義語の関係を、右のような図に示してみよう。
① 特殊 一般 普遍
② 基礎 基本 応用 活用

(例) 永遠 ≒ 永久
          ↕
         瞬間

▶〈対義〉のとらえ方

　数学であれば、a＝b かつ b＝c なら a＝c となります。しかし、ことばの意味は、数学や論理学のような理屈では扱えないところがあります。

```
基礎  ≒  基本
  ↕      ↕
応用  ≒  活用
```

　【ここからはじめよう】①では、「一般」≒「普遍」、「特殊」↔「一般」、「特殊」↔「普遍」というような関係が想定できるのですが、(例)は、「永遠」≒「永久」、「永遠」↔「瞬間」であっても、「永久」と「瞬間」は意味的な論理としては反対の意味でありながら、ふつうは対義語どうしとは考えていません。②はおよそ上の図のようになるでしょう。つまり、単に論理上で反対になるというのでなく、どれとどれが対義語となるかというのは、ある意味での慣習的な認識に支えられた、いわば約束事として決まっているものであると考えられます。

　では、「意味が反対」というのはどういうことでしょうか。「父」という語は、親族語彙の体系の中で〈一世代上〉〈男性〉〈直系〉という三つの要素から成り立っていますが、対義語として考えている「母」は、そのうちの〈男性〉だけを否定したものです。三要素すべてを否定してしまうと「姪」になってしまいますが、ふつうはこれを「父」の対義語とは考えません。「兄」は〈男性〉〈年上〉という二つの要素から構成されていますが、このうち〈男性〉だけを否定した対義語が「姉」、〈年上〉だけを否定した対義語が「弟」になります。両方を否定した〈妹〉は対義語であるとは考えていません。

　「高い」という語は、

①　〈身体・物体の垂直方向の長さ・位置〉〈高位〉

②　〈物の値段〉〈高位〉

という二重の意味を持っていますが、①、②それぞれの〈高位〉だけを否定した場合に、①からは「低い」という対義語が、②からは「安い」と

いう対義語が出てくるのだと考えると納得がいきます。「反対の意味」というのは、このように意味の要素のうちの一つを否定するということです。

▶対義語の類型

対義語における「反対の意味」のあり方も一通りではありません。次のような型に分けられます。

❶　反意関係1―相補的関係　対極的な対照となる関係で、「表：裏」、「有罪：無罪」、「未婚：既婚」のように、一方を否定すると必然的に他方になる関係のもの。

❷　反意関係2―相対的関係　対極的な対照となる関係で、「大きい：小さい」、「遠い：近い」、「善：悪」、「損：得」のように、両極間に連続した程度性があり、一方の否定が必ずしも他方の肯定とならない関係にあるもの。しかも、2語の境界線は画然としているわけではない。

❸　順逆関係「開く：閉じる」、「結ぶ：ほどく」、「着る：脱ぐ」、「行く：帰る」のように、逆方向の動きを意味する関係にあるもの。

❹　対互関係「売る：買う」、「貸す：借りる」、「教える：習う」、「行く：来る」のように、同一のことがらに対して、それを見る視点の違いから生じる反対の関係にあるもの。

【広げよう・深めよう】　**国語辞典の意味記述**

　国語辞典を見る際には、いくつかの気をつけるべき点がある。
　その第一は、意味記述を見る時に、ある見出し語に対して与えられているブランチの数を、その語の意味の数であると錯覚してはいけないということである。例えば、ある国語辞典の「あそぶ(遊ぶ)」の意

味記述は次のようになっている。

❶ 仕事や学業などを離れて趣味、娯楽、運動などをして楽しむ。特に、子供が好きなことをする動きをいう。
❷ 楽しそうに動き回る。
❸ 他の土地に行って、その風景などを楽しむ。遊歴する。また、遊学する。
❹ 酒色などにふける。
❺ 仕事や勉強をしないで、また、職が得られないでぶらぶらしている。
❻ 金、道具、場所などが使われないでいる。
❼ 野球で、打者の打ち気をそらすためにボールになる球を投げる。

この国語辞典には、「『あそぶ(遊ぶ)』のブランチの数が7つある」のは確かだが、それは「『あそぶ(遊ぶ)』という語の意味が7つある」こととは別の話である。そもそも、語の意味は数としていくつと数えられるものではない。

しいていえば、上記の7つのブランチは、「あそぶ(遊ぶ)」の基本的な意味から派生的な意味へと連続して広がっている世界を、この国語辞典の編者が7つに切り分けた結果である。国語辞典の編集方針や編者の私見が変わってくれば、自ずと切り取り方も変わってくるし、結果と

【あそ・ぶ 遊ぶ】【動五】①仕事や学業などを離れて趣味、娯楽、運動などをして楽しむ。特に、子供が好きなことをする動きをいう。『野球をして遊ぶ』『よく学べよく遊べ』。類遊戯・遊楽。②楽しそうに動き回る。『花に遊ぶ蝶々』『子犬が遊んでいる』『よく遊び回る』。③他の土地に行って、その風景などを楽しむ。遊歴する。また、遊学する。『去年の春、九州に遊んだ』『卒業後ソルボンヌに遊ぶ』『二年遊んで医学部に入った』『若いころさんざん遊んだ人』。類遊興。④酒色などにふける。類遊休。⑤仕事や勉強をしないでぶらぶらしている。職が得られないでぶらぶらして暮らす」『遺産で遊び暮らす』。⑥金、道具、場所などが使われないでいる。『不況で機械が遊ぶ』。⑦野球で、打者の打ち気をそらすために、ボールになる球を投げる。『遊んでいる金を使う』。⑦野球で、打者の打ち気をそらすために、ボールになる球を投げる。『一球遊ぶ』。▽元来は輿のおもむくままに行動することがもとといわれ、古語では、歌舞音曲、狩り、宴会などをすることにもいう。神事に伴う舞楽を行うこともいった。
⇒「ふざける」の裏

[図版17] 国語辞典の「あそぶ」
(『現代国語例解辞典［第4版］』(小学館 2006年)より)

てのブランチの数も異なるものになる。

　気をつけるべき点の第二は、同音語と多義語の関係である。同音語には、例えば「(本が)厚い」と「(気温が)暑い」のような同音異義語の関係と、「(食べ物が)くさる」と「(失敗して)くさる」のような同音類義語の関係とがある。ただし、一般社会では後者も同音異義語と呼ばれることが多い。

　さらに、「(食べ物が)くさる」と「(失敗して)くさる」は同音類義語であると認めるべきか、それとも「くさる」は多義語であると認めるべきかは、紙一重であるということである。

　また、漢字表記を手がかりとして、別々の同音異義語・同音類義語であるか、多義語であるかを判断しないのが原則である。「厚い」と「暑い」と「熱い」はすべて漢字表記が異なるから、同音異義語または同音類義語であるとするわけにはいかない。「(食べ物が)くさる」と「(失敗して)くさる」は両方とも「腐る」と書くから多義語であり、「(国を)おさめる」と「(学業を)おさめる」と「(税金を)おさめる」は、それぞれ「治める」、「修める」、「納める」と違う漢字で書くから別語であるとするのも適切ではない。

　一般に、漢字表記があるか、ないかは偶然の産物であると考えなければならない。

課　題

1. 100頁の「言語とその周辺要素によって伝えられる『意味』」の表の「言語付随要素」は、話し言葉を想定しているので、言語伝達の場で使用する音声に伴なって現れる要素である。書き言葉においては、音声でなく文字が使用されるので、文字に関係する要素が出てくることになる。では、具体的にはどのような要素が考えられるだろうか。また、「非言語コミュニケーション要素」に相当する書き言葉の要素としては、どのようなものが考えられるだろうか、説明しよう。

2. 次の各組の語群から任意のものを選び、例文を考えて対照表を作って語義の違いを考えよう。
   ① 鳴く・ほえる・いななく　② 光る・輝く
   ③ 壊れる・故障する　　　　④ 触る・触れる
   ⑤ ころぶ・つまづく　　　　⑥ 避ける・よける
   ⑦ ひそむ・隠れる　　　　　⑧ だます・あざむく・偽る
   ⑨ 細かい・小さい　　　　　⑩ 寒い・冷たい
   ⑪ 辛い・しょっぱい　　　　⑫ 美しい・きれいだ
   ⑬ 静かだ・穏やかだ　　　　⑭ 寛大だ・寛容だ
   ⑮ 大事だ・重要だ　　　　　⑯ 予想・予測
   ⑰ 制限・制約・限定　　　　⑱ 想像・空想
   ⑲ 合意・同意・賛意　　　　⑳ はらはら・どきどき
3. 次の各組の語群について、本節の記述にならい、類義語と対義語の関係を図に示してみよう。
   ① 誕生　死亡　他界　　　　② 原因　結果　理由　動機
   ③ 建設　破壊　創造　模倣

4. 次の語の対義語を探し、これらの例からどのようなことがいえるか、考えよう。
   ① 有る　　② 若い　　③ 疑わしい　　④ がさつだ
   ⑤ 汚れた　⑥ へただ　⑦ 本名　　　　⑧ あまた
   ⑨ あぶない　⑩ けちだ
5. 対義語で、❶反意関係1—相補的関係、❷反意関係2—相対的関係、❸順逆関係、❹対互関係にある例を探そう。
6. 対義語で、❶「高い：低い／安い」、「行く：帰る／来る」、「白：黒／赤」のように、一対多の関係にある対義語、❷「東：西：南：北」、「過去：現在：未来」のように、3語以上によって構成される対義語を探そう。
7. 次の三つの国語辞典の「はら(腹)」の項目の記述を比較して、どのようなことがいえるか、考えよう。

① 【はら】[腹(▽肚)]
脊椎動物の腹部、すなわち胸の横隔膜と腰の骨盤との間で、胃腸などを収めている部分。また、特に、胃腸。「腹がすく」「腹を抱えて笑う」「腹を捩る《=ひどくおかしくて身体をよじって大笑いをする》」「腹八分《=満腹するまで食べないで、八分目でやめておくこと》」② 母体の、子が宿る所。「腹を痛めた子《=自分が産んだ子》」③ 心の底。心中。「どういう腹なのか分からない」「腹を割る《=本心をうちあける》」「腹を決める《=決心する》」「腹を探る《=相手の心をうかがう》」「腹をくくる《=覚悟を決める》」「腹を合わす《=心を通じ合わせる。共謀する》」④ 本心。「腹の中《=本心》」⑤ 度量。包容力。「腹が太い」⑥ きも。度胸。また度量。⑦ 物の中央部の広い所。「指の腹で押す」「はらが太い」「肚」とも書く。⇒表

② **はら[腹・▽肚]
㈠Ⓐヒトや猿などの、中央に臍(へそ)が有り、表・前面と考えられる側。また、その内部に蔵せられる内臓。「頭を先に胴体を横にして、走行したり泳いだりする獣やかエルや魚類では、下となる側」「—が痛む《=貴人が切腹する》」「—を抱えて笑いころげる」「—を召す《=貴人が切腹する》」も身の内「—を空かせる《=つつしめといういましめ》」「下腹部に脂肪がついてきた《=中年になって—が出てきた》」「—に一物(モツ)有る《=痛くもない—を探られる》」「—を据える《=相手の意中を読む》」「—を割って話す《=腹蔵無く》」「指の—《=銚子ウチの—》」Ⓑ食用とする魚の卵巣をかぞえる語。「一トー」㈡子が宿る場所としての、母の胎内。「—を痛めた子《=自分の生んだ子》」「—が違う《=母親》」㈢意志・態度を決める働きをつかさどると想像される所。借り物の「—」。「—が据わる《=意志—が太い/—を決める》」㈣物の中央の(ふくらんだ)部分。

③ はら【腹】㈠《名》❶ 動物の胸部から尾部までの間の、前面の下側の部分。人間では胸から腰までの間の、前面の部分。「—を切る」❷ 消化器。特に、胃腸。「—が痛い」「この頃—が出てきた」「—がすく」❸ 母親の胎内。また、その胎内から生まれたこと。「—を痛めた《=自分が産んだ》子」「—違いの兄弟」表記「胎」とも。❹ 物の中ほどの広い部分。「指の—で押す」表記「肚」とも。❺ 心の中。また、ふくらんだ部分。「—を割って話す」「心の内をさらけ出して」「—の中で考えていること」「親指の—で押す」❻ 胆力。度胸。また、度量。「—のすわった人」「そんなことをしては—が収まらない」表記「肚」とも。❼ 感情。気持ち。「—を決める」「—を立てる」◆はもと女房詞などで、①②③の丁寧な言い方。㈡《造》魚の腹子(ごこ)を数える語。「たらこ二—」

[図版18] 国語辞典の「はら」
(①『現代国語例解辞典［第4版］』(小学館2006年) ②『新明解国語辞典［第7版］』(三省堂2012年) ③『明鏡国語辞典［第2版］』(大修館書店2010年)より)

3.4. 語構成と語形成

3.4.1 語構成

> 🏃 ここからはじめよう
>
> 　次の語を、
> ❶それぞれ独立した二つの語が組み合わさってできている語
> ❷独立した語と補助的に意味を添える語とが組み合わさってできている語
> ❸同じ語を反復することによってできている語
> に分けよう。
> 　子ども好き　子どもらしい　子どもっぽい　民族音楽　音楽家
> 　音楽的　行き帰り　帰りがけ　帰り道　道々　さかな屋　おさかな
> 　小ざかな　川ざかな　寒々　ご飯　ぶっこわす　走りこむ　寒がり
> 　どたどた

▶語構成の類型

　語は内部構造の違いによって、❶独立した1語からできている単純語と、❷2語以上が連結してできている合成語に分けられます。さらに合成語は、❷a 独立した2語の組み合わせによってできている複合語、❷b 独立した1語に補助的な意味を添える接頭辞、または接尾辞との組み合わせによってできている派生語、❷c 独立した語を反復することによってできている畳語とに分けられます。[⇨ 57 頁]

　【ここからはじめよう】にあげた語はすべて合成語ですが、次のように分類されます。「小―」、「ご―」、「ぶっ―」が接頭辞、「―らしい」、「―ぽい」、「―家」、「―的」、「―がけ」、「―屋」、「―こむ」「―がり」が接尾辞になります。

複合語	子ども好き　民族音楽　行き帰り　帰り道　川ざかな
派生語	子どもらしい　子どもっぽい　音楽家　音楽的　帰りがけ　さかな屋　小ざかな　ご飯　ぶっこわす　走りこむ　寒がり
畳語	道々　寒々　どたどた

▶語のつくりのとらえ方

　複合語や派生語のつくりからわかるように、日本語には語と語や語と接辞を単純に連接していくことによって、別の新しい語を作っていくようなしくみがあります。

　「子どもらしさ」という語は、「子」という名詞に複数を表す接尾辞「ども」が付いて「子ども」ができ、これに形容詞を作るはたらきをする接尾辞「—らしい」が後接して「子どもらしい」という形容詞ができ、さらにその「子どもらしい」に、名詞を作るはたらきをする接尾辞「—さ」が後接してできています。これを図示すると、次のようになります。

$$((子＋ドモ)＋ラシ)＋サ$$

　「子ども」からは、さらに「子どもっぽい」→「子どもっぽさ」という派生語もできます。このように、接頭辞や接尾辞を付けることによって、別の品詞の語や、意味がやや異なる別の語を派生させることができます。

　右の図は、「強い」という形容詞から、名詞化する接尾辞や、動詞化する接尾辞を付加することによって、「強さ」「強み」「強め」「強まる」「強める」「強がる」が派生されることを

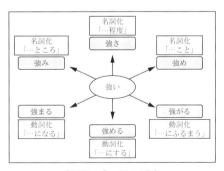

[図版19]　語の派生

示したものです。

さらに、合成語において、語を次々に連接させて、例えば「ヒョウ柄巨大ナメクジ」のように、それまでに見たことも聞いたこともない新しい合成語を作ることもできます。これを臨時一語といいますが、これも日本語の語形成として特徴的な点であるといえます。

なお、派生語という用語は、動詞「走る」から、活用によって作られた名詞「走り」のように、接頭辞・接尾辞によらない単純語についても使うことがあります。

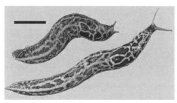

[図版20] 臨時一語
(『朝日新聞』(2013年6月24日)より)

広げよう・深めよう　複合語と派生語の境界

　複合語と派生語は理屈の上では区別されるが、実際にある語がどちらであるかを決めることはそう簡単ではない。つまり、合成語の二つの構成要素のうち、必ず一つは独立した語であるが、もう一つの構成要素も独立した語であるのか、または接頭辞・接尾辞であるのかは単純ではない。

　「─こむ」を例にとると、次の❶は、「中に入れる／入る」という意味が生きているので複合語である。❸の「─こむ」は、もとの語の意味が失われて、「かなりの程度でそのようにする」という補助的な意味を添える要素になっているから接尾辞である。❷は、❶と❸の中間であるといえる。接尾辞は、ふつう漢字で書かない。

❶　詰め込む・投げ込む・吸い込む

❷　練り込む・混ぜ込む・織り込む
❸　話しこむ・使いこむ・信じこむ

　なお、ある語が単純語であるのか、合成語であるのかについても、両者の境界線は自明ではないことがある。例えば「たそがれ」「うなづく」は、もともとは「た＋そ＋かれ」、「うな＋つく」という合成によってできた語であるが、一般の人にとっては、すでにもとの語の構成意識が薄れてしまって、単純な一語としてとらえられているのではないかと考えられる。

3.4.2　語形成

> 🏃 **ここからはじめよう**
>
> 次の語がそれぞれどのようにしてできたか、自分の言葉で説明しよう。
> 　キャラ　ばっくれる　三セク　はずい　就活　婚活　アラフォー
> 　写メ　パソコン　スマホ　メルマガ　独禁法　プロ　デパ地下
> 　AKB　ROM　NHK　KY　JT　UNESCO　W杯

▶**略語**

　語構成は語の成り立ちを静止画的にとらえた時の視点に立っていますが、これを時間の経過にそって新しい語ができる過程としてとらえると、語形成という言いかたがぴったりします。そして、新しい語は合成によってだけでなく、その逆ともいえるような、語の縮約によっても生まれます。一般にはこれを略語といいます。略語は一部の社会的集団内で使用される隠語や、卑俗な響きを持つ俗語となることが少なくないという特徴があります。

　略語の形成過程は実際に多彩であって、すべてをきれいに分類しつくすことはできません。以下は仮の分類です。複数の項目に関係する略語

もありますし、この枠に入らないものもあるはずです。
❶　語の一部分を省略する
　　a　もとの語のはじめの部分を残して新しい語を作る
　　b　もとの語のおわりの部分を残して新しい語を作る
　　c　もとの語のはじめとおわりの部分を残して新しい語を作る
　　d　もとの語の中間部分を残して新しい語を作る
❷　複合語の構成要素の語頭をつなぎ合わせる
　　a　もとの複合語の漢字を組み合わせて新しい語を作る（＝新しい漢語ができる）
　　b　もとの複合語の仮名文字を組み合わせて新しい語を作る
　　c　もとの複合語の漢字と仮名文字を組み合わせて新しい語を作る
　　d　もとの複合語からローマ字を抜き出して新しい語を作る
　　e　もとの複合語から抜き出したローマ字と漢字・仮名文字を組み合わせて新しい語を作る
❸　複合語の構成要素の語頭以外の部分をつなぎ合わせる

　なお、❷dはローマ字略語と呼ばれることもありますが、新しくできた語を、アルファベットの文字の名で読むか、一つの単語のように見なして読むかという二つの方法があります。

▶語形成の原理

　新しい語の形成には、合成や縮約の他にも次のような興味深い原理が働く場合があります。
〇混淆・混成 contamination
　「とらえる」＋「つかまえる」から「とらまえる」という新しい語形が生成されたというように、既存の二語の一部を切り取り、連結させてできた語を混淆といいます。これが省略と異なる点は、例えば「ゆるキャラ」という略語には「ゆるいキャラクター」という前段階の語、ま

たはフレーズが存在するのに対し、「とらまえる」には「とらえる」と「つかまえる」が複合した語、または連結したフレーズが存在しないという点です。関連性のある二語からできているという点も、多くの混淆の例の特徴です。

　日本語では他に、「破る」と「裂く」からできた「破く」がよく知られています。

○逆成 back-formation

　例えば動詞「走る」が先にあって、その連用形が転成して名詞「走り」ができるというように、動詞から名詞が形成されるのが通常の派生過程です。しかし、動詞「たそがれる」は、名詞「たそがれ」をもとにして、通常とは逆の方向で発生したと考えられる語です。「たそがれ」は、もともと「た（誰）＋そ＋かれ（彼）」からできた複合語でした。

　他に、「料理」からできた「料る」、「目論見」からできた「もくろむ」、「垣間見」からできた「かいまむ」などがよく知られています。

○語源俗解・民間語源 folk etymology　類推 analogy

　図版21は、「明後日の『翌日』」、「明後日の『翌々日』」を表す語形の方言分布図です。西日本地域には広く、明後日の「翌々日」を意味する「ごあさって」という語形が分布しますが、おおよそその地域では明後日の「翌日」を表すのに、「しあさって」という語形が使われています。そこで、この「しあさって」の「シ」を数字の「4」に解釈するという語源俗解の原理がはたらき、それをもとに「4」→「5」という類推がはたらいて「ごあさって」が生まれたのであろうと考えられます。

　東北地方中央に分布する明後日の「翌々日」を意味する「ここのあさって」は、同地域の明後日の「翌日」が「やなさって」であることから、「ヤ」＝「8」という語源俗解による解釈がされ、さらに「8」→「9」という類推がはたらいた結果ではないかと見られています。

　一般の人々はことばに対して、自分で納得できる、受け入れやすい語源の説明を、なんとかして見つけようとする意識を、常に潜在的に持っ

3 日本語の語彙　119

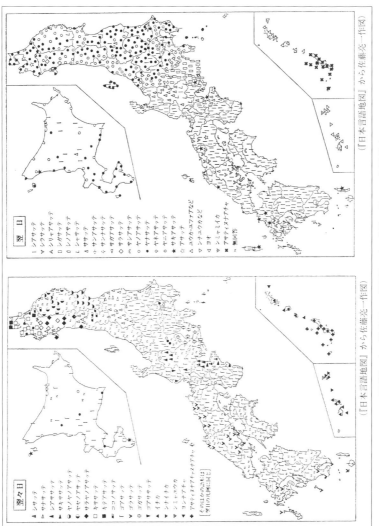

[図版21] 明後日の「翌日」と「翌々日」の方言分布
(徳川宗賢(1981)『日本語の世界8 言葉・西と東』(中央公論社)より)

ていると考えられます。

○異分析 metanalysis

英語での異分析の例としてよく知られているのは、cheeseburger です。hamberger はもともと hamberg+er という語構成でしたが、語頭の ham が「ハム」に関連づけられて、ham-burger という語構成であると誤認されるようになりました。その結果、これをもとにして cheeseburger という新しい語が作られることになりました。日本語でも、「ツナバーガー」「チキンバーガー」「W バーガー」などの語ができています。このように、ある語に対して本来とは異なる、多くは非科学的な語構成が意識されることを異分析といいますが、その背後にはやはり合理的な解釈を与えたいという語源俗解の心理が働いているものと考えられます。

他にも、「マンション」をもとにして新しく作られた「億ション」の例があげられます。

広げよう・深めよう　合理的な解釈への志向

右の写真のような手動式整地用ローラーを、「コンダラ」と呼ぶと思い込んでいる人が潜在的にかなりいるという話が、現代にまで伝わっているようである。

[図版22]　手動式整地用ローラー

これには、1970 年代に放映されたテレビアニメ「巨人の星」の冒頭主題歌が影響を与えたのだという。スポーツ根性ドラマをテーマにした同アニメのその歌詞は、「思い込んだら試練の道を、行くが男のど根性」というフレーズで始まっていた。背景には巨人軍のプロ野球選手をめざす主人公の少年が、根性を鍛えるために父親の鬼コーチの指導によって苛酷な体力トレーニングを黙々とこなす姿がアニメ映像

として流れていた。その場面に、実際に整地用ローラーを引く少年の姿が出現していたのかどうかは定かではない。そうでなかったのかもしれないが、体力トレーニングと整地用ローラーを引く姿が結びつけられて、その結果、歌詞の「思い込んだら」が、「重いコンダラ」と異分析されたようである。そこから、整地用ローラーのことを「コンダラ」と呼ぶのだという都市伝説が広まったというのである。

「コンダラ」が、日本語として認知されるまでに至っているかについては何ともいえないが、このまことしやかな話からは、合理的で受け入れやすい解釈を求めたいという一般の人々のことばへの心理が見えてくる。

文部省唱歌である「ふるさと」の、「うさぎ追いしかの山」が「うさぎ美味し」と誤解されたり、卒業式で歌われた「仰げば尊し」の「今こそ分かれめ」で、本来の「『こそ』—『む』の已然形の係り結び」が「今こそ分かれ目」であると思い込まれたりするのにも、同じような背景がある。いずれにも、文語文法が日常生活から離れたものになってしまったという背景がある。

課題

1. 次の複合語の内部の意味的構造を、❶〜❺に分類しよう。また、この他に❶〜❺に当てはまる語を、他にもあげよう。

　　殉職　徹夜　退場　避難　肉ばなれ　市立　人造　日没
　　くぎ抜き　口あたり　月見　門出　ペン書き　挟み撃ち　砂浜
　　主賓　空欄　県営　前後　あとさき　草木　善悪　道路　筆記
　　雷鳴　草取り　行進　好き嫌い

❶　前の部分が主語、後の部分が述語になる関係　例：「雨上がり」
❷　前の部分が後の部分を修飾する関係　例：「海水」
❸　前の部分が述語の意味を表し、後の部分がその対象などの意味になる関係　例：「読書」

❹ 前の部分と後の部分が類義で並立する関係　例：「衣服」
❺ 前の部分と後の部分が対義で並立する関係　例：「昼夜」
2. 57頁の「【広げよう・深めよう】複合語」を参考にして、「X＋釣り」、「X＋飲み」の複合語を探し、構成要素間の意味の関係を説明したうえで、「複合語の意味は、個々の語の単なる和（＝足し算）ではない」ことを確認しよう。
3. 日本語の代表的な接頭辞・接尾辞をあげ、それによってどのような派生語ができているか、リストを作ろう。
4. 新聞の見出しから臨時一語を探そう。また、自分たちで自由に臨時一語を作ってみよう。
5. 新聞や雑誌から略語を探し、もとの語を復元してその形成過程を説明しよう。
6. 次の語句・表現がどのようにしてできたか、考えよう。
① ブランチ　スモッグ
② みたくて　ちがくて
③ とんでもございません　おぼつきません

3.5. 語句・表現の変化

3.5.1　ことばの「乱れ」意識と変化過程

🏃 ここからはじめよう

次の言葉を自分はどちらの意味で使っているか、話し合おう。
① さわり（例文：話のさわりだけ聞かせる。）
　（ア）話などの要点のこと
　（イ）話などの最初の部分のこと
② 煮詰まる（例文：七日間に及ぶ議論で、討論が煮詰まった。）
　（ア）（議論が行き詰まってしまって）結論が出せない状態になること

（イ）(議論や意見が十分に出尽くして)結論の出せる状態になること
　③　憮然(ぶぜん)(例文：憮然として立ち上がった。)
　　（ア）失望してぼんやりとしている様子
　　（イ）腹を立てている様子
　④　檄(げき)を飛ばす
　　（ア）自分の主張や考えを、広く人々に知らせて同意を求めること
　　（イ）元気のないものに刺激を与えて活気づけること
　⑤　琴線(きんせん)に触れる
　　（ア）怒りを買ってしまうこと
　　（イ）感動や共鳴を与えること
―文化庁文化部国語課(2008)『平成19年度　国語に関する世論調査』(ぎょうせい)から抜粋

▶ことばへの意識

　「国語に関する世論調査」は、文化庁が「現代の社会状況の変化に伴う、日本人の国語意識の現状について調査し、国語施策の立案に資する」ことを目的として、毎年、全国の16歳以上の男女約3,000人を対象として行っている社会調査です。

　例えば、【ここからはじめよう】にあげた平成19年度調査では、「国語が乱れていると思うか。」という質問をしており、その回答を性別・年齢別にまとめたのが次頁のグラフです。これによると意外なことに、「日本語が乱れている」と思っている人が多い年齢層は、男女ともに高年層ではなくて40代の層であること、男性よりも女性の方が「乱れている」と思っている人の割合が高いことなどがわかります。

　【ここからはじめよう】の①〜⑤の語句のもともとの意味は、
　①　　（ア）
　②　　（イ）
　③　　（ア）

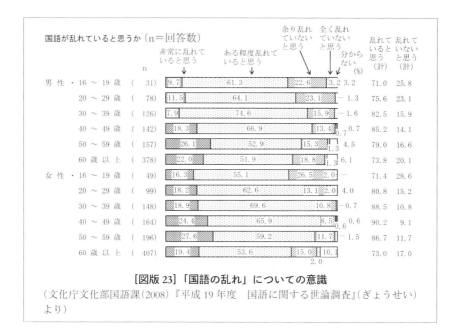

[図版23]「国語の乱れ」についての意識

（文化庁文化部国語課(2008)『平成19年度 国語に関する世論調査』（ぎょうせい）より）

④　（ア）

⑤　（イ）

であって、もう一方の意味は、最近になって生じてきた新しい意味です。同調査によると、これらの語句の意味を一般の人々がどう理解しているかについては、次頁のグラフのようになるというのです。

　これによると、②「煮詰まる」については依然として半数以上の人が本来の意味で理解しているものの、①「さわり」、③「憮然」、④「檄を飛ばす」については、すでに新しい意味で理解している人の方が優勢となっていることや、⑤「琴線に触れる」でも新旧二つの勢力が拮抗しているという様子がわかります。

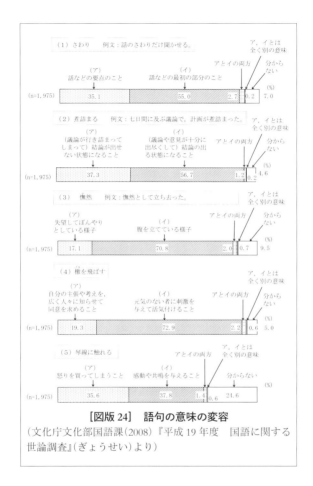

[図版24]　語句の意味の変容
(文化庁文化部国語課(2008)『平成19年度　国語に関する世論調査』(ぎょうせい)より)

▶社会的な調査

　次のグラフは、国立国語研究所(現在は大学共同利用機関法人人間文化研究機構国立国語研究所)が1970年代の半ばに、東京と大阪で行った言語調査の一部です。
　いわゆる「ラ抜き言葉」に関する調査で、それについて公表された結果をわかりやすくグラフに作り直したものです。調査は15歳から69歳

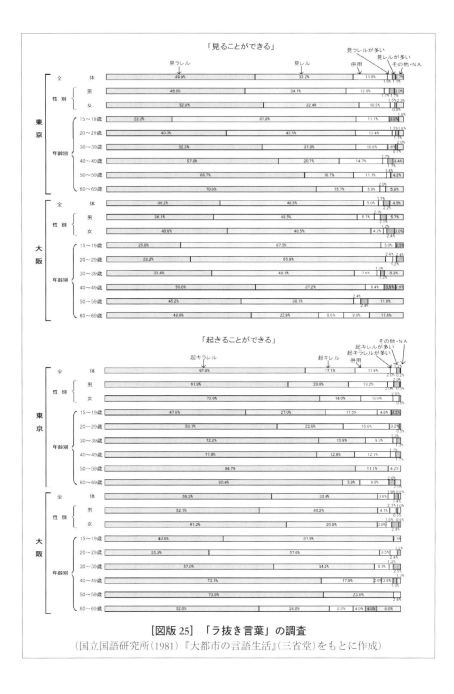

[図版 25] 「ラ抜き言葉」の調査
(国立国語研究所(1981)『大都市の言語生活』(三省堂)をもとに作成)

の男女を対象に、東京(回答数639)と大阪(回答数359)で行われました。

当時はラ抜き言葉が日本語の乱れとして指摘され出していた時期であり、マスコミや社会がようやくその存在を意識し始めたころでした。しかし、この調査結果を見ると、すでにラ抜き言葉は、若い世代に向けてかなり勢力を伸ばしつつあったということがわかります。また、各年齢層の間の違いがかなり顕著であったこと、「起キレル」より「見レル」の方が変化の進行が早かったこと、東京よりも大阪での進行が早かったことなどがわかります。

このような社会的な調査を行うことによって、変化の過程にあることばの実態や、地域や年齢層、性別などの社会的属性による変化の進行の度合いの違いを明らかにしたり、今後の変化の方向性を予測したりすることができます。

広げよう・深めよう　語形の変化と語義の変化

同じ記号であるといっても、数学的記号などとは異なり、言語における語は変化する。語形と語義との結合のきまりは、その言語社会の構成員相互の暗黙の約束ごととして成り立っており、また、人間の連想や発想が自由であることから、ある語の形や意味には周辺部分に必ず流動的な領域が存在するためであろう。むしろ、変化することが、人間の言語の言語たるゆえんである。

語形の変化は発音の変化としてとらえられることがある。実際には次のような事項として提示されることが多い。ここでは、日本語史でよくあげられる典型的な語例と、最近の口頭語からの例の双方をあげておく。

❶　音の脱落
　ツキタチ→ツイタチ(朔日)　カキテ→カイテ(書いて)
　アルイテ(歩いて)→アルッテ　～ナノデス→～ナンデス

❷　音の添加
　　ハルアメ→ハルサメ(春雨)　ヤハリ(矢張り)→ヤッパリ
　　マルイ(丸い)→マールイ　トガル(尖る)→トンガル
❸　音の交代
　　ケブリ→ケムリ(煙)　ミナ→ニナ(蜷)
　　ヤッパリ(矢っ張り)→ヤッパシ
❹　音の融合
　　ナガイキ(長息)→ナゲキ(嘆き)　〜トイウ(〜と言う)→〜チュウ
❺　音の転倒
　　サンサカ→サザンカ(山茶花)　タマゴ(卵)→タガモ
　　フンイキ(雰囲気)→フインキ

　これらの分類はあくまで変化の結果としての現象の分類にすぎない。個々の語形の変化も、このような単純な図式によってとらえられるものではない。
　語義の変化も、次のように指示対象の拡大・縮小と、価値の上昇・下降として説明されることが多い。

❶　指示対象の拡大
　「アタマ(頭)」が、もとは「頭部の一部」をさしていたが、「頭部全体」や「知能」を意味するようになった。「カライ」、「ツメタイ」が、それぞれ味覚、温感の意味から、物ごとの性質や人物の評価を意味するようになった。
❷　指示対象の縮小
　「ツマ(妻)」が、「夫婦の一方から他方に対する名称」から「夫から見た妻に対する名称」の意味になった。「サカナ(肴)」が、「酒のつまみ一般」から「魚」の意味になった。
❸　価値の上昇
　「天気」が、「今日の天気は雨だ。」のような文脈に使われる、プラス評価でもマイナス評価でもないニュートラルな意味であった

が、「今日は天気だ。」という使われ方をするようになって、プラス評価として使われる意味が生じた。

❹　価値の下降

「因縁」は、もとは仏教用語であって、単に「物事の因果関係」の意味であったが、「悪い巡り合わせ」の意味や、「因縁をつける」のような用法で使われるマイナス評価の意味が生じた。

ここでもこれらの分類は、変化の結果を単純にとらえたものであることに注意しておきたい。語形の変化にしろ、語義の変化にしろ、その変化の動因を探ろうとすることがより重要である。

3.5.2　誤用と非誤用の境界線

> 🏃 ここからはじめよう
>
> 次の日本語表現には、誤りだと感じられるところはないだろうか。自分の判定をはじめに決め、その後に友だちと意見交換をしよう。
> ①　とりつくひまもない。　　　　　　　　　（TV ドラマ番組）
> ②　いっしょに(霊を)ともらいましょう。　　（TV ドラマ番組）
> ③　とりとめなく、涙が出てきました。　　　（TV ニュース番組）
> ④　戦後五十年、跡形もなく変わり続ける日本の社会ですが、……
> 　　　　　　　　　　　　　　　　　　　　　（TV ニュース番組）
> ⑤　就職情報のプロの名のもと、いつもよりよけいにドタバタなこの
> 　　光景はまさに、この時期のリクルート風物詩。（就職情報雑誌記事）

▶「誤用」という意識

ことばが変化しているという意識が一般に共有されるのは、その変化がかなり進行してしまってからであるということがしばしばあります。きっかけが、単なる個人的で単発的な言い誤りであったり、ことばの知

識の欠如であったりという場合には、その場限りの誤用としてしか意識されないでしょう。しかし、いつの時代にも、新しい語形や語義、語の用法は生まれてくるものです。

現在の身の回りの日本語表現にも、いわゆる誤用といわれるものは少なからず存在します。もちろんそれが、今後は勢力を拡大して、誤用から慣用へ、さらに慣用から正用へという道をたどるのか、単に偶発的な言い誤りや個人的な言い回し、限られたグループ内での一種の流行語で終わってしまうのかは、単純には予測できません。

通常の言語研究は、ことば遣いについて、正しいか、誤りかという判定をすることはありません。しかし、あえて「誤用」という発想を持ち出し、よく気をつけていないと誤用であるとは気づかないような誤用、明らかには誤用とは断定できないような誤用、そのような誤用が生まれたしかるべき言語的背景が想定できるような誤用などに注意を払うことには、相応の意義があります。俗な表現を借りれば、言語感性をみがくきっかけになります。

【ここからはじめよう】の①〜⑤の文例は、本書の筆者が勤務する大学の授業課題として、受講学生が身辺の言語表現から収集してきた実例です。本書での掲出にあたっては、出典についての情報を必要最小限に切りつめました。

①は「とりつく島もない」という慣用句の「島」が「ひま」になったものです。この場合の「島」は「頼りにするもの、よりどころ」の意味として使われたものでしたが、「島」とこの意味とが結びつきにくいこと、「余裕」の意味での「暇」と紛れたことなどが要因となって、この言い方が出てきたのではないかと推察されます。「シ」と「ヒ」の音の聞こえが近いことも、影響しているかもしれません。

②は「霊をとむらう」という固定化した表現が、「霊をともらう」になったものです。「モ」→「ム」という交代には、語頭の「ト」と母音が同じになる、言語学では同化という現象が認められますが、それだけ

が要因かどうかはわかりません。

　③は「とめどなく」と「とりとめなく」が、混同したものでしょう。「とりとめない話をする」も「止めどなく涙が流れる」も、「延々と、終わることなく」というイメージによって、意味が接近して理解されていたという背景が想定できます。

　④は「跡形もなく」はふつうは「消える」を修飾しますが、「跡形もなく変わる」と言えるかどうかが問題になります。「終戦直後の日本の姿はすっかり消えてしまった」という思いがあったのかもしれません。

　⑤は「ドタバタした光景」なら問題はなさそうですが、「ドタバタな光景」が正しいのか、正しくないのかの判断には迷うところでしょう。通常、「静かな海」、「元気な人」のように「―な＋名詞」となるのは、「静かだ」、「元気だ」という形容動詞です。はたして「ドタバタだ」という形容動詞が、日本語として認められるのかという問題になります。しかし、最近ではさまざまな語で、このような形容動詞化現象が見られます［⇨ 180 頁］。

▶境界線上の例

　誤用といわれるものについて、なぜそのような言い方が生じたのか、なぜ日本語としての不適格さを感じるのかを考えてみることにはそれなりの意義があります。以下に、同じように受講学生が収集してきた実例をあげておきます。

（1）　動物との信頼関係を保つためには、並大抵の努力をしなければいけませんね。　　　　　　　　　　　（TV ドキュメンタリー番組）
（2）　材料を全部入れたら、ころあい加減を見て火からおろして下さい。　　　　　　　　　　　　　　　　　　（TV 料理番組）
（3）　責任転換！　　　　　　　　　　　　　　　　（TV ドラマ番組）
（4）　ものすごい雨の中、私はこの傘を投げうって、インタビューに

出かけたいと思います。　　　　　　　　　　（TV ニュース番組）
(5)　おぼれた時は、プールで泳ぐときのように、裸で泳ぐわけではありません。着のみ着のままで泳ぐので、とても疲れます。
　　　　　　　　　　　　　　　　　　　　　　　　（TV ニュース番組）
(6)　これに私は、一抹のうれしさを感じるんですけれども……。
　　　　　　　　　　　　　　　　　　　　　　　　（TV ニュース番組）
(7)　やあねぇ、観光地ずれした人って。　　（一般新聞投書欄）
(8)　軍団をしたがえてのコントでは相変わらずの鋭いギャグを連発して、会場を笑いの渦に落としいれていた。　　（芸能雑誌記事）
(9)　こういった主張したい点が選挙運動において選挙民の腑に落ちているかどうか。　　　　　　　　　　　　　（TV ニュース番組）
(10)　元来、変わっている彼女のことだから本当に帰ってしまうとも限らない。　　　　　　　　　　　　　　　　（大衆週刊誌記事）
(11)　卿は目下沈黙がちに何ごとかを深くおもい悩んでいる。
　　　　　　　　　　　　　　　　　　　　　　　　　　（単行本小説）
(12)　当たる当たる空くじなし　びっくりくじで　お楽しみにご来店下さい。　　　　　　　　　　　　　　　　　　（化粧品広告文）
(13)　……だけど一生懸命やっててばか悲しくてさ。
　　　　　　　　　　　　　　　　　　　　　　　　（女性週刊誌記事）
(14)　何人ならず貼り紙禁止　　　　　　　（大学構内掲示物）
(15)　肌ざわりがナチュラルで、家庭で手軽に洗えるので、手入れもラクチン。ふだん使いできるのがうれしいですね。
　　　　　　　　　　　　　　　　　　　　　　　　　（家庭雑誌記事）
(16)　ブルゾンの中でも一番人気になりそうなキルティングタイプ
　　　　　　　　　　　　　　　　　　　　　　　　（女性雑誌記事）
(17)　まったく、今どきの娘ときたら、ひどいのばっかりだから―手あたりばったりでね、たいていのは。　　（単行本翻訳小説）

広げよう・深めよう　ことばの正誤に関する歴史主義的認識

　ことばの変化を乱れとして批判するのは、現代に限ったことではない。平安時代中期の女性である清少納言が書いた『枕草子』には、次のような一節がある。

　　　何事を言ひても、「そのことさせむとす」「言はむとす」「何とせむとす」といふ「と」文字を失ひて、ただ「言はむずる」「里へ出でむずる」など言へば、やがていとわろし。まいて、文に書いては言ふべきにもあらず。物語などこそあしう書きなしつれば言ふかひなく、作り人さへいとほしけれ。「ひてつ車に」と言ひし人もありき。「求む」といふことを、「みとむ」なんどはみな言ふめり。　　　　　（「ふと心劣りとかするものは」の段）

　この段は、「男も女も言葉遣い一つでいやしくなってしまうものだ。」という評言で始まり、その中で「〜むとす」→「〜むずる」、「ひとつ車」→「ひてつ車」、「求む」→「みとむ」という当代のことばの「乱れ」を非難したものである。

　清少納言から300年余り経った14世紀前期に、兼好法師も『徒然草』の中で、次のように書いている。

　　　文のことばなどぞ、昔の反古どもはいみじき。ただいふことばも、口惜しうこそなりもて行くなれ。古は、「車もたげよ」、「火かかげよ」とこそ言ひしを、今様の人は、「もてあげよ」「かきあげよ」といふ。　　　　　　　　　　　　　　（第22段）

　これも自分が長く使ってきた古いことばの正当性を主張し、新しいことばを否定するものである。過去においても現在においても、ことばの乱れを指摘する論調は、古いものが正しいという歴史主義の立場に立っている点でおおよそ共通している。オーソドックスな言語研究では、ことばの「正誤」や「乱れ」という認識は持ちこまない。そこで、変化の過程にあることばの状態を「ゆれ」と呼んでいる。

課題

1. 「微妙」の古い読み方と意味、「すごい」の古い意味、「ちがう」と「たがう」の古い意味・用法を調べよう。また、現代語の意味・用法と比べ、どのように変わったのかを推測しよう。
2. 自分たちはどちらの語形を使っているか、調べよう。
    ① さむい〜さぶい　　　　② (帽子を)かむる〜かぶる
    ③ (目を)つむる〜つぶる　　④ (頭を)なでる〜なぜる
    ⑤ むずかしい〜むつかしい　⑥ さびしい〜さみしい
    ⑦ まぬかれる〜まぬがれる　⑧ ほほ〜ほお
    ⑨ より好み〜えり好み　　　⑩ ほころぶ〜ほころびる
3. 文化庁文化部国語科『国語に関する世論調査』には、慣用句、ことわざや語句の中でもある程度の知識に依存するものが多く取りあげられている。次の(1)では、(ア)(イ)どちらの意味で使っているか、(2)では、(a)(b)どちらの言い方をしているか、自分たちや周囲の人について調べてみよう。(本書での掲出にあたって表記・表現を一部調整したり、統一化を図ったりしたところがある。)
    (1)① 役不足(例文：彼には役不足の仕事だ。)
        (ア)本人の力量に対して役目が重すぎること
        (イ)本人の力量に対して役目が軽すぎること
    ② やおら(例文：彼はやおら立ち上がった。)
        (ア)急に、いきなり
        (イ)ゆっくりと
    ③ 気が置けない(例文：その人は気が置けない人ですね。)
        (ア)相手に対して気配りや遠慮をしなくてよいこと
        (イ)相手に対して気配りや遠慮をしなくてはならないこと
    ④ 世間ずれ
        (ア)世の中の考えから外れていること
        (イ)世間を渡ってきてずる賢くなっていること
    ⑤ 流れに棹(さお)さす(例文：その発言は流れに棹さすものだ。)
        (ア)傾向に逆らって勢いを失わせる行為をすること

(イ)傾向に乗って勢いを増す行為をすること
⑥　にやける(例文：彼はいつもにやけている。)
　(ア)なよなよとしていること
　(イ)薄笑いを浮かべていること
⑦　割愛する(例文：説明は割愛した。)
　(ア)不必要なものを切り捨てること
　(イ)惜しいと思うものを手放すこと
⑧　雨模様(例文：外は雨模様だ。)
　(ア)雨が降りそうな様子
　(イ)小雨が降ったりやんだりしている様子
⑨　煮え湯を飲まされる
　(ア)信頼していた者から裏切られること
　(イ)敵からひどい目にあわされること
⑩　うがった見方をする
　(ア)物事の本質をとらえた見方をすること
　(イ)疑ってかかるような見方をすること
⑪　手をこまねく(例文：手をこまねいて待っていた。)
　(ア)何もせずに傍観していること
　(イ)準備して待ち構えること
⑫　情けは人のためならず
　(ア)人に情けをかけておくと、めぐりめぐって結局は自分のためになる
　(イ)人に情けをかけて助けてやることは、結局はその人のためにならない
⑬　かわいい子には旅をさせよ
　(ア)子どもが旅することを望めば、希望どおりにさせてやるのがよい
　(イ)子どもは手元で甘やかさず、世間に出して苦労をさせた方がよい
⑭　他山の石

(ア)他人の誤った言行も自分の行いの参考となる
(イ)他人の良い言行は自分の行いの手本となる
⑮ 枯れ木も山のにぎわい
(ア)つまらないものでもないよりはましである
(イ)人が集まればにぎやかになる

(2)① わずかの時間もむだにしない様子
(a)寸暇(すんか)を惜しまず
(b)寸暇を惜しんで
② 大きな声を出すこと
(a)声を荒(あ)らげる
(b)声を荒(あ)ららげる
③ チームや部署に指示を与えて指揮すること
(a)采配(さいはい)を振る
(b)采配を振るう
④ はっきりとしていて疑う余地のない様子
(a)火を見るより明らかだ
(b)火を見るように明らかだ
⑤ 実力があって堂々としていること
(a)押しも押されぬ
(b)押しも押されもせぬ
⑥ 是が非でも、どんなことがあっても
(a)石にかじり付いてでも
(b)石にしがみ付いてでも
⑦ よく分かるように丁寧に説明すること
(a)かんで含むように
(b)かんで含めるように
⑧ 卑劣なやり方で失敗させられること
(a)足下(あしもと)をすくわれる
(b)足をすくわれる
⑨ 胸のつかえがなくなり気が晴れること

(a) 溜飲（りゅういん）を下げる
(b) 溜飲を晴らす
⑩ 混乱した様子
(a) 上や下への大騒ぎ
(b) 上を下への大騒ぎ
⑪ 夢中になって見さかいがなくなること
(a) 熱にうなされる
(b) 熱にうかされる
⑫ 激しく怒ること
(a) 怒り心頭に達する
(b) 怒り心頭に発する
⑬ 企業が卒業見込みの学生の採用を早い時期に内定すること
(a) 青田買い
(b) 青田刈り
⑭ 新たな成果を挙げて悪い評判をしりぞけること
(a) 汚名挽回（ばんかい）
(b) 汚名返上
⑮ 物事の肝心な点を確実にとらえること
(a) 的を射（い）る
(b) 的を得る

4. 131頁に掲出した表現例について、日本語の表現としてどこかに不適格さを感じるか、どこが不適格だと感じるか、その不適格さはどのように説明できるかを考えよう。また、身辺の言語表現から、これらの表現例のような誤用かどうかの判断がつきかねる実例を探し、分析してみよう。

3.6. ことばと社会

3.6.1 ことばの社会的変異

> 🏃 **ここからはじめよう**
>
> 右のグラフは、井上史雄によって1970年代に東京都内の数地点において調査された結果をもとに、作成されたものである。調査地点の1〜8は、東京都内の西から東にかけて点在している地点であり、「老」・「若」というのは老年層・若年層という世代の差を、「家」・「TV」というのは「家族と話す時」・「テレビに出て話す時」という場面の差を表している。調査時期や調査地点を考慮に入れると、ここからどんなことが考えられるだろうか。
>
>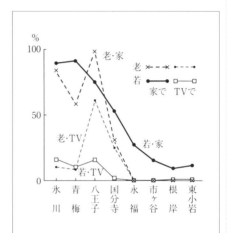
>
> 東京8地点の「うざったい」の地域差・年齢差・場面差(1983年)
>
> **[図版26]** 「うざったい」の使用
> (井上史雄(1998)『日本語ウォッチング』(岩波書店)より)

▶ 『蝸牛考』

119頁の地図は、「明後日の『翌日』と『翌々日』」を表す語の全国的な分布を記号化して示したものです。方言学の伝統的な関心事の一つは、このようなことばの地域的な変異、いわば同時期的な平面上のバリエーションを明らかにすることです。柳田國男(1875–1862)は、「かたつ

[図版 27] 「かたつむり」の方言分布
(佐藤亮一監修・小学館辞典編集部編(2002)『お国ことばを知る 方言の地図帳』(小学館)より)

むり」を表す語を全国的に調査した結果、京都を中心として同じ語形が同心円状に並んでいると考えました。つまり、デデムシ系—マイマイ系—カタツムリ系—ツブリ系—ナメクジ系の順で、同じような語形が、京都をはさんで南北に分離して分布しているというのです。そこから新しい語形は文化の中心地である京都で生まれ、周囲に波状的に拡散していったのであろうと推論しました。柳田の考え方は『蝸牛考』(1930年)に著されましたが、これが方言周圏論といわれているものです。

▶ことばのバリエーション

　国立国語研究所(現在は、大学共同利用機関法人人間文化研究機構国立国語研究所)は、1957年から1965年に全国の2400の調査地点で、語形だけでなく発音や文法について、285の調査項目にわたる面接調査を実施し、全国の方言の分布状況がわかる『日本言語地図』全6巻を1966年から1974年に刊行しました。それ以後、局所的な地理的分布についても、多くの研究が蓄積されてきました。

　126頁のグラフは、「見ることができる」、「起きることができる」の言い方について、主に年齢差を示したものです。年齢差はそのまま言語の変化過程を示唆するものです。すなわち、現在は仮に「誤ったことば」であるという認識の方が優勢であったとしても、若い世代に向けて使用率が広がっていることばは、数十年後には逆転してこちらが主流となり、かつての「正しいことば」を少数派に追いやってしまう可能性があるからです。

　ことばのさまざまなバリエーションは、地域差や年齢差の他にも、性差や職業差などの社会的属性の違いによって生まれます。また、話し相手や話題の内容などの場面の違いによっても、ことばは使い分けられます。

　【ここからはじめよう】にあげたグラフでは、不快感を表す「うざった

い」の当時の東京都内における使用状況が、くだけた場面とあらたまった場面とで違いがあったことを示しています。さらに、都内の西部地域と中央部・東部とで差があったこともわかります。ここから、もともとは東京都西部地区で使われていた方言が都内に進出し、若い世代に向けて広がっていったと推定されました。

　このような、「若い世代に向けて勢力が拡大しつつある非共通語形で、使用者自身もくだけた場面で使用し、共通語ではないと意識していることば」は、井上史雄によって新方言と名付けられ、この定義に当てはまる現象が、各地から報告されてきました。西日本地域でもともとの「行カナンダ」から「行カンカッタ」が生じたように、本来の方言が共通語の影響を受けた結果、新しい方言形を生み出したものかとみられる現象も報告されています。

　明治以降の国による、いわゆる標準語化への動きや、教育の普及、マスコミの発達などによって、標準的という意識を伴った共通語化への傾斜はいっそう進み、各地の言語差がなくなってきたというのはおおよそ

[図版28]　「疲れた」の言い方
（篠崎晃一(2008)『出身地がわかる！　気づかない方言』(毎日新聞社)より）

たしかです。しかしその一方で、共通語化に逆行するようなことばの変化も生じているといえます。方言と共通語は、方言か共通語かという単純な一元的対立の図式ではとらえきれるものではありません。社会的なさまざまなバリエーションの中で、多様な見方をすることが求められているといえます。前頁にその一例を示した「気づかれにくい方言」という発想も、方言対共通語という単純な図式ではとらえられない視点に立っています。

広げよう・深めよう　方言の現代的な価値

　多くの地域社会において、共通語と方言は共存し、場面によって使い分けられている。共通語は公の場や初対面、よく知らない相手に対して使う公的なことば、方言は私的な場でよく知っている相手にうちとけた気分で使う日常のことばとして、それぞれの役割を担いつつ共存しており、人々は二種類のことばによる二重生活をしているともいえる。

　しかし現代では、例えば方言弁論大会の開催や方言での俳句の募集、町おこしのイベントでの活用など、地域住民にとっての文化遺産としての継承やアイデンティティ意識の発掘、さらには地域経済の活性化手段として、戦略的に取りあげる活動が行われているところがある。そして、方言語彙を入れた観光土産品、方言グッズがあちこちで売られていたり、方言をベースにした漫才やドラマなどの芸能が全国ネットで流れたりといった、方言をいわば商品化する流れもある。

　また、一般の人々の会話においても、例えば大阪人でない人が、疑念を表現する時にわざと「なんでやねん」と言ってみるというように、ある特別な感情を表現したい時に、ふだんは使わない方言を、一種のコミュニケーションツールとして利用するということも行われつつあるというのである。総じて言えば、方言の意義や価値をめぐる現

代の社会的状況として、方言対共通語という単純な図式ではとらえきれなくなってきたといえる。

① 方言かるた

② 方言ステッカー

③ 方言のれん

④ 方言お菓子

[図版 29] 方言グッズ

3.6.2 集団語

> 🏃 ここからはじめよう
>
> 　次のような語彙は、どのような集団が使用する(使用した)ことばであろうか、考えよう。
> ① 　ニャンニャン　ワンワン　ブーブー　マンマ　ジージー
> 　　バーバー　ねんね　はいはい
> ② 　おしている　カメリハ　カンペ　すべる　宣材　ダメ出し
> 　　ドタキャン　ロケハン
> ③ 　あげぽよ　おばかわ　ガン見　チョムカ　とりま　チャリダー

ずたぼろ　グロい　バリうま　ビニる　ひとカラ　オシャンティ
　　　かまちょ
④　あーね　あなる　エゴい　エバい　カレぽ　ダルびっしゅ
　　茶べる　ペラい　ヒガモ　ちょしる　オナクラ　だるめん
　　じばく　パギャル　リア彼
⑤　ごきげんよう　あら　まあ　おほほ　～かしらん　～ですもの
　　～のよ　～てよ　～だわ
⑥　かちん　波の花　すもじ　おかべ　かもじ　しゃもじ　おめもじ
　　いしいし

▶集団語の性格

　社会的な属性の違いに基づいた集団に特徴的に見られる言語の特性を位相語といい、女性が使うことば（女性語・婦人語）、老人が使うことば（老人語）、幼児に向けて話しかける時に使うことば（幼児語）などが、その例としてよく取りあげられてきました。ただし、女性語・婦人語や老人語は、そのような認識自体が妥当であるか、あるいは、現代的な実体として存在するのかという疑問が持たれることもあります。

　しかし、現代でも特定の社会集団や専門分野に関わる人々の集まりに特有のことば、その集団での特徴的なことばというものはたしかにあるといえ、それらを一般に集団語といっています。広義には、ある職業集団で使われる職業語・業界用語や、専門研究者の間で使われる〇〇学専門用語から、若者語やギャル語、ネット社会で閉鎖的に使われる俗語（ネットスラング）まで、かなり広範囲の言語のグループが想定されています。

　集団語は細分化された職業や趣味のグループに、あるいは、特定の目的を持った結社において形成されやすいものです。それは、ある集団に属する人々の間でのみ理解が可能なことばを持つことで、他からの差別化を図り、独自色を強調することができ、同時に、その集団の構成員相

互の連帯意識を高め、自らの帰属意識を確認するための有力な手段であるといえるからです。つまり、集団語はもともと隠語となる性格を持っているものです。他方で、「刑事」を「デカ」といい、「犯人」を「ホシ」というのは、本来は警察関係者の間で使われたことばでしたが、今ではテレビ等の影響によって、一般にも広く理解されるようになったという事例もあります。

　現在では、若者語やギャル語のように、マスコミが一種の興味の対象として報道したり、インターネット上のサイトにリストがあげられたりするなど、隠語であるという性格を持ちながらも、同時に一般社会に認知が広まっていくという状況も見られます。つまり、相反する要素が同時進行しているという複雑さも出てきました。特定のインターネット上の掲示板などにおいて、お互いの本名や実体も知らぬままに、集団ともいえないようなゆるいつながりの中で使われる特異なことばづかいや言い回しも、インターネット上であるがために、かえって一般に知られやすいものになっているといえます。

▶女房詞

　歴史的な集団語としては、中世を中心として使われた女房詞が著名です。女房詞の起源は中古からとも、ある種の忌み言葉からともいわれています。内裏や御所に宮仕えする女房たちが使い始めたものであって、もともとは宮廷女性の狭い範囲で使われていたことばであったものが、その優雅な響きのためもあってか、公家から将軍家や武家、さらに、近世には商家などで使われ、さらにそこから一部が一般社会にも広まっていったものでした。つまり、過去においても、ある集団語からその使用範囲を広げ、一般社会に進出して日常語になったものが少なからずあるということになります。しかし、その流出や普及の速度は、現代では比較になりません。

歴史上の集団語としては他に、武士の間で使われた武者詞、近世に遊郭で使われた遊里語や、近代の軍隊用語などが知られています。

広げよう・深めよう　女房詞の造語法

　女房詞はその独特な造語法に特徴がある。
　その一つは、もとの語から2拍の短縮語形をつくり、それに接頭辞「オ―」を付して、「オデン（田楽）、オヒヤ（冷や水）、オナカ（中）」という語形を作り出す方法であった。
　もう一つは、もじ言葉といわれ、もとの語の語頭一拍の後に「―モジ」を付加して、「カモジ（髪）、シャモジ（杓子）、メモジ（目見え）」とする方法であった。「ヒダルシ」から作られた「ヒモジ」がさらに形容詞化して、現代語の「ヒモジイ」になったという例もある。以上の語彙は、現代ではそう言われなければ、かつての女房詞とは気づかないほど一般化して広まった例である。

課題

1. 共通語でも自分たちの方言でも、自分たちの世代と、両親の世代、祖父母の世代とで、語形や意味が変わってきたと考えられる例を探してみよう。
2. 現代において、さまざまな集団が担っていると考えられる集団語と思われる例をあげてみよう。
3. 若者語には、❶ある時期に流行語的に使われ、その後は使われなくなったもの、❷次の世代に継承されて若者の間で使い続けられているもの、❸若者の枠を越えて一般社会に浸透したもの、❹今後の動向が流動的なものなどがある。自分の知っている若者語と思われる具体例をできるだけ多くあげ、それらがこの❶〜❹の中でどのように分類できるか、考えよう。

3.7. 語句・表現とイメージ

3.7.1 語句・表現の印象

> 🏃 ここからはじめよう
>
> 　次のそれぞれの文章を読んだ時に、語句や表現からどのような印象を受けるであろうか。自分の言葉で書き表そう。また、それぞれの文章の書き手がどのような人か、プロファイルを試みよう。(引用にあたっては現代仮名遣いに統一し、読点を付加した箇所がある。)
>
> ① 　昨日、散歩したるが故にや、今朝、腹具合よろしからず。午下*、木挽町*の陋屋*に赴き、大石*国手の来診を待つ。そもそもこの陋屋は、大石君、大久保の家までは路遠く、往診しかぬることもある由につき、病勢急変の折、診察を受けんがために借りたるなり。
> 　(注)＊午下＝昼過ぎ。
> 　　　＊木挽町＝東京都中央区銀座にあった地名。
> 　　　＊陋屋＝狭くてみすぼらしい家。
> 　　　＊国手＝医師を敬っていう語。
>
> ② 　歴史の新しい見方とか新しい解釈とかいう思想からはっきりと逃れるのが、以前には大変難かしく思えたものだ。そういう思想は、一見魅力ある様々な手管めいたものを備えて、僕を襲ったから。一方歴史というものは、見れば見るほど動かし難い形と映って来るばかりであった。新しい解釈なぞでびくともするものではない、そんなものにしてやられる様な脆弱なものではない、そういう事をいよいよ合点して、歴史はいよいよ美しく感じられた。
>
> ③ 　木には声のある木とない木がある。声といっても木がひとりで声を出すのではない。風が来て木に声を出させる、といったらいいだろうか。
> 　誰もいちばんよく知っているのは松の木の声。松は針のような繊い葉が簇がっているのだが、この針のむれが風を漉すときは声にな

る。松の声は軽い声ではない。あの葉のたくさんな数と硬い質とから出てくる声だから、軽くあだな声になるわけがない。
④　ギャンブルって無法地帯のようで、実はちゃんと、最低限のマナーがあった。
　わたしが師匠に教わったのは、まず「負けてもちゃんと笑っていること」。これはギャンブルのマナーの、基本中の基本。
　ギャンブルをやる人たちの中には、勝っているときは調子いいけど、負けたとたん、グジグジ文句を言ってすねたり、怒り出す人がけっこういる。そういうのは、もう、ぜんぜん、ダメ。マナー違反。ギャンブルなんて負けてあたりまえなんだから、「損した」「損した」って騒ぐくらいなら、最初からやるなって話なのよ。

▶心理的印象の測定

①〜④の文章の出典は、次のようになります。

①は、永井荷風（1879–1959）の『断腸亭日乗』の一節です。「断腸亭日乗」は1917年から1959まで書き綴られた日記ですが、引用した箇所は1917年（大正6年）9月20日の記事です。

②は、小林秀雄（1902–1983）による評論、「無常といふ事」の一節で、1946年に刊行されたものです。評論といいながら随筆的な文章であるともいわれています。

③は、幸田文（1904–1990）の『雀の手帖』（新潮社）に所収された「木の声」という随筆の冒頭です。単行本は1993年の刊行ですが、初出は1959年の新聞連載でした。幸田文は幸田露伴の次女で、著名な女性随筆家です。

④は、現代の女性漫画家である西原(さいばら)理恵子（1964–）の随筆集『この世でいちばん大事な「カネ」の話』（角川書店 2011年刊）の一節です。

さて、文章の語彙や表現からどのような心理的イメージを受けるか、確定的な調査方法はないのですが、試みにこの4つの文章について、大

学生30名をインフォーマントとしたSD法(セマンティック・ディファレンシャル法)による調査を行いました。右のグラフは、その結果をもっとも簡便な平均値によって示したものです。

このような調査では、文章の印象、語句や表現から受ける印象といっても、文章にはそれによって表されている内容があるので、インフォーマントがただ純粋に言語だけに反応しているとはいえません。そのような限界をじゅうぶんふまえる必要がありますが、それでも文章から受ける印象について、それなりの傾向は見て取れるのではないかと考えられます。

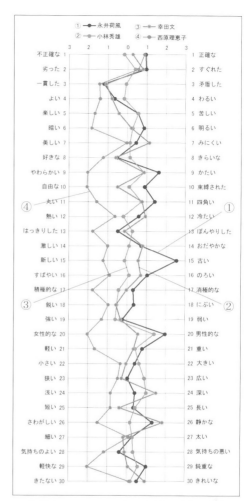

[図版30] SD法による文章の印象の調査

▶直観的な印象と語句の性格

大正時代に書かれた①の文章は全体がそもそも文語であり、現代では日常では使わない古めかしい語彙が使われている、②の文章は抽象的な内容について論じるための抽象的な漢語が多く使われている、③は文章

全体がほぼ和語でつづられている、④は話し言葉の口調や会話の引用を交え、体言止めやオノマトペを使った現代風の文章であるという感じをおそらく受けるのではないでしょうか。それぞれの文章は直感的につかめるおおまかな特徴を、相応に反映しています。

　全体的には、①と④の印象の違いが目立ちます。また、四つの文章の間で反応に大きな差が出た項目は、「暗い―明るい」、「やわらかい―かたい」、「自由な―束縛された」、「丸い―四角い」、「新しい―古い」、「女性的な―男性的な」、「軽い―重い」、「さわがしい―静かな」、「軽快な―鈍重な」であるということも、おおよそ予測に合っています。ただし、例えば「やわらかい―かたい」という項目で、②と③が接近する点などは予想に反しており、文章の印象を数値的に測定することは容易ではないといえます。

広げよう・深めよう　文体

　文体という用語は、多様な意味で使用される。大きくは、筆者、特に文学作品の作家やその作品の個性的な特徴を指して、例えば「森鷗外の文体」、「『舞姫』の文体」のようにいう場合と、文章のジャンルなどに類型的に現れる共通の特徴を指していう場合とがある。一般社会では、前者の意味で使うことが多いであろう。

　後者には、表記様式の違いによって、漢文体・平仮名文体・漢字仮名交じり文体などに類別する、語彙や語法の類型によって、文語体・口語体、和文体・漢文訓読文体・和漢混淆文体、「だ・である」体・「です・ます」体などに類別する、文種によって、日記文・随筆文・評論文・解説文などに類別する場合などがある。

　ただし、歴史的な過去の日本語の文章類型を指しているものもあり、例えば「和文体」は、中古に和語と和語化したごく少数の漢語によってつづられた文章で、実際には「源氏物語」や「枕草子」のよう

な文章を指し、後の「平家物語」に代表される和語と漢文訓読語とが併用される、いわゆる「和漢混淆文体」に対照させていうことがある。ここで取りあげた幸田文の文章はほとんど和語のみでつづられているが、これを和文体とふつうはいわない。

3.7.2　語句・表現と人物像

> 🏃 ここからはじめよう
>
> 　次の文章は、現代小説の中に登場する人物の会話文である。どのような人物像が想像できるか、考えよう。
> ① 「いろいろ相談にのってくださるし、眠れない夜には子守唄もうたってくださるし、お金にこまったら、お金も貸してくださるわ」
> ② 「デハハハ、だって、子供が波にさらわれたのがみえてしまったんだもん。やばい！って思ってからあとは、もう無我夢中でなんにも覚えていなかったよ。我に返ったら、あなたの腕の中にいたんだ。デヘヘヘヘヘ」
> ③ 「ぜんたい、ここらの山はけしからんね。鳥も獣も一匹もいやがらん。なんでもかまわないから、早くタンタアーンと、やってみたいもんだなあ」
> 　「鹿の黄色な横っ腹なんぞに、二、三発お見舞い申したら、ずいぶん痛快だろうねえ。くるくる回って、それからどたっと倒れるだろうねえ」

▶作中人物の言葉づかい

【ここからはじめよう】の①は、江國香織「草之丞の話」に出てくる「僕」の母親の発話です。一人称の語り手である「僕」の目からは「世間知らず、泣き虫、天真爛漫」と評される人物ですが、この会話文だけではそこまでわからないとしても、「〜てくださる」や終助詞の「わ」

から、育ちがよく、上品で物静かな、ある程度年齢のいった女性という人物像が想像できるでしょう。

②は、川上健一「ららのいた夏」に登場する女子高生の発話です。「〜んだもん」、「やばい」、「って」、「なんにも」、「〜んだ」などから、性格が明るく、ごくふつうに健全な現代の若い女性というイメージを受けるでしょう。

③は、宮沢賢治「注文の多い料理店」の「二人の若い紳士」です。若いといってもやはりやや古めかしい言葉づかいであるように感じるでしょうが、なんといっても「けしからんね」、「いやがらん」、「なんぞに」、「お見舞い申す」などから、ある種の品格のなさがうかがえます。作品ではまず冒頭に「二人の若い紳士」と書かれているのですが、その直後のこの会話文にたどりついたとたんに、紳士といってもどこか胡散くさい、やや下劣なエセ紳士というイメージが形成されるでしょう。

もちろん作家は、会話文、それもその内容を差し置いて、そこに現れる語彙や表現だけにたよって、小説の中の人物像を描いていくわけではありません。読者の側でも、それだけを手がかりとして作中の人物のイメージを形成していくわけでもありません。しかし、人物造形にとって、言葉づかいが重要な役割をはたしているということも確かです。

▶古典文学の中の人物

話題を日本の古典の世界へ求めてみましょう。

「源氏物語」の帚木巻に「雨夜の品定め」とよばれるくだりがあります。ある雨の夜、宿直していた光源氏のもとに頭中将らが集まり、自分の体験談から理想の女性像を語り合う場面です。藤式部丞（とうのしきぶのじょう）は「賢き女」の例として、漢学によく通じていた博士の娘とのいきさつを語ります。恋文でさえ漢文で書くほどの才女ぶりですが、男としては気を許せるところのない女性で、ある日、久しぶりに立ち寄ってみるとたまたま

病気をしていました。そして、「声もはやりかにて（早口で）」次のように言うのです。

（1）　月頃、風病(ふびよう)重きにたへかねて、極熱(ごくねち)の草薬(そうやく)を服(ぶく)して、いとくさきによりなん、え対面給はらぬ。まのあたりならずとも、さるべからん雑事等(ざふじとう)は受け給はらん。

冷静で知的な女性と、薬草の薬臭さとの取り合わせも滑稽ですが、自分の体裁に固執する娘の発言には、当時としては日常会話に使用されないと思われる、珍しい漢語が大量に動員されている点が注目されます。「等」というのも、ふつうは「など」でしょう。博士の娘の人物造形と、場面から誘発される滑稽感の創出のために、漢語が極めて効果的に使用された例であるといえます。

女性の言語表現の滑稽さという点では、同じ「源氏物語」の常夏巻などに出てくる近江君も興味深い存在です。田舎育ちであるがゆえの数々の醜態を演じますが、言語表現においても、宮廷社会の規範から逸脱した敬語を使用するなどして、周囲の嘲笑の対象となります。彼女は自分の「舌疾さ（早口）」の言い訳を、次のようにするのです。

（2）　舌の本性(ほんじやう)にこそは侍らめ。をさなく侍りし時だに、故母(こはは)のつねに苦しがり教へ侍りし。妙法寺の別当大徳(べたうだいとく)の産屋(うぶや)に侍りけるあえものになむ、なげき侍りたうびし。いかでこの舌疾(したど)さ、やめ侍らむ。

言い訳の内容もさることながら、ここでは「侍りたうぶ」の使用が注目されます。「侍りたうぶ」は、「源氏物語」の中に出てくる他の例がすべて男性の会話文中であり、しかも当時、漢文を訓読した際に用いる用語を記した訓点資料にも出てこないことから、男性特有語ではないかと推定されている語です。田舎生活から宮廷生活に唐突に放り込まれた近江君が、男性語と女性語との区別もつかぬままに、場当たり的に聞きかじった敬語を使ってしまったということでしょうか。語彙の選択による人物造形の機能が、ここにも確認されます。

中古において、漢文の訓読にのみ用いられる語彙・語法と、和文にのみ用いられるそれらとは、位相的に対立していたので、和文系文学作品の中に訓読特有語が交えられる場合には、特別な表現論的価値が生じたとみられます。「源氏物語」の会話文に使われる語彙は、男性であっても基本的に和文脈に現れる語彙であり、漢文訓読語が交えられるのは、その人物の学識・教養や場面の緊張感を表出することを意図した箇所であるといわれます。例えば、少女巻の夕霧入学の際の儒者の詞には、

(3)　かくばかりのしるしとあるなにがしを知らずしてや、おほやけには仕うまつりたぶ。はなはだをこなり。

というように、和文語の「いみじく・いと・いたく」に相当する「はなはだ」、打消の接続助詞である「で」に相当する「ずして」という漢文訓読特有語が現れます。現代語のように、母語話者の内省がきかない過去の言語作品においては、このような分布上の特異性を手がかりとした考察がなされます。

広げよう・深めよう　役割語

　現実社会には、唐草模様の風呂敷を背負い、鼻に引っかけて結んだ手ぬぐいのほおかむりをしたどろぼうなどまず存在しない。しかし、なぜかどろぼうは、そのようなステレオタイプの姿で描かれることが少なくない。このような絵柄を見たら、実在するか否かと関係なく、どろぼうだと瞬時に理解させることが可能だからであろう。その意味でたいへん便利な表現方法であるが、役割語もこれに似ている。

[図版31]　どろぼうのステレオタイプイメージ

　役割語というのは、金水敏によって発掘された概念・用語であり、「ある特定の言葉づかい(語彙・語法・言い回し・イントネーション

等)を聞くと特定の人物像(年齢、性別、職業、階層、時代、容姿・風貌、性格等)を思い浮かべることができるとき、あるいはある特定の人物像を提示されると、その人物がいかにも使用しそうな言葉づかいを思い浮かべることができるときの、その言葉づかい」として性格づけられる。例えば、金水のあげている例で、

(1) そうじゃ、わしが知っておる。
(2) そや、わてが知っとるでえ。
(3) 左様、拙者が存じておる。
(4) そうですわよ、わたくしが存じておりますわ。
(5) そうあるよ、わたしが知ってるあるよ。
(6) んだ、おら知ってるだ。

という発話を聞いた時に、それぞれ男性の老人、関西人、武士、上品な女性、(にせ)中国人、田舎者という人物像を浮かび上がらせるはたらきをしているというのである。これらは、多くは現実には存在しない人物やことばであり、フィクションの世界におけるステレオタイプに依存した仮想的な表現である。また、フィクションだけでなく、例えば実在する外国人へのインタビューの翻訳などにも役割語が関与することがある。

役割語は作中人物に対するイメージ喚起力があり、作品形成に多大な

[図版32] 役割語の一例
(ⓒ森川ジョージ／講談社「はじめの一歩」より)

寄与をしている。例えば、前出の江國香織「草之丞の話」では、「僕」の亡くなった父が武士となって現代に現れるというストーリーが展開されるが、その父は、

「そなたは、さむらいの息子がいやか」
「風太郎、そなたはいくつになる」

というように話しかけてくる。「そなた」は、武士を直ちに連想させる役割語である。

なお、安易な役割語の多用は、日本語表現の多様性と柔軟性を制限してしまうことがある、さらに、時として偏見・差別意識を誘発してしまうこともあるといわれていることにも注意を向けなくてはならない。

小説やマンガ、アニメなどに登場する仮想的な表現としては、他にキャラ語尾と呼ばれるものがある。「るろうに剣心」の緋村剣心の「〜でござる」、「ケロロ軍曹」の「〜であります」のように、役割語と重なるものもあるが、「うる星やつら」のラムの「だっちゃ」のように、一般性を持った人物像の喚起というより、特定の登場人物の標示・識別に主に関与している点が特徴的である。

［図版 33］キャラ語尾
（吉崎観音「ケロロ軍曹」より）

課題

1. 現代の小説・物語の中の会話文から、その登場人物の人物造形に関与していると思われる語彙や言語表現を、探してみよう。
2. 「枕草子」、「徒然草」から、言語について言及している部分を探してみよう。
3. 次のマンガや小説の人物の言語表現が、キャラクター作りにどう関係しているかを説明しよう。また、自分で小説やマンガの中から、言語表現と人物造形が結びつくような例を探してみよう。

(左＝浜田ブリトニー「パギャル！」、右＝藤原ヒロ「会長はメイド様！」より)

© 手塚プロダクション

© 東村アキコ／講談社

「ジューン・ブライド――六月の花嫁が幸せになれるっていう言い伝えは、イギリスのものだって聞いたことがあるわ。気候の不順なイギリスでは、六月は比較の晴天に恵まれる。だから六月に結婚式を挙げられるカップルは幸せってことね。でも、それは日本には当てはまらないわ。六月の日本といえば梅雨の季節よ。一年でいちばん気候が不順な時季だわ。その六月をわざわざ選んで結婚式を挙げる人間が後を絶たないのは、まったく理解に苦しむわね。しかも、あの有里が結婚だなんて――」
「お気持ちはお察しいたします、お嬢様」
理解したような口ぶりで答えた。「要するにお嬢様はお友達がご自分よりも先に結婚なさるのが、どうしても納得がいかないと――」
「誰もそんなふうにいってません！」
後部座席に座る宝生麗子はむっとした顔になり、バックミラー越しに影山の顔を睨みつける。
銀縁眼鏡を掛けた長身の三十代男性。ブラックタキシードに蝶ネクタイという古風なスタイルは、いかにも結婚式の招待客のようであるが、実際はそうではない。沢村有里の結婚式に招待されたのは麗子ひとり。影山は麗子を車で送り迎える執事兼運転手にすぎない。彼のタキシード姿はセレモニーのための衣装ではなく、執事としての正装である。
「では、お嬢様は、なにが御不満なのでございますか」
「誰が」麗子はぷいっと窓のほうに顔を向けて、「六月の雨に濡れた街の景色を眺めた。「わたしはただ雨の日の結婚式はうんざりだといいたいだけ」

（左上＝手塚治虫「ブラック・ジャック」、右上＝東村アキコ「海月姫」、左下＝東川篤哉「謎解きはディナーのあとで」より）

[図版34] 言葉づかいと人物造型

4　日本語の文法

4.1. 文法に対する考え方

4.1.1　文法規則と正しさ

> 🏃 ここからはじめよう
>
> 　次の各文は、日本語の表現として正しいだろうか。正しくないとしたら、どこがおかしいだろうか。
> ①　ドア付近にお立ちのお客様は、中ほどまでお進みください。
> ②　アメリカに留学中の長男が急遽帰国した。
> ③　ビゲンズ氏は来年のテキサス州知事選に立候補を計画している。

▶「正しさ」の根拠

　【ここからはじめよう】にあげた①〜③は、「正しい日本語」について論評したある著書の中で、「明らかな誤用」として指摘されている文です。その著者の理屈にしたがえば、次のようになります。

　学校教育で「教えられて」きた学校文法によると、①「ドア付近に」、②「アメリカに」、③「テキサス州知事選に」は、そのカタチからはどう見ても連用修飾語です。連用修飾語であるからには、それが「係っていく」先の用言を必要としますが、それがこれらの文には欠けているというのです。つまり、いわゆる「係り→受け」の関係に整合性を欠いているということになり、文法的に「誤用」であるといわざるを得なくな

るというのです。

しかし、母語話者の直感 intuition からはどうでしょうか。本書の著者が担当する講義を受講する大学生に正誤をたずねたところ、ほぼ正反対の結果になりました。ほとんどの大学生は専門的な文法についての教育を受ける前の、ほぼ白紙の状態にある日本語の母語話者です。

①、②は、ほとんどの大学生が「おかしくない」という答えでした。③は、ごく少数の大学生が「おかしい」と感じましたが、大多数の大学生は「おかしくない」という答えでした。助詞「の」が介在していない点で、③は①、②と異なる結果になったのかもしれません。

また、①〜③を「おかしい」と感じる人に、「どこがおかしいか。」と聞いても、「おかしくない」と感じる人に、「それではこれらを『おかしい』と感じる人にとっては、どこがおかしいと感じられると思うか。」と質問を変えてみても、ほとんどの学生が、前記の修飾関係の不具合として指摘することは困難でした。

右は連用修飾語を受ける用言があるが、左は同じ連用修飾語を受ける用言を欠いている。

[図版1] 連用修飾語の被修飾語

▶文法と文法論

①〜③を誤りであると主張する著書の著者は、「文法は、その［＝言葉の］あとからできた。だが、その文法を守ることによって、言葉に対する信頼度が増した。複雑な意思や事実を表現することもできるように

なった。」と述べています。しかし、これは本末転倒です。われわれの日常の言語表現活動は、必ずしも学校文法のような「記述された」文法を意識し、その文法を守ることによって成立しているわけではありませんし、その必要も全くありません。

にもかかわらず、記憶違いや先入観の存在といった言語外的要因が介入する場合を除けば、同一言語の母語話者相互による意思の疎通が不可能であるということは、特別な条件がない限り、まずふつうはありません。母語話者は、その言語に内在化された規則を、意識しなくとも共有しているからであるといえます。

記述された文法「論」は、言語の規則そのものではありません。しいていえば、現実の言語事象を説明するために、そこから帰納的に導き出された仮説です。現実と仮説が食い違っていたら、修正すべきは仮説の方です。われわれは、言語そのものの規則に無意識に従っているとはいえるかもしれませんが、文法論に従っているということではありません。学校文法であれ、他の文法論であれ、既存の記述された文法論から論理的に説明ができないからといって、それを「文法的に誤っている」と言う必要はありません。

過去においても将来においても、すべての言語事象をあますところなく、完全に説明できる文法論というものは、おそらくは存在しないでしょう。しかし、われわれの直感が正しい文であると認めるのであれば、その直感を説明できるように、文法論の方を修正していく必要があります。

広げよう・深めよう　文法規則の修正

現象的な事実に合わせて「論」を修正するというのはどういうことか。ここではいわゆる学校文法の枠組を使うことにして、前掲の例文から修正案を具体的に考えてみよう。例えば、次のような案が候補と

して上がってくる。

❶ 「お立ちの」は、終止形「お立ちだ」を活用した連体形であると認める。そうであれば、「ドア付近にお立ちだ。」というもとの文が想定され「ドア付近に」＝連用修飾語、「お立ちだ」＝述語（用言）となって、係り受けの関係に対して整合性が保証される。

❷ 「ドア付近に」は連用修飾語ではなく、連体修飾語であるとする。したがって、体言「お立ち」を連体修飾していることになるから、修飾関係に不具合は生じない。

❸ 「お立ちの」は「お立ちになっている」が体言化したものである。

❹ 「お立ち」は体言であるが、用言的性質をも具備しており、連用修飾語を受けることが可能である。

まず、修正案❶が妥当であるとなると、

（1）＊この時計は、太郎へおみやげだ。

（2）＊きのう受けとったのは、田中氏から手紙だ。

なども、すべて正しい文にならなくてはならないということになる。これらは日本語の文として不適格であり、「太郎へのおみやげだ」、「田中氏からの手紙だ」としなければならない。つまり、修正案❶を採用すると、そこから生じる新たな不具合に対して、追加の修正案を作ることが要求される。

なお、文法論の慣例に従い、以下でも明らかに文法的に不適格であると判断される文にはその前に「＊」を、適格性をやや欠いていると判断される文には「?」を付けることにする。

修正案❷を採用すると、「ドア付近に」という形の句が、ある時は連用修飾語になり、ある時は連体修飾語になるということを認めなければならなくなる。そうなると、「ドア付近」が「お立ち」を連体修飾する時は「ドア付近にお立ち」であって「ドア付近のお立ち」ではなぜいけないのか、「犬」を連体修飾する時には、「ドア付近の犬」で

あって「ドア付近に犬」とならないのはなぜかということを、さらに説明しなければならなくなる。

　修正案❸を採用すると、「ドア付近に立っている人」から派生される「ドア付近に立ちの人」も、正しい文になるはずだということになる。また、②の「アメリカに留学中の長男が」について説明しようとすると、「留学している」が「留学中の」に変化するという、さらに別の説明をしなければならなくなる。③の「テキサス州知事選に立候補を」についてもまた別の説明をすることになって、結局は際限がなくなる。

　そもそも、直接的に説明の対象としているのは、あくまで「ドア付近にお立ちの」であるから、「もとは『……』であった」といったのでは、その変化に妥当性が保証されない限り、一種の論理のすりかえになってしまう。

　現状では、修正案❹に相応の妥当性があると考えられる。ただし、このままでは「用言的性質を具有する体言」の範囲が無限定である。そのような要件を満たす体言の条件なり、構文上の条件なりを明示的に示す必要がある。

　ここでは、修正案の適否を論じることが直接の目的ではないので、これ以上の議論には深入りしないこととする。重要なことは、ある文法的事象を説明しようとして暫定的な仮説を立てると、その仮説自体からさらに修正やあらたな説明を要求されること、つまり新たな問題点が連鎖的に派生することがあるということである。文法論は、「仮定された」規則の体系であると考えられる理由もそこにあるのだろう。相互に矛盾する要素が多ければ多いほど、その仮説の妥当性への評価は低くなる。異なる文法的説明が対立する場合は、正誤でなくて相対的な優劣が問題となる。

4.1.2　誤用と正しさの境界線

> 🏃 **ここからはじめよう**
>
> 　次の各文は、日本語の表現として正しいだろうか。正しくないと感じるとしたら、どこがおかしいからであろうか。または、「『正しくない』と感じる人にとっては、どこがおかしいと感じられるのであろうか。
> 　① この写真集は、限られたスペースをセンス良く使いこなす具体例が紹介されている。　　　　　　　　　　　　　　　（女性雑誌記事）
> 　② これは取材班が現地で実際にあった話である。　（一般雑誌記事）
> 　③ 足に何かつけると熱が朝まで下がります。(TV 視聴者投稿ハガキ）

▶おかしさの感覚

　母語話者の直感や内省 retrospection は、近年の文法研究において重要な手がかりとされてきました。しかし、われわれが現実に接する個々の言語表現は、常に「整った」文であるとは限りません。文法研究の対象になる、ならないの前に、なんとなく「おかしな」表現であると感じる文、「おかしい」とは感じていても、なぜ「おかしい」のかが説明しにくい文に接することは少なくありません。

　【ここからはじめよう】の①〜③は、本書 3.5.「語句・表現の変化」の中であげた実例［⇨ 129 頁］と同様に、大学生によって収集された実例です。ここでも出典についての情報は必要最小限に切りつめ、特定の固有名詞や商標名はふせておきます。

　さて、①は、

(3)　この写真集には、限られたスペースをセンス良く使いこなす具体例が紹介されている。

(4)　この写真集は、限られたスペースをセンス良く使いこなす具体例が紹介されているものだ。

のどちらかに修正するとより適格な表現となります。ということは、いわゆる主語と述語の関係に整合性を欠いた文であったということになります。

②は、一見どこがおかしいのか、わかりにくいのですが、

(5)　これは取材班が現地で実際に出会った(＝行き会った)話である。
(6)　これは取材班に現地で実際にあった(＝起きた)話である。

という2つの文が混線したのではないかと推測されるものです。

③は、

(7)　足に何かつけると熱が朝までに下がります。

と修正することで、適格な文となります。「～まで」と「～までに」には、何かしらの使い分けのきまりがありそうだと予想できます。

▶適格さの認定

　ある文を適格であるか、不適格であるかと判断することは、日本語を母語とする人ならだれでも可能です。しかし、不適格だと判断される文を言語的に分析し、その原因を明確に説明するためには、日本語に関する多少の知識と、個々の文や表現の問題を一般化する視点が必要となります。

　例えば、①は副助詞「ハ」によって主題化される場合のもとの格助詞の動きについて、②は動詞が要求する必須の格(成分)について、③は「～まで」・「～までに」、「～あいだ」・「～あいだに」などと動詞の意味の瞬時性・継続性の関係について、考えようとする視点が必要です。

　以下に、同様に学生によって収集されたその他の例をあげます。中には文法というよりも、単純な言い間違いの問題ではないかと疑われる例や、文章表現の巧拙の問題と見るべきではないかと思われる例も含まれています。

(8)　泳ぐことにより、腰のうっ血を取ったり、運動不足や精神安定

を目的としたコースです。　　　　　（スイミングクラブ入会案内書）
(9)　そしてまるで早足に、つまづきながら森へ入ってしまいました。
　　　　　　　　　　　　　　　　　　　　　　　　　　　（単行本小説）
(10)　ワープロは現在、官公署、会社など事業所で文書の創造や加工など知的生産を高めるものとして利用され、手書きと違った"完成された文書づくり"が要求されている。　　　　（一般新聞記事）
(11)　○○は、牛乳、マーガリン、卵をふんだんに入れて、軽い口あたりとマイルドな味が自慢です。　　　　　　（食品添付説明書）
(12)　棚やバスケットなどの色を合わせると、よりすっきり見せる収納は一目瞭然なので、洋服選びにも手間どらないというメリットも。　　　　　　　　　　　　　　　　　　　　（女性雑誌記事）
(13)　適当な温度と水、そしてサツマイモ自体の栄養分で、家の中で緑を眺め、すがすがしい気分になれるとは驚きです。
　　　　　　　　　　　　　　　　　　　　　　　　　　（一般新聞記事）
(14)　それは確か私が、あるピアノの発表会のために曲選びをしていると、ふとそばを、通りかかった父が、さりげない笑顔で、そう言い残して通り過ぎた。
　　　　　　　　　　　　　　　　　　　　　　　　　　（単行本随筆）
(15)　同農協の無添加ハム、ソーセージ類を売店で売っている「よい食品を作る会」のメンバーである○○市の漬け物メーカー「○○」の話では、ひいきの中には外国人が多い。　　　　　（一般新聞記事）
(16)　同性からかっこいいと思えるような大人になりたい。　　　　　　　（映画雑誌記事）
(17)　○○の○○学院に行けば子供が勉強する様になって、希望する高校に入った人

[図版2]　街中にある実例(薬局店頭広告)

の話をしてくれました。　　　　　　　　　　　　（広告文）
(18)　痔を病むと排便時にいつまでも便が残っているようで、又いつも全身の倦怠感があり、重傷の場合は息をしても肛門に激痛が走り、病んだお方でないとわかっていただけない痔の苦しみです。
　　　　　　　　　　　　　　　　　　　　　　　　（広告文）
(19)　胸のくぼみはかなり目立つもので三歳くらいになれば手術するように言われています。　　　　　　　（一般新聞投稿記事）
(20)　ドラマは口で話す以上に相手の心を強くとらえることが、体を使っての通信手段にはあることを主張する。　（一般新聞記事）
(21)　あわてて外に飛び出ました。　　　　　（TVニュース番組）
(22)　当初、車に乗せたＩさんは、無傷で帰宅したと証言したが、傷を負っていたなら、ケガの程度が脳挫傷に直接つながる頭部のものかどうか、今後も調べていく。　　　　（スポーツ新聞記事）
(23)　勘太はじまんそうにいいました。　　　　　　　（童話）

広げよう・深めよう　敬語の誤用

　「誤用」ということで、しばしば問題となるのが敬語である。敬語のきまりは、ここまでで扱ったような一般の文法規則とは、次のような点で異なる。

❶　一般的な文法規則は特に意識して努力することなく、幼児期に自然に習得される。敬語は、ある程度年齢がたった後で、例えば自動車運転技術や公文書の作成方法などと同じように、「努力を伴う意識的な学習」を通して身につくものである。

❷　一般的な文法規則の習得に関する母語話者向けのガイドブックはほぼ皆無であるが、敬語に関するきまりを身につけるためのガイドブックは、大量に市販されている。

❸　一般的な文法規則は単にことばの使い方に関するきまりだが、

敬語に関するきまりは社会的な行動規範、常識の問題とみなされる。したがって、「正しい」敬語が使えないと、社会人としての見識が問われることもある。

　つまり、敬語は単に言語の問題にとどまるものではないのである。確かにそうではあるが、依然として言語の内側の問題として扱うべき誤用というのがあり、それを見ていくことによって、現代敬語の特徴が見えてくることがある。

　よく指摘される誤用に、「謙譲語による尊敬語代用」がある。本来であれば、動作主に対する敬語である尊敬語を使うべきところで、動作の受け手に対する敬語である謙譲語が使われたものである。

(24) a　田中さん、<u>おりましたら</u>駅長室までおいでください。
　　　b　うちの社長に<u>うかがって</u>ください。
　　　c　きっぷを<u>お持ちして</u>ない方は、係員までお申しつけください。
　　　d　当店を<u>ご利用され</u>ている皆様へのサービスです。
　　　e　ただいま校長先生が<u>申されました</u>ことには反対です。

　似たような誤用に、「丁寧語による尊敬語代用」がある。尊敬語を使うべきところで、聞き手に対する敬語である丁寧語を使ったものである。

(25) a　忘れもの<u>しませんよう</u>御注意ください。
　　　b　他のお客様に御迷惑を<u>かけませんよう</u>御注意ください。
　　　c　あの、木村さん<u>でございますか</u>。

　以上に共通していることは、個々の語の本来的な用法についての識別意識が希薄化していることである。しかしそれは、単なる語彙の用法の混乱にとどまるものではないと思われる。というのは、とにかく聞き手に対して丁寧に言うために、その語の本来の用法が何であろうと、何かしらの敬語語彙を動員しようとする意識が背景にあるのではないかと考えられるからである。

　それはたとえば、学生どうしの会話においては、

（26）　今日、田中（先生）、学校に来てる？

という無敬語表現であるものが、同じ内容の質問を学生から他の教員に尋ねる場合になると、

　　（27）　今日、田中先生、学校にいらっしゃってますか？

と見事な変身を遂げることがあり、この現象と深層は同じではないかと考えられるからである。若年層の敬語習得の未熟さという点を勘案しても、現代では一般に、尊敬語の使用が、もはや文の動作主のみによって決定されるのではなく、それをだれに向かって話すかという点が重要なファクターになっている。

　さらに、次のような「人物以外の主語への尊敬語使用」、「二重敬語」の誤用も、「聞き手への過度の敬語的配慮」という点で共通の基盤の上にあるものと思われる。

　（28）a　先生がおでかけになった時、あめは降って<u>いらっしゃいましたか</u>。
　　　　b　先生がおでかけになった時、あめは降って<u>おいででしたか</u>。
　　　　c　お野菜がもう少し安くなって<u>くださる</u>といいのですけど。
　（29）a　長い間、ここで<u>お過ごしになられました</u>。
　　　　b　先生が<u>おっしゃられた</u>ことには反対です。
　　　　c　先生が執筆を<u>なされた</u>本は、どちらですか。

聞き手への直接的な敬語表現である丁寧語、および、「致す」「申す」等の、話題の物事を通した聞き手に対する敬語である丁重語は、歴史的には尊敬語などにおくれて成立したものであり、しかも、他の語から転成して成立したものである。また、古い時代の日本語では、(26)、(27)のような、聞き手の違いによる尊敬語使用の有無ということも原則としてなかったと考えられる。現代敬語を対者敬語、相対敬語として特徴づける背景には、このような敬語史の流れがある。

> **課題**
>
> 1. 次の表現の適格性について考え、意見交換をしよう。
>   ① 東京湾でとれた魚料理（がおいしい。）
>   ② 安全で暮らしやすい街作り計画（が議論されている。）
> 2. 165〜167頁に掲出した表現例について、日本語の表現として不適格さを感じるか、どこが不適格だと感じるか、その不適格さはどのように説明できるかを考えよう。また、身辺の言語表現から、これらの表現例のような、誤用かどうかの判断がつきかねる実例を探し、分析してみよう。
> 3. 168〜169頁に掲出した敬語の誤用例について、誤用と思うかどうかについて、周囲の人から意識調査を行ってみよう。また、現代敬語の特色として、他にどのような点があげられているか、調べてみよう。

4.2. 文の構造と品詞

4.2.1 文の構成要素と承接関係

> 🏃 ここからはじめよう
>
> 次の文の意味を考え、多義性（意味が二通り以上にとれること）が生じている原因について分類しよう。
> ① こんな時こそおもいやりが必要だ。
> ② 公園ににわとりがいました。
> ③ 道路工事を一週間後にはやめることになった。
> ④ 新製品のばねは、今までのよりはねあがるはずだ。
> ⑤ 白い大きな犬を飼っている家がある。
> ⑥ 春子さんが作った野菜の料理をいただきました。
> ⑦ 田中さんが終わるまで待っています。
> ⑧ うどんならきつねが好きです。

▶多義性の原因

　【ここからはじめよう】の①は「思いやり」と「重い／槍」、②は「鶏」と「二羽／鳥」というように、単語の切れ目が二通りあることによって、二通りの意味が出てくる事例です。

　③は「一週間後に／早める」と「一週間後には／止める」、④は「今までのよりは／値上がる」と「今までのより／跳ね上がる」というように、単語の切れ目という点では①、②と同じですが、助詞「は」が介在している点が異なる事例です。

　⑤は「白い」、「大きな」が「犬」を修飾するのか、「家」を修飾するのか、⑥は「春子さんが作った」が「野菜」を修飾するのか、「野菜の料理」を修飾するのかという違いがあります。つまり、修飾語と被修飾語の関係が複数あるために、複数の意味が生じてくる事例です。⑤は組み合わせによって、三通りの意味が出てきます。

　⑦は「田中さんが」が「終わるまで」にかかるのか、「待っています」にかかるのかという違いがあり、主語・述語の関係が二通りあるために、二通りの意味が出てきます。ただし、主述関係が「田中さんが→終わるまで」の場合の「待っています」の主語は、表面に現れない「私」、つまり話者であり、「田中さんが→待っています」の場合の「終わるまで」の主語は、ことばで言われていない「だれか」または「何か」ということになります。

　⑧は一見、「きつね」が「（動物の）きつね」を意味するのか、「きつねうどん」を意味するのかという単純な理由に見えます。そうであれば、単に多義語の多義性の問題となります。しかしそれだけでなく、助詞「が」がいわゆる主語を示す「が」であるのか、「好きだ」の対象となる、「を」に近い意味の「が」であるのかという違いがあり、その点では文法の対象となります。ただし、①〜⑦のような、文の内部の構造的な問題とはやや異なるといえます。

言語は何段階かの構成レベルの積み重ねによってできています。通常の、
　　　音　→　単語　→　文
という構成レベルはどの言語にも共通していますが、日本語の場合、学校文法のように、単語と文の間に文節及び文の成分というレベルを想定することがあります。つまり、

　　［単語］　　　夏子｜は｜家｜で｜白い｜大きな｜犬｜を｜飼っ｜て｜いる。
　　［文節］　　　夏子　は／家　で／白い／大きな／犬を／飼って／いる。
　　［文の成分］　夏子　は‖家　で‖白い　大きな　犬を‖飼って　いる。
　　［文］　　　　夏子　は　家　で　白い　大きな　犬を　飼って　いる。

となります。

　通常は中学校での文法学習の初期段階で、文節と連文節、文の成分が取りあげられます。連文節は、文節から文の成分に接続するための中間

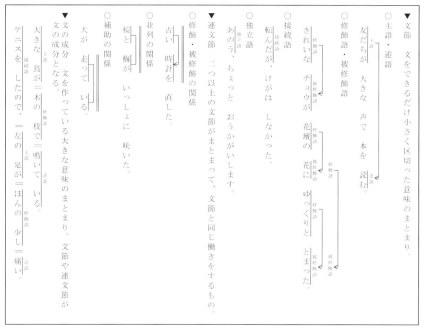

［図版3］　中学校国語教科書の「文節・連文節・文の成分」（概要）

的な単位です。各社の国語教科書での扱いには若干の違いがありますが、おおよそ［図版3］のように記述されてます。

　さて、学校文法では、文を構成する単位を文節とすることから、いくつかの不具合が生じます。その一つは、上記の説明にあるとおり、例えば、

　（1）　きれいな　チョウが　花壇の　花に　ゆっくりと　とまった。

のように、「きれいな」という文節が「チョウが」という文節を修飾する、「花壇の」という文節が「花を」という文節を修飾すると見なければならない点です。文節を分析の出発点となる基本的な単位としているために、修飾関係は常に文節相互の関係としてとらえなければならないからです。しかし、「きれいな」は「チョウ」を修飾し、「きれいなチョウ」全体に助詞「が」が付いている、「花壇の」は「花」を修飾し、「花壇の花」全体に助詞「に」が付いているという分析の方が、母語話者の直感に合っています。

　また、

　（2）　桜と　梅が　いっしょに　咲いた。

という並列の関係でも、並列されているのは「桜と」と「梅が」であるというのが、学校文法の分析ですが、助詞「が」が付いているのは「桜と梅」の全体であるというのが、やはり母語話者の直感に合致する見方です。

▶文の成分

　学校文法に全般に課題や問題点が少なくないことは確かです。ただし、それを単純に誤りであると決めつけるのも短絡といわざるを得ません。そもそもが、「文」とは何か、「文」の資格を満たす要件は何か、「文」はどのように構造化されているかなどについては諸説があるので

すが、それもこれらを統括した「文のとらえ方」自体が難解であるからといえます。

ところで、小学生や中学生が作文のような自由記述による言語表現をする際に、しばしば次のような文法的な適格性を欠いた文が現れます。すべて本書の筆者によって収集された実例ですが、実際の表記を一部修正して示します。

(3)　ぼくがこの一年間で、いちばん強くおぼえていることは、百人一首大会が印象に残っています。

(4)　特に好きな場面は、かぐや姫を妻にしようとする貴公子たちの場面が好きです。

(5)　理由は、普段はまったく考えていなかった小さい動物について考えるのが意外と楽しかった。

(6)　なぜなら、漢字が読めないと国語どころか日本の地名や新聞が読めません。

(7)　また調べてみると、「ベンチ」はある小説の中の一つの話であり、時代背景としては、相当ひどい人種差別が行われていました。

(3)〜(5)は、いわゆる文のねじれとか、主語・述語の不一致とかといわれる現象です。さらに(6)、(7)は接続語、修飾語とそれに対応する述語との不整合も関係しています。

小学校・中学校教育における文法の学習が、児童・生徒の適切な言語表現の習得にどれほど貢献できるのかについて、明確にはわかりません。

しかし、例えば(3)で「いちばん強くおぼえていることは」→「印象に残っています」という文の成分どうしのつながりの不自然さや、(4)で「特に好きな場面は」→「場面が好きです」というつながりの不自然さに気がつくことができれば、児童・生徒は自力によって、このような不適格性を発見し、修正できるようになる可能性があります。また、(6)で「なぜなら」→「読めないからです」、(7)で「調べてみると」→「行われ

ていたことが分かったからです」という、文の成分またはそれに相当する部分の対応の整合性が必要であることに気づくことができれば、少くとも不適格な表現を回避できる可能性があります。

　さらに、次のような不適格性を含むものもありました。
(8)　みんながいろいろなことを発表して、ぼくたちの班は「ラジコンカーの秘密」を発表することになって、本やパソコンなどで資料になる物をさがして最後に大きな紙に書いてクイズや聞いている相手が楽しくなるような物をみんな作っていました。

いわゆるだらだら文とも呼ばれるものですが、ここでも単に「文が長すぎる、『…して、…して』を続けすぎる」というだけでなく、「いろいろなことを発表して」「発表することになって」「資料になる物をさがして」などの文の成分がつながっていく先がはっきりしないということに気づかせることができるのではないかと考えられます。

　以上のように、文を意味の大きなまとまりである文の成分に区切り、文の成分どうしのつながりを取り出す力を指導の目標とすることに、相応の有効性があると考えられます。

広げよう・深めよう　主語・修飾語と補語

　学校文法では、接続語・独立語を除くと、述語の文節に対して他の文節は、主語または修飾語のはたらきをしていると考える。つまり、述語に対して主語だけに特別な地位を与え、他を一括して修飾語とする見方をしている。

　日本語文法論の中には、日本語の文にとっては主語を立てる必要はなく、また、述語にとってその行為などが現実世界で成立するために必要となる要素を補語とし、その他を修飾語とする考え方もある。

　例えば、
(9)　日曜日に　パーティで　太郎が　次郎を　花子に　うれしそ

うに　紹介した。
という文は、学校文法では、

○　「太郎が」が主語、「日曜日に」「パーティで」「次郎を」「花子に」「うれしそうに」が修飾語

となる。しかし、「紹介する」という行為には、「紹介する人」・「紹介される人」・「紹介する相手」は必須の要素であり、その他は「紹介する」という行為が行われた状況やその様子を説明するために付加的に述べられている要素であるととらえて、

○　「太郎（が）」「次郎（を）」「花子（に）」が補語、「日曜日に」「パーティで」「うれしそうに」が修飾語

とする考え方である。これらの見方の違いを試みに図示的に示したのが、次の図である。左が学校文法、右がもう一方のとらえ方である。

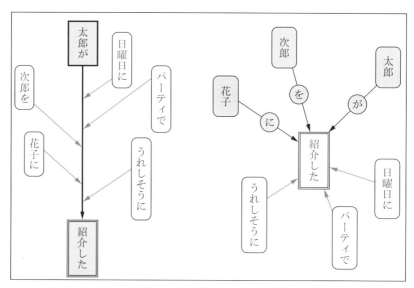

［図版4］　文の構造をとらえる視点

4.2.2　品詞の分類

ここからはじめよう

　図版を見て、品詞分類の原則についての国語辞典と中学校国語教科書との違いを考えよう。

①国語辞典　　　　　　　　②中学校国語教科書

❸ 単独で連用修飾語になる名詞

　数詞や、日時を表す名詞（昨日・今日など）は、他の名詞と異なり、助詞を伴わずに用言を修飾することができる。

・ジュースを五本買う。
・今日、夏休みが終わる。

　名詞は単独でもいろいろな文節になることができる。
・雨、やまないかなあ。　［主語］
・春は桜。秋はもみじ。　［述語］

（①『明鏡国語辞典［第2版］』（大修館書店2010年）、②左＝東京書籍平成24年度版中学校国語教科書、右＝三省堂平成24年度版中学校国語教科書より）

[図版5]　品詞のとらえ方

▶名詞と副詞の境界線

　品詞の分類方法について広く見わたすと、日本語の研究史上でもさまざまな分類のしかたが設定されてきましたし、また現在でも、日本語教育の分野では独自の分類方法が使われることがあります。本書では学校文法を中心に見ていくことにします。①の国語辞典も、②の国語教科書が拠っている学校文法の一般的な枠組に立っている点は変わりありません。それでいて、記述に若干の相違が出てくるのは、表面には見えにくい分類の原則に違いがあるためです。

　「今日」を含む文節は文の中で、

(1) a <u>今日</u>は、私の高校の開校記念日だ。
　　b 彼女にはじめてあったのは、3年前の<u>今日</u>だ。
　　c <u>今日</u>の夕方から、旅行に行く予定だ。
　　d <u>今日</u>、休みが終わる。

のように、それぞれ、(1)a＝主語、b＝述語、c＝連体修飾語、d＝連用修飾語を構成します。(1)a〜cはすべて名詞と見て問題ありませんが、(1)dについては2通りの見方ができます。

❶ (1)dの「今日」はやはり名詞であって、助詞を伴わなくてもそのままで連用修飾語になることができる。つまり、一部の名詞は、単独で文の中のいろいろな成文になることができる。

❷ 「今日」は、(1)a〜cのように名詞であると場合と、(1)dのように副詞である場合とがある。つまり、「今日」は名詞でもあり、副詞でもある。

中学校国語教科書は❶の立場をとっています。つまり、ある単語は一つの品詞に所属し、それがさまざまな文の成分になるという考え方です。一方、①の国語辞典の「副詞的にも使う。」という記述

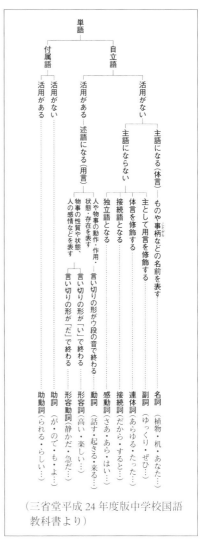

（三省堂平成24年度版中学校国語教科書より）

[図版6] 中学校国語教科書の「品詞分類」

は、❷に近い立場に立っています。ある単語の所属する品詞を一つに決めることなく、そのままで連用修飾語になるものは副詞とするというものです。

「事実」には、

(2) a　<u>事実</u>は、変えることができない。
　　b　<u>事実</u>、私はそこには行っていない。

のような使い方があります。(2)aの「事実」は名詞で問題ありませんが、(2)bの「事実」は、名詞がそのまま連用修飾語になったものとも、名詞の「事実」の他に副詞の「事実」があるのだとも見ることができます。この後者の立場をとって、①の国語辞典は、「事実」に、㊀名詞と㊁副詞の二つのブランチ（意味記述の項目）を立てて記述しています。

「たしか」には、次のような二つの用法があります。

(3) a　彼がここに来たのは<u>たしか</u>だ。
　　b　<u>たしか</u>、彼女にあったのは2日目だ。

①の国語辞典は、「たしかだ」という形の形容動詞を想定し、それを㊀に記述するとともに、「たしか」という副詞を設定し、それを㊁に記述するという方針です。中学校国語教科書の場合は、語形が違えば異なる単語となるので、「たしかだ」＝形容動詞、「たしか」＝副詞と認めることになります。

ここで取りあげた「今日」、「事実」は、同じ語形で名詞と副詞の両方の性質を持っている語です。つまり、両面性を持った単語ということになります。また、「たしかだ」〜「たしか」は、形容動詞と副詞の境界線に隣接している単語ということになります。品詞分類は小学校以来、固定した枠組でとらえてきましたが、詳しく見ていくと、その枠組自体が相対的で流動的であるということに気がつくでしょう。品詞の種類がどう設定されているかという点と、両面性を持った単語や境界線に隣接する単語をどのように処理しているかという点と、二通りの視点が必要となります。

▶名詞と形容動詞の境界線

　枠組自体の問題とは別に、個々の語についての認識という問題があります。ある単語が名詞か、形容動詞(の語幹)かという識別は、他の名詞を連体修飾する時に「の」を仲介するか、「な」を仲介するかというテストを行うことによって知ることができます。
　例えば、「現代」、「現代的」は、
　(4)a　現代 {の／＊な} 芸術作品
　　b　現代的 {＊の／な} 芸術作品
となるので、「現代」は名詞、「現代的」は形容動詞(の語幹)です。では、「病気」、「健康」はというと、
　(5)a　現代社会では、病気 {の／＊な} 人が増えている。
　　b　現代社会では、健康 {＊の／な} 人が減っている。
となるので、「病気」は名詞、「健康」は形容動詞(の語幹)となりそうです。
　しかし、
　(6)a　癌はとてもこわい病気だ。
　　b　あんな行動をして、最近の彼はほとんど病気だ。
　(7)a　一番大切なものはなんといっても健康だ。
　　b　彼は心身ともに健康だ。
という文も不自然ではありません。(6)a の「病気だ」、(7)a の「健康だ」は、それぞれ「病気というもの」、「健康というもの」を意味しているので、「名詞＋だ(助動詞)」と見るのが妥当です。また、(6)b の「病気だ」、(7)b の「健康だ」は、それぞれ「病気という状態にあること」、「健康という状態にあること」を意味しているので、形容動詞と見るべきです。つまり、「病気」も「健康」も単語としては名詞でも形容動詞(の語幹)でもある。しかし、連体修飾する時には、「病気」は名詞として、「健康」は形容動詞(の語幹)として使われるという、やや複雑な関係を

とらえなければなりません。

さらに、本書「3.5. 語句・表現の変化」でふれた「大人」のように、もともとは名詞であると思われていた語が、形容動詞（の語幹）のように「な」で連体修飾している例を見かけることがふえてきたように感じられます。「大人」が「成人した人」という属性の区分を表すとしたら、「大人な」はそれを状態化した性質としてとらえる語に若干ずれてきたということでしょうか。「今風」についても、同様のことがいえるのかもしれません。「ナースな探偵」（テレビ番組名）や「うふふなひじき」（商品名）という言い回しも、意外性の効果をねらったネーミングとして考えることができそうです。

[図版7] 名詞と形容動詞の境界

ただ、これには注意も必要です。一時期流行した「頭がピーマンだ。」という言い方がありましたが、だからといって「ピーマンだ」という形容動詞を認めるのか、あるいは、固有名詞に「だ・な」をつけ、例えば「徳川家康な人（＝「徳川家康」的な性質（＝辛抱強い）を持った人）」という言い方があれば、「徳川家康だ」という形容動詞を立てるのかとな

ると、やはり疑問の残るところです。

広げよう・深めよう　代名詞の位置づけ

　中学校国語教科書には、かつては代名詞を含めた11品詞が立っていた。それが現在では、代名詞は名詞の下位区分に移動され、品詞分類自体は10品詞となっている。これには、いくつかの背景があるが、いちばんの理由は、次のような指示詞（こそあど言葉）の体系における品詞の認識からである。

　もともと指示詞というのは品詞横断的な概念である。共通するのは、意味として実体のある何かを持つものでなく、対話の場面や文章・談話の文脈の中で、関係的に何かを指し示すというはたらきだけがあるという点である。それが語形上きれいな表にそろうことから、日本語文法研究史の上では、指示語または指示詞の体系としてまとめられてきた。

　指示語を整理する場合、それぞれの横系列の最後にある品詞の欄で、すべてが代名詞になるというのではなく、その働きから「こんな」、「この」の系列は連体詞、「こう」の系列は副詞であるとするのが通常である。そうなると、名詞から独立させて代名詞だけを特別に立て、連体詞と副詞は同じ状況でありながら区別しないということになると、整合性を欠くことになる。もし代名詞という名称に合わせるのであれば、「こんな」、「この」の系列は代連体詞、「こう」の系列は代副詞とでも命名しなければ、バランスが取れないことになる。

　中学校国語教科書では、そ

	近称	中称	遠称	不定称	品詞
事物	これ	それ	あれ	どれ	代名詞
場所	ここ	そこ	あそこ	どこ	代名詞
方向	こちら	そちら	あちら	どちら	代名詞
	こっち	そっち	あっち	どっち	代名詞
状態	こんな	そんな	あんな	どんな	連体詞
	こう	そう	ああ	どう	副詞
指定	この	その	あの	どの	連体詞

[図版8]　指示語の体系

のようにして全体を13品詞とするのではなく、代名詞の位置づけを変えることによって10品詞に整理し直したのである。

課題

1. 次の文の多義性を、文の構造の違いとして図に示そう。
   ① 秋子は　あわてて　逃げた　あひるを　追いかけた。
   ② 父は　すぐ　来ると　言いました。
2. 学校文法における文の構造の分析方法によっては、次の①では、aの「ざあざあ」とbの「たぶん」の文の中でのはたらきの違いを示せないこと、②では、この文の多義性が文の成文相互の承接関係の違いとして示せないことを説明しよう。
   ① a ざあざあ　雨が　降った。
     b たぶん　雨が　降った。
   ② 母親が　ひとりで　子どもを　泳がせた。
3. 学校文法では通常、名詞をその意味的な性質から、普通名詞・固有名詞・代名詞・数詞・形式名詞に下位区分するが、学校文法とは別に次のような区分方法がある。これはどのような点に注目した区分だろうか、考えよう。

Noun		
Common Noun	机　太郎　これ　一人	
Verbal Noun	勉強　恋　スタート	
Adjectival Noun	静か　元気　近代的	
Advervial Noun	今日　事実　実際	
Interrogative Noun	だれ　いつ　どれ	

4. 次の二つの文の意味の違いを説明しよう。
   ① 彼は2番打者として、<u>最低の</u>仕事をした。
   ② 彼は2番打者として、<u>最低な</u>仕事をした。
5. 次の語が他の名詞を連体修飾する時に、「の」を仲介するのか、「な」を仲介するのか、さまざまな可能性を検討しよう。
   　こわもて　いろいろ　別　特別　別格　無名　大柄　現代風
   　がっかり　ドタバタ　カチカチ

4.3. 動詞・形容詞・形容動詞の諸相

4.3.1 自動詞と他動詞

> 🏃 **ここからはじめよう**
>
> 次の文の「定着する」、「紛失する」の使い方に違和感はないだろうか。各自で判定した後に、意見交換をしよう。
> ①　言葉を何らかの材料のうえに<u>定着する</u>のです。
> 　　　　　　　　　　　　　　　　　　　　　　　（単行本専門研究書）
> ②　同僚の一人が、もらったばかりの給料を<u>紛失した</u>。　　（小説）

▶自動詞・他動詞のとらえ方

【ここからはじめよう】の①、②はこのままでも特に問題はないと判断する人がいるかもしれませんし、そうでない人がいるかもしれません。そうでない人にとっては、

（1）　言葉を何らかの材料のうえに<u>定着させる</u>のです。
（2）　同僚の一人が、もらったばかりの給料を<u>紛失させた</u>。

とする方がより適格な文だということになるでしょう。つまりこれは、動詞「定着する」、「紛失する」は他動詞か、自動詞かという問題に還元されます。

自動詞・他動詞について、中学校国語教科書では、例えば［図版9］のように、意味についてと、格助詞「を」をとるか、とらないかについてを中心に簡略に記述されています。しかし、さらに相似した動詞の間での次のような文型の対応を考慮する必要があります。この対応関係が成立する時に、a を他動詞文、b を自動詞文といい、他動詞文に使われる動詞を他動詞、自動詞文に使われる動詞を自動詞と考えます。

（3）a　医者が　病気を　<u>治す</u>。

b　　　　　病気が　治る。
(4)a　郵便屋さんが　手紙を　届ける。
　　b　　　　　　　　手紙が　届く。

▶動詞の自他から見た分類

おおよそ日本語の動詞は、自動詞・他動詞の観点から、次のようなグループに分かれます。

❶　語形の上で対応した自動詞・他動詞の対があるもの（自・他対応動詞）
❷　同一の語形が自動詞としても他動詞としても使われるもの（自・他両用動詞）
❸　他動詞のみがあって対応する自動詞を欠くもの（単立他動詞）
❹　自動詞のみがあって対応する他動詞を欠くもの（単立自動詞）

❶は(3)、(4)のような「治す：治る」、「届ける：届く」のような対をいいます。❷は、

(5)a　春男が　ドアを　開く。
　　b　　　　ドアが　開く。

のように、他動詞文にも自動詞文にも同じ語形で使われるものをいいます。

❸、❹は、
(6)a　夏男が　ごはんを　食べる。
　　b　　　　ごはんが　　？　。
(7)a　秋男が　犬を　　？　。
　　b　　　　犬が　走る。

▼自動詞・他動詞
動詞の中で、その物や人自身の動作や作用を表すものを**自動詞**、別の物にはたらきかける動作や作用を表す動詞を**他動詞**という。ふつう、はたらきかける対象は「〜を」で示される。

例
① 水が　流れる。［自動詞］
　　水を　流す。［他動詞］
② 人が　集まる。［自動詞］
　　人を　集める。［他動詞］

[図版 9]　中学校国語教科書の「自動詞・他動詞」
（三省堂平成 24 年度版中学校国語教科書より）

のように、対応する自動詞を持たない他動詞「食べる」、対応する他動詞を持たない自動詞「走る」の類をいいます。

以上を図示すると右のようになります。(6)b、(7)a の空欄は、ここに入ることができる単独の語はないので、「食べられる」、「走らせる」のような受身形、使役形によって補充されます。

このような大枠を作ったうえで、個々の動詞について見ると、判定が分かれることがあります。[図版11]の「叶う」のように、和語でも時として疑問例がありますが、特に二字漢語サ変動詞や外来語サ変動詞の場合、近代以降に用法が歴史的に変わってきたものや、現在でも用法がゆれているものが多くあります。

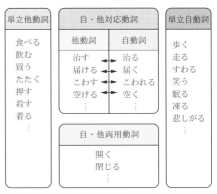

[図版10] 自動詞・他動詞の分類

私電駅掲示広告（部分）

[図版11] 「叶う」の使われ方

広げよう・深めよう　自動詞・他動詞の定義

　専門用語を文字表記通りの意味にとって、自動詞は「自らが動く動詞」、他動詞は「他を動かす動詞」であるという思い込みは、かなり強いように感じられる。確かに自動詞「眠る」は、動作主体の中で完結した動きであるといえるかもしれないし、他動詞を使った「いすを倒す」の「倒す」は、「いすに力を加え動かす」といえるかもしれない。しかし例えば、「ゴミが付く」の自動詞「付く」が、他に何も変化を与えていないかというと、そのようなことはないし、「手紙を書

く」の他動詞「書く」が、「手紙」を動かしているとはいいにくい。

　同じように、自動詞は「自然にそうなったことを表す」、他動詞文は「意図的に働きかけたことを表す」という思い込みも少なくない。例えば、朝、学校に行ってみるとガラス窓が粉々になっていたとする。もしかして夜間に泥棒が入ったのかもしれないと思った時であっても、

　(8)　あっ、窓が割れてる。

と、自動詞「割れる」を使って叫ぶのは全く自然な日本語である。こう発話したからといって、「誰かが意図的に割ったのではなく、自然と割れたのだろう」と考えているわけでない。むしろ、「あっ、(誰かが)窓を割ってる。」という発話の方が不自然であるといえる。

　ただし、次のようなことは考えておいてよい。自・他対応動詞の場合、自動詞文の述語をそのまま「他動詞＋「(ら)れる」に置き換えても、日本語として不自然にならない場合がある。

　(9)a　砂の城がこわれた。(＝自動詞「こわれる」)
　　　b　砂の城がこわされた。(＝他動詞「こわす」＋「られる」)

この場合、(9)bの「他動詞＋「(ら)れる」の受動文は、何かしらの外圧が加えられたことを含意した表現である。もちろん、外圧と言っても人間とは限らず、波や風雨などの自然現象であってもよい。

　(10)　せっかく作った砂の城は、波によってこわされてしまった。

　また、他動詞文の述語をそのまま「自動詞＋(さ)せる」に置き換えても、不自然にならない場合がある。

　(11)a　二足歩行ロボットを立てた。(＝他動詞「立てる」)
　　　b　二足歩行ロボットを立たせた。(＝自動詞「立つ」＋「(さ)せる」)

　(11)bの「自動詞＋(さ)せる」の使役文は、動作主が直接手を下さなくても、命令や指示を出したり、遠隔操作をしたりすることによって、同じような結果となる場合も含んでいる。だから、自分の意志を

持たず自力で動けないものを「立たせる」ことや、逆に本人が意志決定できるものを一方的に「立てる」ことは普通はできない。

（12）?テーブルの上に倒れているろうそくを<u>立たせた</u>。

（13）?床に倒れて泣いている高校生を<u>立てた</u>。

ただし、

（14）　倒れかかっている案山子に、つっかえ棒をしてなんとか<u>立たせた</u>。

（15）　門に見張り番を<u>立てた</u>。

のような言い方もできるので、さらに条件を精査する必要がある。

4.3.2　感情形容詞

> 🏃 **ここからはじめよう**
>
> 　次の①〜⑤の文の適格性を考え、その考えをふまえて形容詞「悲しい」と主語の人称に関わる規則を引き出そう。
> ①　私はペットの愛犬が死んで、とても悲しいです。
> ②　あなたはペットの愛犬が死んで、とても悲しいです。
> ③　田中さんはペットの愛犬が死んで、とても悲しいです。
> ④　あなたはペットの愛犬が死んで、とても悲しいですか。
> ⑤　田中さんはペットの愛犬が死んで、とても悲しいですか。

▶**用法の制限**

　形容詞「悲しい」が文の中で、

（1）　悲しい事件が起きました。

のように連体修飾する場合、特に用法の制限はありません。問題となるのはまず、【ここからはじめよう】の①〜③のような、平叙文の述語となる場合です。これらの例文からわかるように、「悲しい」と思っている

人が、一人称(話し手)以外の二人称(聞き手)や三人称であると、文法的に不適格な文になります。二人称主語や三人称主語の場合は、
　(2)　あなたはペットの愛犬が死んで、とても悲しそうです(ね)。
　(3)　田中さんはペットの愛犬が死んで、とても悲しそうです／悲しがっています。
というように、「悲しそうだ」という、話し手が推量できることとして表すか、「悲しがる」という、他人が外側から観察してわかることとしてしか言うことはできません。二人称の場合は、④のように聞き手に質問する文の述語にして、尋ねることができます。⑤の三人称の場合は、これもできません。一人称を主語とした疑問文、
　(4)　＊私は、ペットの愛犬が死んでとても悲しいですか。
が不適格となるのは、自分の感情について、その真偽がわかるはずのない他者に聞いているからです。
　一人称限定の感情形容詞には、他にも、
(5)a　私は文法の勉強がとても楽しいです。
　　b　＊あなたは文法の勉強がとても楽しいです。
　　c　＊太郎は文法の勉強がとても楽しいです。
(6)a　私はこの仕事がつらいです。
　　b　＊あなたはこの仕事がつらいです。
　　c　＊太郎はこの仕事がつらいです。
(7)a　私は欲しいものが手に入って、とてもうれしいです。
　　b　＊あなたは欲しいものが手に入って、とてもうれしいです。
　　c　＊太郎は欲しいものが手に入って、とてもうれしいです。
などがあります。

▶近似した事例の広がり

感情形容詞に関わる用法の制限は、他の事象にも現われます。

(8) a　私はおなかが痛いです。
　　b ＊あなたはおなかが痛いです。
　　c ＊彼はおなかが痛いです。
(9) a　私は新しい車が欲しいです。
　　b ＊あなたは新しい車が欲しいです。
　　c ＊彼は新しい車が欲しいです。

のように、感覚や願望を表す語も、平叙文では一人称主語に限定されます。

広げよう・深めよう　物語の三人称の語り手

　物語や小説の語り手には、一人称の場合と三人称の場合とがある。全知全能の存在として設定された三人称の語り手は、地の文において、作中の登場人物を主語とした、一人称主語限定の形容詞述語を使うことができる。つまり、その文によって、その人物の感情を言い表すことができる。なお、三人称主語が文に必ず現れているとは限らない。

(10)　信秀は、京の天子にまで自分の武名を知られたことがうれしい。　　　　　　　　　　（司馬遼太郎「国盗り物語（斎藤道三編）」）
(11)　殊に、既成政治家の張り廻らした奸悪な組織や習慣を一つ一つ破砕して行くことは、子路に、今まで知らなかった一種の生甲斐を感じさせる。多年の抱負の実現に生々と忙しげな孔子の顔を見るのも、さすがに嬉しい。　　（中島敦「弟子」）
(12)　ペットは時々頭を窓辺に向けて、はげしい吹雪にほえたててみたけれども、窓を叩く雪まじりの風は少しも静まらない。ペットは泣きたくなるほどさびしかった。
　　　　　　　　　　　　　　　　（林芙美子「美しい犬」）
(13)　司祭は黙ったまま立ちあがり、のろのろと外に出た。神経の

疲労で黄色く濁った眼に、外光はことのほか<u>痛い</u>。
(遠藤周作「沈黙」)
(14)　とにかく、覚慶は<u>後ろ楯がほしい</u>。
(司馬遼太郎「国盗り物語(織田信長編)」)
　物語の中の三人称の語り手は、通常はストーリーに参加することもなければ、登場人物と絡むこともない。読み手にその存在を意識されることすらないのがふつうであるが、積極的にその姿を訴える、次のような例もある。
(15)　<u>作者はさっき、「下人が雨やみを待っていた」と書いた。</u>しかし、下人は雨がやんでも、格別どうしようと云う当てはない。ふだんなら、勿論、主人の家へ帰る可き筈である。ところがその主人からは、四五日前に暇を出された。<u>前にも書いたように、</u>当時京都の町は一通りならず衰微していた。
(芥川龍之介「羅生門」)
　ドラマの中にも、物語の進行や状況を説明するナレーターが登場することがあるが、多くはストーリーの外側にいる三人称である。
　さて、文の主語ということではないのだが、推量系の助動詞やそれに準じる文末表現が述語になる時、その話し手自身が推量することしか表すことができないということがある。
(16)　明日の朝には雨はあがる<u>だろう</u>。
(17)　うちのペットの猫は、きげんを悪くした<u>に違いない</u>。
　「明日の朝には雨があがる」ことや、「うちのペットの猫が、きげんを悪くした」ことを推量しているのは話し手自身である。しかし、物語の全知全能の三人称語り手は、次のように、地の文で登場人物に成り代わって、あるいは、登場人物になりきって、この種の助動詞を使った文を発話することができる。つまり、感情形容詞述語文と通じるところがある。
(18)　下人は、始めから、この上にいる者は、死人ばかりだと高を

括っていた。それが、梯子を二三段上って見ると、上では誰か火をとぼして、しかもその火をそこここと動かしている<u>らしい</u>。　　　　　　　　　　　　　　　（芥川龍之介「羅生門」）
(19)　月のいい晩でした。ごんは、ぶらぶら遊びに出かけました。中山様のお城の下を通って、少し行くと、細い道の向こうから、だれか来る<u>ようです</u>。　　　　（新美南吉「ごんぎつね」）
(20)　沼地にやってくるガンの姿が、かなたの空に、黒く点々と見えだしました。
　　　先頭に来るのが、残雪<u>にちがいありません</u>。
　　　　　　　　　　　　　　　（椋鳩十「大造じいさんとガン」)

(18)～(20)の語り手は三人称ではあっても、全知全能の視点に立っているのではなく、登場人物のだれかに寄り添った視点を持っている。例えば(20)の「大造じいさんとガン」を取りあげると、全知全能の語り手であれば、がんの群れの先頭に立っているのが残雪かどうかはわかっているわけだから、「先頭に来るのが、残雪でした。」と書いていても不思議ではないのである。「残雪にちがいありません。」というのは、大造じいさんの目から見た世界の描き方である。他の箇所でも、
(21)　ガンは、昨日の失敗にこりて、えをすぐには飲みこまないで、まずくちばしの先にくわえて、ぐうと引っぱってみてから、異常なしとみとめると、初めて飲みこんだもの<u>らしいのです</u>。
のように、大造じいさんにとって不確かなことはそのまま推量の形で語り続けるのである。読者の意識も大造じいさんと同一化したまま、物語を読み進めされられることになる。

課　題

1. 自・他対応動詞、自・他共用動詞、単立他動詞、単立自動詞を例示の他にあげてみよう。

2. 次の各文の適格性を判定し、それぞれの動詞を他動詞と見なすべきか、自動詞と見なすべきかについて考えよう。
    ① a 駅の周辺に住宅地が発展した。
       b 駅の周辺に住宅地を発展した。
    ② a 駐車場からバスが移動した。
       b 駐車場からバスを移動した。
    ③ a ビルの新築工事が完成した。
       b ビルの新築工事を完成した。
    ④ a 工場排水で川の水が汚染した。
       b 工場排水で川の水が汚染された。
    ⑤ a ゆっくり休んだら、体力がリカバーした。
       b ゆっくり休んで、体力をリカバーした。
3. 日本語教育では形容動詞を独立した品詞として立てない分類が行われることがある。つまり、形容詞・形容動詞を一括して形容詞とし、その下位区分としてイ形容詞・ナ形容詞とするのである。この分類方法はどのような視点に立っているのか、また、それにどのようなメリットがあるのか、考えよう。

4. 「懐中電灯が、ひとだまみたくてこわかった。」というような事例の「みたくて」は、どのような経緯から生まれた語形であろうか、考えよう。
5. 次の二つの文の意味を比べよう。
    ① a とてもおかしな話を聞いた。
       b とてもおかしい話を聞いた。
    ② a それは小さな人間がしたことに違いない。
       b それは小さい人間がしたことに違いない。

4.4. 活用

4.4.1 動詞の活用表のしくみ

> 🏃 **ここからはじめよう**
>
> 活用表①は通常の学校文法で使われる動詞の活用表に、活用表②は日本語教育で使われる動詞の活用表に、それぞれ若干の整理を加えたものである。両者の相違点を列挙しよう。

活用表①

活用の種類	サ行変格活用	カ行変格活用	下一段活用			上一段活用			五段活用									
五十音図の行	サ行	カ行	ダ行	ア行	ア行	マ行	カ行	カ行	ア・ワ行	ラ行	マ行	バ行	ナ行	タ行	サ行	ガ行	カ行	
語例	する	来る	出る	得る	耐える	見る	着る	生きる	思う	語る	読む	遊ぶ	死ぬ	待つ	話す	泳ぐ	書く	
活用形 / 主な続き方	○	○	(で)	(え)	た	(み)	(き)	い	おも	かた	よ	あそ	し	ま	はな	およ	か	語幹
未然形	せ さ し	こ	で	え	＝え	み	き	＝き	＝おわ	＝ろ	＝も	＝ぼ	＝の	＝と	＝さ	＝ご	＝こ	ーナイ／ーヨウ／（ーラレ／ーサセル）
連用形	し	き	で	え	＝え	み	き	＝き	＝っい	＝っり	＝んみ	＝んび	＝んに	＝っち	し	＝いぎ	＝いき	ーテ／ーマス／（ー言いさす）
終止形	する	くる	でる	える	＝える	みる	きる	＝きる	＝う	＝る	＝む	＝ぶ	＝ぬ	＝つ	＝す	＝ぐ	＝く	ー。
連体形	する	くる	でる	える	＝える	みる	きる	＝きる	＝う	＝る	＝む	＝ぶ	＝ぬ	＝つ	＝す	＝ぐ	＝く	ートキ／ーノデ
仮定形	すれ	くれ	でれ	えれ	＝えれ	みれ	きれ	＝きれ	＝え	＝れ	＝め	＝べ	＝ね	＝て	＝せ	＝げ	＝け	ーバ
命令形	(しろ／せよ)	こい	(でろ／でよ)	(えろ／えよ)	＝(えろ／えよ)	(みろ／みよ)	(きろ／きよ)	＝(きろ／きよ)	＝え	＝れ	＝め	＝べ	＝ね	＝て	＝せ	＝げ	＝け	る、命令の意味で言い切る

活用表②

語幹 Stem	kak- 書−	os- 押−	oyog- 泳−	yom- 読−	yob- 呼−	sin- 死−	mot- 持−	nor- 乗−	kaw- 買−	tabe- 食べ−	mi- 見−	k- 来−	s- 為−
	第1類									第2類		第3類	
基本形	-u 書く	-u 押す	-u 泳ぐ	-u 読む	-u 呼ぶ	-u 死ぬ	-u 持つ	-u 乗る	-u 買う	-ru 食べる	-ru 見る	-uru 来る	-uru する
連用形	-i 書き	-i 押し	-i 泳ぎ	-i 読み	-i 呼び	-i 死に	-i 持ち	-i 乗り	-i 買い	食べ	見	来	し
て形	-ite 書いて	-ite 押して	-ide 泳いで	-nde 読んで	-nde 呼んで	-nde 死んで	-tte 持って	-tte 乗って	-tte 買って	-te 食べて	-te 見て	-ite 来て	-ite して
た形	-ita 書いた	-ita 押した	-ida 泳いだ	-nda 読んだ	-nda 呼んだ	-nda 死んだ	-tta 持った	-tta 乗った	-tta 買った	-ta 食べた	-ta 見た	-ita 来た	-ita した
仮定形	-itara 書いたら	-itara 押したら	-idara 泳いだら	-ndara 読んだら	-ndara 呼んだら	-ndara 死んだら	-ttara 持ったら	-ttara 乗ったら	-ttara 買ったら	-tara 食べたら	-tara 見たら	-itara 来たら	-itara したら
たり形	-itari 書いたり	-itari 押したり	-idari 泳いだり	-ndari 読んだり	-ndari 呼んだり	-ndari 死んだり	-ttari 持ったり	-ttari 乗ったり	-ttari 買ったり	-tari 食べたり	-tari 見たり	-itari 来たり	-itari したり
意向形	-ō 書こう	-ō 押そう	-ō 泳ごう	-ō 読もう	-ō 呼ぼう	-ō 死のう	-ō 持とう	-ō 乗ろう	-ō 買おう	-yō 食べよう	-yō 見よう	-oyō 来よう	-iyō しよう
命令形	-e 書け	-e 押せ	-e 泳げ	-e 読め	-e 呼べ	-e 死ね	-e 持て	-e 乗れ	-e 買え	-ro 食べろ	-ro 見ろ	-iro 来い	-iro しろ
条件形	-eba 書けば	-eba 押せば	-eba 泳げば	-eba 読めば	-eba 呼べば	-eba 死ねば	-eba 持てば	-eba 乗れば	-eba 買えば	-reba 食べれば	-reba 見れば	-ureba 来れば	-ureba すれば
否定形	-anai 書かない	-anai 押さない	-anai 泳がない	-anai 読まない	-anai 呼ばない	-anai 死なない	-anai 持たない	-anai 乗らない	-anai 買わない	-nai 食べない	-nai 見ない	-onai 来ない	-inai しない
受身・尊敬形	-areru 書かれる	-areru 押される	-areru 泳がれる	-areru 読まれる	-areru 呼ばれる	-areru 死なれる	-areru 持たれる	-areru 乗られる	-areru 買われる	-rareru 食べられる	-rareru 見られる	-orareru 来られる	-rareru される
使役形	-aseru 書かせる	-aseru 押させる	-aseru 泳がせる	-aseru 読ませる	-aseru 呼ばせる	-aseru 死なせる	-aseru 持たせる	-aseru 乗らせる	-aseru 買わせる	-saseru 食べさせる	-saseru 見させる	-osaseru 来させる	-aseru させる
可能形	-eru 書ける	-ere 押せる	-eru 泳げる	-eru 読める	-eru 呼べる	-eru 死ねる	-eru 持てる	-eru 乗れる	-eru 買える	-rareru 食べられる	-rareru 見られる	-oreru 来れる	(できる)

[図版12] 動詞活用表の2種

▶活用形の認定の違い

　動詞・形容詞・形容動詞が用法の違いに応じて語形を変えることを活用といい、個々の語形を活用形、活用形を整理して表のかたちに体系化したものを活用表といいます。活用形の整理の観点や具体的な処理が異なれば、結果として示される活用表は違ったものになります。

　活用表①と活用表②では、いくつかの違いがありますが、まず第一に、活用形の認定単位とその種類についての相違が目につきます。

　例えば、「読まない・読みます・読む・……」という語形があった場合、活用表②は「ヨマナイ・ヨミマス・ヨム・……」のそれぞれを、その形のままで一つの活用形とみなすのに対し、①はその「ヨマ・ヨミ・ヨム・……」から「ヨ」という共通部分を切り取った残りを活用形としています。その結果、活用表②で立てられている活用形の数は、活用表①で立てられる活用形の数より、圧倒的に多くなっています。具体的に

は、活用表①で「ヨマ」：未然形に対応する活用形として、活用表②には、「ヨマナイ」：否定形、「ヨマレル」：受身尊敬形、「ヨマセル」：使役形が立つことになります。

　活用表①は原則として、形式が同じものは同じ活用形として整理する方針をとっています。したがって、形式の整理は進んでいますが、そのために意味的に異質な形式を、一つの活用形としてまとめるという結果にもなっています。さらに、例えば「ヨ＝マ」に「未然形」というレッテルを貼っていることが、「ヨ＝マ」から作られる「ヨ＝マ‐セル」、「ヨ＝マ‐レル」までをも包括する名称となってしまい、これは必ずしも適当とはいえないものになっています。

　もっとも、活用形①、②ともに、各活用形のレッテルの付け方に、意味、文法機能、連接関係など、複数の基準が混在している点は変わりありません。その逆の、実際の言語表現場面で「他者に何かの動作を命令する表現」を、活用表にある命令形のみが担っているわけではないということにも注意が必要です。

　活用形の種類をさらに見ていくと、活用表①が「終止形・連体形」を分けて立てているのに対し、活用表②は「基本形」として、二つを分けずに統合しているという違いが見つかります。現代語の動詞の範囲では、文末に置かれて文を終止する語形と、文中で連体修飾をする語形とが異なる動詞は皆無です。活用表①が形式の整理をより徹底して追求するというのであれば、「終止形・連体形」を別々に立てるべきではないともいえます。逆に、同じ形式でも文中でのはたらきが違う場合は、別々の活用形として立てるべきだというのであれば、未然形の中もさらに分割すべきだという方が筋が通っています。ちなみに活用表②は、文の終止と連体修飾という機能の違いは、基本形の用法の下位に記述されることになるので、単純にこちらの方が、より簡潔で優れているとはいえません。

　ついでながら、活用表②はすべての活用形を網羅しているわけではな

いという点にも注意が必要です。日本語教科書だから、学習レベルにあわせてどの活用形をあげるか、取捨選択をしているのだという背景も考えられますが、そもそもこのような方針によって、すべての活用形を網羅することが可能かという疑問は残ります。

なお、学校文法が6種の活用形を立てるのには、歴史的な経緯があります。手短かにまとめれば、古代語の「死ぬ」「去ぬ」という、いわゆるナ行変格活用動詞には6種の異なる形式が現れますが、それにあわせて江戸時代の研究に由来を持つ文語文法において、6種の活用形が立てられ、その枠組が口語文法にそのまま適用され、さらに学校文法に踏襲されたということになります。

▶活用型の認定の違い

活用表①の「五段活用・(上・下)一段活用・(カ行・サ行)変格活用」は、そのまま活用表②の「第1類・第2類・第3類」に相当します。しかし、活用表①の「一段活用」は「上・下」の2種類を分けているのに対し、活用表②は区別をしていません。これは、両活用表で動詞の「語幹」の切り方が、右の表のように違っているからです。語幹の切り方が違うので、残りの活用語尾の部分が、活用表①では「上・下」として違うものになり、活用表②では共通のものになって「上・下」を区別する必要

活用表①		活用表②	
生きる	耐える	生きる	耐える
イキ・ナイ	タエ・ナイ	イキ ナイ	タエ ナイ
イキ・ラレル	タエ・ラレル	イキ ラレル	タエ ラレル
イキ・サセル	タエ・サセル	イキ サセル	タエ サセル
イキ・ヨウ	タエ・ヨウ	イキ ヨウ	タエ ヨウ
イキ・	タエ・	イキ	タエ
イキ・テ	タエ・テ	イキ テ	タエ テ
イキ・マス	タエ・マス	イキ マス	タエ マス
イキル・	タエル・	イキ ル	タエ ル
イキル・時	タエル・時	(イキ ル時)	(タエ ル時)
イキレ・バ	タエレ・バ	イキ レバ	タエ レバ
イキロ・	タエロ・	イキ ロ	タエ ロ

[図版13] 動詞活用表の違い(1)

活用表①						活用表②					
書く		読む		取る		書く		読む		取る	
カ	カ・ナイ	ヨ	マ・ナイ	ト	ラ・ナイ	kak	anai	yom	anai	tor	anai
カ	カ・レル	ヨ	マ・レル	ト	ラ・レル	kak	areru	yom	areru	tor	areru
カ	カ・セル	ヨ	マ・セル	ト	ラ・セル	kak	aseru	yom	aseru	tor	aseru
カ	コ・ウ	ヨ	モ・ウ	ト	ロ・ウ	kak	oo	yom	oo	tor	oo
カ	キ・	ヨ	ミ・	ト	リ・	kak	i	yom	i	tor	i
カ	イ・テ	ヨ	ン・デ	ト	ッ・テ	※kai	te	※yon	de	※tot	te
カ	キ・マス	ヨ	ミ・マス	ト	リ・マス	kak	imasu	yom	imasu	tor	imasu
カ	ク・	ヨ	ム・	ト	ル・	kak	u	yom	u	tor	u
カ	ク・時	ヨ	ム・時	ト	ル・時	(kak	u-toki)	(yom	u-toki)	(tor	u-toki)
カ	ケ・バ	ヨ	メ・バ	ト	レ・バ	kak	eba	yom	eba	tor	eba
カ	ケ・	ヨ	メ・	ト	レ・	kak	e	yom	e	tor	e

[図版 14]　動詞活用表の違い(2)

がなくなるというわけです。

　活用表①の五段活用と活用表②の第1類では、語幹の切り方にさらに著しい違いがあります。活用表①には、あくまで拍のレベルで単位を切るという原則があります。活用表②では、語幹と活用語尾の分割単位を音素のレベルにまで下げているので、語幹が子音で終わるということも認められることになります。その結果、上の表のように、行の違いによる活用語尾の差が解消され、共通化されるという利点を生むことになります。ただし、いいことばかりではなく、活用表②の中で※を付した箇所は、いわゆる音便形が現れるために、結果的に、語幹は変化しないという原則を通すことが無理なしくみになっています。

　なお、活用表②の第1類を、他の日本語教育教科書では子音動詞、第2類を母音動詞と呼ぶことがありますが、その名称は語幹の終わりが子音か、母音かという視点に由来しています。また、第1類・第2類を強変化動詞・弱変化動詞、第3類を不規則変化動詞と呼ぶこともあります。

　以上のように、活用表にはさまざまな考え方によるさまざまなものがあります。記述された文法規則は、あくまでそれを記述した個人や集団

の目的や理念、手法が反映された「解釈」であり、それらによって構築された一種のフィクションであるともいえます。

広げよう・深めよう　条件表現

　一般に、ある事柄 A が成り立つことが、別の事柄 B が成り立つための条件となっていることを表す表現を条件表現［⇨ 239 頁］という。条件表現は事柄の実現という観点から仮定表現と確定表現に、条件と帰結との関係から順接表現と逆接表現に分けられる。活用表②では、「ば」＝条件形、「たら」＝仮定形をあげるが、これによって現代語の条件表現を網羅しているわけではない。

　文語文法の活用表では、仮定形は已然形となっている。「已然」というのは「すでにそうなっている」という意味であるが、これは例えば、口語文法の仮定形「書けば」が、文語では「書いたとしたら」という仮定の意味ではなく、「書いたので」という確定の意味を表すからである。仮定の意味は「書かば」が担っている。文語文法の条件表現は、おおむね右の表のようにまとめられる。

	順接	逆接
仮定	書かば	書くとも
確定	書けば	書けど(も)

[図版 15]　文語の条件表現

4.4.2　活用のゆれと不規則性

ここからはじめよう

　次の各文のかっこ内の語句で、自分がふだん使っていると思われるのはどちらであろうか。個人で判定した上で、意見交換をしよう。
　① a　仕事ができる人は 10 人にも(足らない／足りない)。
　　 b　交通費は二千円あれば(足る／足りる)。

        c　費用が二万円で(足る／足りる)旅行を探した。
        d　人数が(足れば／足りれば)、野球をしよう。
    ②a　食事は 7 時前に(済まさない／済ませない)といけない。
        b　早く宿題を(済まして／済ませて)遊びに行こう。
        c　手際よく仕事を(済ます／済ませる)。
        d　食事は 7 時前に(済ます／済ませる)必要がある。
        e　この仕事は今日中に(済ませば／済ませれば)よい。
        f　早く仕事を(済ませ／済ませろ)よ。

▶活用のゆれ

　【ここからはじめよう】の① a〜d では、左側が五段活用、右側が上一段活用に現れる活用形であり、② a〜f では左側が五段活用、右側が下一段活用に現れる活用形です。これをわかりやすくまとめたのが右の表ですが、通常見かける活用表とは異なり、語幹と活用語尾とを分割せずに連結した語形を表の中に埋め込んでいます。また、ここではいわゆる音便形は記入してありません。「足る／足りる」の命令形を(　)にしてあるのは、潜在的にはこの語形があるものの、実際に使われることはないだろうと考えられるからです。

　さてここで、もし例えばある人が、①では左側の語形だけ、②では右側の語形だけを使っているとしたら、その人にとっては、①「足る」は五段活用、②「済ませる」は下一段活用をする動詞ということになって、特に問題はありません。その逆でも同じです。しかし実際に、お

済ませる	済ます	足りる	足る	活用型
すませー	すまー	たりー	たらー	未然形
すませ、	すみ、	たり、	たり、	連用形
すませる。	すます。	たりる。	たる。	終止形
すませるー	すますー	たりるー	たるー	連体形
すませれー	すませー	たりれー	たれー	仮定形
すませろ。	すませ。	(たりろ。)	(たれ。)	命令形
下一段	五段	上一段	五段	活用型

[図版 16]　現代語動詞活用のゆれ

そらくは個人の中で両活用型を混在させて使用しているという人が少なくないでしょう。また、ある程度のまとまった人数の集団を調査してみると、両活形が併用されているということがわかるでしょう。このような状態にある時、活用が「ゆれ」ているといえます。

　また、①では「人数」と「金額」、②では「食事」と「仕事」、「宿題」という文脈を作りましたが、同じ「足らない・足りない」でも、何を対象としているかによって、使われる活用形に違いが出てくるかもしれません。さらに、ここでは打消の表現によって未然形を代表させていますが、同じ未然形でも、また、他の活用形でも、後に続く語句によって違いが出てくるかもしれません。

▶不規則変化動詞

　「問う」、「なさる」の活用表を考えます。活用表を作るといっても、未然形・連用形・終止形……という枠に、「か・き・く・く・け・け」と、暗記している通りを機械的に埋めていくのではなく、後に続くことばを一つずつ確かめながら、丁寧に埋めていくという帰納的な作業をします。ここでもあえて語幹と活用語尾を分離しない形で、活用表を作ってみます。そうすると次頁のような表ができると思います。表中の「なさる」の未然形に「×」があるのは、体系的にここに入る語形が欠けていると考えられることを示しています。

　今度は個人や集団内でゆれているということはないでしょうが、よく見ると、表中に▭印を付けたところが、規則的ではないということに気がつきます。「問う」はア・ワ行五段活用なので、「—タ・—テ」に続く連用形として規則どおりであるとすれば、予想される語形は、例えば「買う」が「かった・かって」となるように、「とった・とって」のはずです。ところがそうではなく、「とうた・とうて」となります。

　「なさる」はラ行五段活用なので、「—マス」に続く連用形として予想

される語形は「なさります」、命令形として予想される語形は「なされ」のはずです。例えば同じラ行五段活用の「走る」は、「はしります」、「はしれ」となっていますが、「なさる」はそうなりません。これらの動詞では、活用表に原則から外れる不規則性が現れているということになります。

これは学校文法の活用表に限ったことではないのですが、活用形にしても活用型(活用の種類)にしても、現代日本語のすべての動詞をあますところなく、完全に説明しきっているわけではありません。結局、ふつうには気づきにくい活用のゆれを持つ動詞や、不規則的な変化をする動詞が存在するということを認めなければなりません。

なさる	問う		活用形
①なさらない ②× ③× ④×	①とわない ②とおう ③とわれる ④とわせる	①−ナイ ②−(ヨ)ウ ③−ラレル ④−(サ)セル	未然形
①なさいます ②なさった ③なさって ④なさり	①といます ②とうた ③とうて ④とい(言いさす)	①−マス ②−タ ③−テ ④−(言いさす)	連用形
①なさる	①とう	①−。	終止形
①なさる時 ②なさるので	①とう時 ②とうので	①−トキ ②−ノデ	連体形
①なされば	①とえば	①−バ	仮定形
①なさい	①とえ	①−。(命令の意味で言い切る)	命令形

[図版17] 現代語動詞活用の不規則性

広げよう・深めよう　サ行変格活用動詞

　サ行変格活用動詞には、「する」の他に、「勉強する」、「スタートする」のような複合語が含まれるが、これらの二字漢語サ変活用動詞・外来語サ変動詞の活用は、さほど複雑ではない。例えば、「勉強する」であれば、

語幹　勉強

未然形：　　＝し［ない・よう］
　　　　　　＝さ［れる・せる］
連用形：　　＝し［ます・た・て・、］
終止形：　　＝する
連体形：　　＝する［時・ので］
仮定形：　　＝すれ［ば］
命令形：　　＝しろ(せよ)

となる。

　問題は「一字漢語＋する」であり、実際にはかなり複雑な現れ方をとらえなければならない。右の表は、可能性として現れる活用形を網羅的に示したものである。個人の中では、実際に使う形式とそうでないものとがあるはずである。

　大まかには一字漢語の語末が、母音・促音・撥音・長音のいずれになるかで分かれるが、撥音・長音の場合にはさらに分岐する。同じ条件でも、語による違いがあるかもしれない。実際には、サ行変格活用だけでなく、五段活用や下一段活用の活用形が現れ、しかも文語文法の活用形もところどころに顔を出る。また、「す・する」と「ず・ずる」という清濁の違いも現れる。国語辞典等には活用型を一

	愛する／愛す	達する	反する／反じる	感ずる／感じる	要する／要す	通ずる／通じる
語幹	愛	達	反	感	要	通
未然形	＝さ／＝そ	＝し	＝し／＝そさ	＝じ	＝そ／＝し／＝さ	＝じ
連用形	＝し	＝し	＝し	＝じ	＝し	＝じ
終止形	＝する／＝す	＝する（＝しる）	＝する／＝じる	＝ずる／＝じる	＝する／＝す	＝ずる
連体形	＝する／＝す	＝する（＝しる）	＝する／＝じる	＝ずる／＝じる	＝する／＝す	＝ずる
仮定形	＝すれ／＝せれ	＝すれ	＝すれ／＝じれ	＝ずれ／＝じれ	＝すれ	＝じれ
命令形	＝せよ	＝しろ（＝せよ）	＝しろ（＝せよ）／＝じろ	＝じろ（＝じよ）	＝しろ（＝せよ）	＝じよ
類例	課／適	発／察	損／扮	案／演	有／奏	応／講

[図版18]　現代語の一字漢語サ変活用動詞

括して「サ変」と書かれることが多いが、実際はそう単純化できるわけではない。

課　題

1. 【ここからはじめよう】の活用表①［⇨ 194 頁］について、次の点を考えよう。
    ① 「五段活用」の中の「思う」が、「ア・ワ行」とあるのはどういうことか。
    ② 「五段活用」の動詞に、「ザ行・ダ行・ハ行」がないのはどうしてか。
    ③ 「上一段活用」、「下一段活用」の中の動詞の一部で、「語幹」が「(き)」のように(　)付きで示されているのはどういうことか。
    ④ 「カ行変活活用」動詞、「サ行変格活用」動詞の語幹に「〇」とあるのはどういう意味か。
2. 【ここからはじめよう】の活用表②［⇨ 195 頁］について、次の点を考えよう。
    ① 活用形が二つに区分されているが、この区分は何のために設けられているのか。
    ② 「見る」の可能形には、「見られる」以外にないか。
    ③ 「する」の可能形が、「(できる)」と(　)付きになっているのはなぜか。
3. 【ここからはじめよう】の活用表①と活用表②での、可能動詞の扱い方の違いを説明しよう。
4. 【ここからはじめよう】の活用表①の「終止形」・「連体形」、活用表②の「基本形」の後にどのようなことばが接続するか、考えよう。
5. 「足る／足りる」、「済ます／済ませる」についての調査と同じような手順で、次の動詞の活用について調べ、ゆれの観点から検証しよう。
    ① 任す／任せる　行かす／行かせる　滅ぶ／滅びる
       ほころぶ／ほころびる

②　蹴る　喋る　見る　寝る
6. 「『問う』、『なさる』の活用表」の作成と同じ手順で次の動詞の活用表を作り、活用の不規則性の観点から検証しよう。
　　行く　呉れる　乞う　いらっしゃる　くださる　おっしゃる
7. 一字漢語サ変動詞について、自分がどの活用形を使っているか、203頁の活用表を参考にして表にまとめよう。また、それがいくつかのパタンに分類できたら、その分類ごとに他にどのような語があるか、探してみよう。

4.5. 主語・主題と助詞の意味・機能

4.5.1 「主語」の認識と「主題」の設定

ここからはじめよう

次の文の主語は何か、考えよう。
① a　あっ、火事だ。
　 b　こっちに来ちゃだめ。
　 c　(学級委員は誰ですか？)―田中さんです。
　 d　太郎、花子、好きだよ。
② a　このケーキはお母さんが作りました。
　 b　私には三人の子供がいます。
　 c　象は鼻が長い。
③ a　からふと犬は、かわいそうなことをしましたね。
　 b　新聞を読みたい人は、ここにありますよ。

▶「主語」・「主題」

学校文法において、「主語」はおおよそ次のように説明されます。

❶　文の中で「何が」「だれが」にあたる文節を主語という。
❷　「─が」のほかに、「─は」「─も」「─こそ」「─さえ」「─だって」などがついて、主語になることがある。
❸　主語を省略した文や、もともと主語がない文もある。

しかし、この線にそって【ここからはじめよう】の①〜③を検討すると、いくつかの疑問点が出てきます。

①には「─が」「─は」に相当する文節が欠けており、②には逆に「─が」「─は」という二つの文節があります。③では、「─は」が後続の述語部分と、「『何(だれ)が』─『どうする・どんなだ……』」という意味関係を構成していません。

「主語の省略」という発想の背景には、どのような文でも必ず主語が存在するという予見があるといえます。中学校、高等学校の英語の授業では、主語はかなり重要な働きを持っているように教えられますので、英語の文には必ずはっきりとした主語があるように見えます。しかし、英語に主語があるということも、言語自体にはじめから主語が備わっているからではなく、文法研究者が主語という考え方を作ったから、主語があるのだと見るべきです。

学校文法を離れても、一般的に日本語の主語については、次のような定義が錯綜しているというのが実状です。

❶　「─が」または「─は」のついた名詞
❷　述語の動作主
❸　述語の部分で述べられた事柄が「何についてであるか」ということで、通常は文の冒頭にある「〜についていえば」を意味する語句

実際にはこれらの定義から、その時々に都合のよいものを適用し、しかも、主語の省略もありえるということにしています。国語の読解試験問題でも、主語の「省略」されている文の述語に傍線を引き、その「主語はだれか」という出題がよくされますが、その際の主語の定義は暗黙の了解事項となっています。

そこでまず、「—が」と「—は」では、文の構成上で果たしている役割がそもそも異なるという点を理解しておかなければなりません。学校文法において、両者は格助詞と副助詞とに区別されますが、副助詞というのは、次のようにとらえられます。(1)は格助詞だけの文、(2)は副助詞「は」を含む文です。

(1) 　　　　　一か月前に　パーティーで　太郎が　花子を　次郎に　紹介しました。
(2)a 太郎は 　一か月前に　パーティーで　　　　　花子を　次郎に　紹介しました。
　 b 花子は 　一か月前に　パーティーで　太郎が　　　　　次郎に　紹介しました。
　 c 次郎には　一か月前に　パーティーで　太郎が　花子を　　　　　紹介しました。

(1)で、「太郎が」、「花子を」、「次郎に」は、「紹介した」というできごとについて、それぞれ「紹介した人」、「紹介された人」、「紹介された相手」を、格助詞「が」「を」「に」によって示されたものです。この「できごとの事実関係」は(2)a～cにおいても変わっていません。(2)a～c

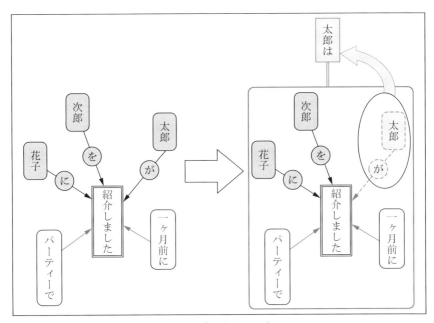

[図版19]　主題の設定

は、その事実関係を変えることなく、それぞれ「紹介した人」、「紹介された人」、「紹介された相手」を、話し手が言いたいことの話題の中心としてとりあげ、それを「─は」という形で示したものです。話し手の述べ方が変えられているといえます。文章や談話の中で、すでに「太郎」のことが話題にあがっていて、「ああ、その太郎なら」という述べ方をするのが(2)a、「花子なら」という述べ方をするのが(2)bということになります。この過程を図式化して示そうとしたのが、前頁の図です。

話題の中心に据えることができるのは人物に限られませんし、もとの文で格助詞「が」「を」「に」の付いている名詞に限られるわけではありません。(1)から、「一ヶ月前に」「パーティで」を話題の中心に据えると、次の文ができます。

(3)a 一か月前には　　　　パーティーで　太郎が　花子を　次郎に　紹介しました。
　　b パーティでは　一か月前に　　　　太郎が　花子を　次郎に　紹介しました。

ここまでをまとめると、「が」は「を」や「に」と同類の助詞で、述語によって示されるできごとに対して、それが付く名詞がどういう論理的役割を果たしているかという事実関係を標示します。「は」は、文の中の要素のひとつを特にとりたて、その要素を話題の中心に据えるという話し手の述べ方を標示する助詞です。そこで、この「は」のはたらきを、主語とは区別して主題と呼んでおきます。格助詞と副助詞の区別は、この基本的な機能差に由来しています。

▶副助詞のはたらき

文の中の要素のとりたては、「は」だけでなく、「も」「だけ」「さえ」などによっても示されます。副助詞の違いは、どのようなとりたて方をするかという違いになります。

(4)a 太郎も　　　　一か月前に　パーティーで　花子を　次郎に　紹介しました。
　　b 太郎だけ(が)　一か月前に　パーティーで　花子を　次郎に　紹介しました。

c ☐太郎さえ(が)☐　一か月前に　パーティーで　花子を　次郎に　紹介しました。
(5) a ☐次郎にも☐　　　　一か月前に　パーティーで　太郎が　花子を　紹介しました。
　　b ☐次郎(に)だけ〔だけに〕☐　一か月前に　パーティーで　太郎が　花子を　紹介しました。
　　c ☐次郎(に)さえ〔だけに〕☐　一か月前に　パーティーで　太郎が　花子を　紹介しました。
(6) a ☐パーティでは☐　　　一か月前に　太郎が　花子を　次郎に　紹介しました。
　　b ☐パーティでだけ☐　　一か月前に　太郎が　花子を　次郎に　紹介しました。
　　c ☐パーティーでさえ☐　一か月前に　太郎が　花子を　次郎に　紹介しました。

　副助詞には他に、「ばかり」「くらい」「まで」「ほど」「しか」などがあります。そして大まかにいうと、もとの文の「―が」「―を」を「は」「も」でとりたてる時には、「＊がは」「＊がも」「＊をは」「＊をも」とならないで「は」「も」だけになる、「は」「も」以外の場合は「だけが」や「さえが」のようになることもある、また、「―が」「―を」以外をとりたてる時は「パーティでは」のように「もとの格助詞＋副助詞」となる、ただし「―に」をとりたてる時はその中間となるということになります。

　なお、①dのように、もとの格助詞を復元できない「―は」もあり、これを三上章は「先行のハ」と呼んで、格助詞を復元できる「代行のハ」と区別しています。

　175頁の「【広げよう・深めよう】主語・修飾語と補語」で示したように、文の構造を述語を中心にしてとらえ、その述語に対する必須の要素である補語と、状況などを説明する修飾語とに分ける見方があります。

(1) a　一か月前に　パーティーで　太郎が　花子を　次郎に　紹介しました。
の文では、「太郎(が)」、「花子(を)」、「次郎(に)」が補語、「一か月前に」、「パーティーで」が修飾語ということになります。これが、日本語主語不要論の立場につながっていきます。主語不要論は、単純に「日本語には主語がない」と言っているのではなく、「日本語の分析に主語の概念は必要ない」と言っているものです。日本語の「―が」は、英語の主語のように述語(動詞)と照応関係を作り、その語形を決定する絶対的

な優位性を持っているわけではなく、他の格助詞と同列であると見ているのです。他方で、学校文法とは異なる観点から、日本語に積極的に「主語」を設定し、日本語研究に生かそうとする立場もあります。

広げよう・深めよう　格助詞が表す意味

　個々の格助詞の意味を記述することは、そう簡単ではない。「が」は動作主とされることがあるが、次のように述語によっては単純に「動作」の主とは言いにくいものがある。
　(7) a　太郎が花子を愛している。
　　　b　次郎が椅子から転げ落ちた。
　　　c　父の死が三郎を悲しませた。
　次の「―が」は、述語にとってはむしろ「対象」に近いといえる。
　(8) a　春子は英語が上手だ。
　　　b　僕は夏子が好きだ。
　　　c　僕はウナギが食べたい。
　　　d　秋子はフランス語がよくできる。
　　　e　私には鳥の声が聞こえる。
　さらに、次のような「―が」がある。
　(9) a　東京都には火山がある。
　　　b　私にはお金が要る。
　これらをふまえ、「―が」の中を区別して「動作主格」「対象格」…などと呼ぶ場合や、形式上で「―が」を一括して扱いたい時に、「ガ格」という言い方をすることもある。研究者や研究書、研究グループなどによって、まちまちであることに注意しなければならない。
　格助詞の多義性は、「が」以外についても同じである。「で」について、一例を羅列的に示すと以下のようになるが、ここからどれをどうまとめるのかについてもまちまちである。

(10) a 公園でキャッチボールをする。［動作の場所］
　　 b 氷でビールを冷やす。［動作の道具］
　　 c 牛乳でチーズを作る。［加工の材料］
　　 d 交通事故で命を落とす。［できごとの原因］
　　 e 一時間で 30 ミリの雨が降った。［時間の範囲］
　　 f 事件から明日で一年になる。［時期の終点］
　　 g クラスでいちばん背が高い。［比較の範囲］
　　 h 三人で買い物に行った。［数量の規定］
　　 i 点数で合否を判定する。［判断の基準］

4.5.2 「は」と「が」

> 🏃 **ここからはじめよう**
>
> 　次の（ ）の助詞の適否を判定し、その結果をふまえて「は」と「が」にはどういう違いがあるか、考えよう。
> ① 山田さんは、どんな仕事をしているのですか？
> 　―山田さん（は ／ が）高校の先生をしています。
> ② 高校の先生をしているのは、誰ですか？
> 　―山田さん（は ／ が）高校の先生をしています。

▶情報の新旧

　助詞の「は」と「が」は一般的な主語の定義で等価に扱われることがあり、また、【ここからはじめよう】の①、②のように、実際の文の中で共通する位置に現れやすいことから、「『は』と『が』の違い」という形でしばしば取りあげられます。まず、考えておくべきことは、

　（1）　山田さんは　　　高校の先生をしています。
　　　　既に話題に出ていること　　新しく言いたい重要なこと

(2) 　|山田さんが|　　　高校の先生をしています。
　　　　新しく言いたい重要なこと　　　既に話題に出ていること

という情報の構造を持っているということです。「既に話題に出ていること」を旧情報、「新しく言いたい重要なこと」を新情報といいます。

▶「は」・「が」が示すことがら

(1)の「山田さんは」の「は」は主題を示していますが、主題の「は」が付くことができる語句は、文脈中で既に話題に出ているもの、「人間というもの」「犬というもの」のような総称的な名詞、「太陽」「私の妻」のような指示対象が明確なものなど、聞き手にとってそれが何をさすのかがはっきりしているものでなければなりません。

「は」には、もう一つ、

(3)　ビールは好きですが、日本酒は好きではありません。

(4)　その本を買いはしましたが、まだ読んではいません。

のように、事柄を比べてその違いを表す対比と呼ばれる用法があります。対比の「は」には、それが付く語句についての制限はありません。

(2)の「ガ」は、その条件に該当するものを全て列記する総記と呼ばれる用法です。「が」にはさらに、

(5)　あっ、雨が降ってきた。

(6)　夕焼けがとてもきれいだ。

のような中立叙述という用法があります。中立叙述の「が」が現れやすいのは、例えば、事件や事故の現場の様子をレポートする時のように、ある状況を目の前にして、その状況についての観察をそのまま発話するという種類の文（現象文・状況描写文）です。中立叙述は(2)のような情報の構造を持っているわけではなく、しいていえば、文全体で何かしらの新しいできごとや存在についての情報を提示するものであるといえます。

広げよう・深めよう　物語の冒頭

昔話は、ふつう、

(7)　昔々、あるところにおじいさんとおばあさん<u>が</u>住んでいました。おじいさん<u>は</u>山へ芝刈りに、おばあさん<u>は</u>川へ洗濯に出かけました。

というように始まる。これは、読み手・聞き手はその物語を語り手から初めて聞くということを前提としているため、語り手は物語に初めて登場する人物をまず「が」で紹介するが、二回目からは読み手や聞き手にとってすでに知っている人物となるため、「は」で語り継ぐというしくみになっているからである。

しかし、次のような書き出しもある。

(8)　メロス<u>は</u>激怒した。　　　　　　　（太宰治「走れメロス」）

読み手にとって、メロスは初めて出会う人物である。日常会話でいきなりそう切り出されたら、「えっ、メロス、それだれ？」と聞き返すのがふつうである。読み手にとって未知の人物を、あたかも「あなたが知っている、あのメロスは……」というように持ち出して、読み始めると同時に読み手を物語の世界に引き込んでしまうというはたらきをしている。

物語の冒頭には、

(9)　きょうは藤島さん<u>が</u>来ている。それは朝からわかっていた。
　　　　　　　　　　　　　　　（江國香織「藤島さんの来る日」）

のように、中立叙述の「が」によって、できごとをそのままレポートする形をとるものもある。物語の冒頭文そのものではないが、

(10)　歩きながら、私は涙がとまらなかった。二十一にもなった女が、びょおびょお泣きながら歩いているのだから、他の人たちがいぶかしげに私を見たのも無理のないことだった。それでも、私は泣きやむことができなかった。

　　　　デュークが死んだ。
　　　　私のデュークが死んでしまった。　　　（江國香織「デューク」）

のように、一人称の語り手が、できごとの語り始めに中立叙述の「が」による表現をいきなりもってくる場合もある。

4.5.3　助詞の種類と意味

> 🏃 ここからはじめよう
>
> 次の各組の文の意味を、下線の助詞に着目して説明しよう。
> ①a　父が庭先でブランコを作った。
> 　b　父が庭先にブランコを作った。
> ②a　本ばかり読んでいてはだめだよ。
> 　b　りんごを3つばかりください。
> ③a　明日の出発時間は8時ですね。
> 　b　明日の出発時間は8時ですよ。

▶助詞の意味のとらえ方

【ここからはじめよう】の①「で」も、②「に」も、単に「場所」といっただけではその違いを説明することができません。このような簡略化されたラベルを貼るのではなく、多少くどくなるようでも、

　　①aの「庭先で」は、ブランコを作る作業が庭先を場所として行われたこと(実際にブランコがどこに置かれたかはわからない)という意味であり、①bの「庭先に」は、ブランコを作った後に庭先に設置したこと(どこで製作作業が行われたかはわからない)を意味している。

というような「文」による説明を試みることが肝要です。
　「作る」は格助詞「〜を」によって〈生成物〉を、格助詞「に」よって

〈設置場所〉を示す動詞です。次の(1)、(2)は「を」によって〈生成物〉を、(3)、(4)は「に」よって〈設置場所〉を示す他の動詞の例です。単に格助詞の意味だけを説明しようとするのではなく、このように、述語(動詞)の意味的な特徴と関連づけて考えるとよい場合があります。

(1)　手紙を書いた。
(2)　お湯を沸かした。
(3)　テーブルの上に花瓶を置いた。
(4)　北海道に土地を買った。

【ここからはじめよう】の②についても、

　　②aの「本ばかり」は、本を読むこと以外のことをしないことを意味し、②bの「3つばかり」は、実際に欲しいのは3つなのだが、その3つ欲しいということをぼかして言っている。

というような説明が考えられます。「ばかり」は副助詞ですが、では、次の文はどのような意味でしょうか。

(5)a　小学校一年生の妹は、卵焼きだけ作れる。
　 b　小学校一年生の妹は、卵焼きも作れる。
　 c　小学校一年生の妹は、卵焼きさえ作れる。

(5)aは、「(今、話題になっているものの中で)卵焼き以外に作れるものがない」ことを暗に言っています。(5)bは逆に、「卵焼きの他にも作れるものがある」ことが、ことばの裏から伝わります。(5)cにはさらに、「卵焼きを(作ることの難しさの)程度が高いものと思っている」という含みがあります。副助詞の場合は、ことばに直接的に表されていない「含意」を説明するとよい場合があります。

【ここからはじめよう】の③は、終助詞のはたらきに関わる問題です。ここでもこれを、「確認」とか「念押し」とか言っただけで、実際の中身がわかっていないのでは、ただのラベル貼りに過ぎません。③aは、「明日の出発時間が8時である」ことを、「話し手自身に確信がないので、聞き手にその情報を求めている」、⑧bは同じことを、「話し手は

聞き手にその情報がないか、少ないと思っているので、それを与えようとしている」という説明が妥当です。

▶助詞の分類

現在の中学校国語教科書では、助詞は格助詞・副助詞・接続助詞・終助詞に4分類するのがふつうですが、高等学校国語教科書では、最も多い分類で準体助詞・並立助詞・係助詞・間投助詞を加えた8つに細分することがあります。以前の中学校国語教科書でも、係助詞を除く7分類とするものがありました。文法学習は分類自体をすることが目的ではな

4分類	7分類	8分類
格助詞	格助詞	格助詞
	並立助詞	並立助詞
	準体助詞	準体助詞
副助詞	副助詞	副助詞
		係助詞
接続助詞	接続助詞	接続助詞
終助詞	終助詞	終助詞
	間投助詞	間投助詞

[図版20] 助詞の分類

く、どのみち文法論や文法的記述の正しさは、相対的な問題なので、最低限必要な内容にするための簡素化を旨として整理されてきました。

広げよう・深めよう　複合格助詞

格助詞のリストに単独の語として登録されているわけではないが、格助詞と同等のはたらきをしている語のまとまりを、複合格助詞ということがある。

(6)　5月20日、本校校庭において大運動会が開催されます。

の「において」は、次の(7)の「に置いて」とは明らかに違うものであり、(8)のように「で」と置き換えることができる。

(7)　本をテーブルの上に置いて帰った。

(8)　5月20日、本校校庭で大運動会が開催されます。

次のように、複合格助詞と通常の格助詞との置き換えが可能となる

場合は他にもある。
- (9) a　今後の対応<u>について</u>議論した。
  - b　今後の対応<u>を</u>議論した。
- (10) a　インフルエンザ<u>のために</u>学校閉鎖になった。
  - b　インフルエンザ<u>で</u>学校閉鎖になった。
- (11) a　教育委員会<u>を通じて</u>開催案内が送られてきた。
  - b　教育委員会<u>から</u>開催案内が送られてきた。
- (12) a　テレビ局<u>に対して</u>抗議する電話がたくさんあった。
  - b　テレビ局<u>に</u>抗議する電話がたくさんあった。

ただし、常に置き換えられる格助詞があるわけではないし、また、
- (13)　?5月20日、本校校庭<u>において</u>大運動会が開かれちゃうよ。

が不自然な日本語になるということから、両者には文体的な差が生じる場合があると考えなければならない。学術論文のような硬質な文体で複合格助詞が多用されるのは、そのような背景があるからである。

課題

1. 日本語には、「太郎が英語が<u>話せる</u>。」、「次郎に大金が<u>ある</u>。」のように、「—が—［述語］」、「—に—が［述語］」という構文をとる述語がある。このような構文をとる文を作り、どのような意味的な特徴を持つ述語が、「対象」の意味に近い「が」を取ることができるかについて検討しよう。
2. 次の文章の「は」と「が」の使い方を、本節の解説にそって説明しよう。また、他の文学作品をとりあげて、同じように説明してみよう。

　　　国境の長いトンネルを抜けると雪国であった。夜の底が白くなった。信号所に汽車が止まった。

　　　向側の座席から娘が立って来て、島村のガラス窓を落とした。雪の冷気が流れこんだ。娘は窓いっぱいに乗り出して、遠くへ叫ぶように、

　　　　「駅長さあん、駅長さあん」
　　　　　明りをさげてゆっくり雪を踏んで来た男は、襟巻で鼻を上まで包み、耳に帽子の毛皮を垂れていた。　　　　（川端康成「雪国」）
3.　次の各組の文の意味の違いを説明しよう。
　①a　わたしはそのことを姉に相談した。
　　b　わたしはそのことを姉と相談した。
　②a　集合時間に遅れないよう走ったので、駅で転んでしまった。
　　b　集合時間に遅れないよう走ったのに、駅で転んでしまった。
　③a　先週の日曜日は、テニスをし、映画を見、食事をした。
　　b　先週の日曜日は、テニスをして、映画を見て、食事をした。
　④a　お姉ちゃんが帰ってきたら、夕飯の支度だ。
　　b　お姉ちゃんは帰ってきたら、夕飯の支度だ。
　⑤a　こわい夢を見たの(↗)。［文末の上昇イントネーション］
　　b　こわい夢を見たの(↘)。［文末の下降イントネーション］
4.　次の各組の文の下線部の副助詞の意味の違いを説明しよう。
　①a　小さい子ども<u>だけ</u>がねらわれている。
　　b　彼はさすがにチームの大黒柱<u>だけ</u>のことはある。
　②a　だいたい一時間<u>くらい</u>は歩いた。
　　b　電話<u>くらい</u>かけさせてくれてもいいだろ。
　③a　ここで一時間<u>ほど</u>待っていた。
　　b　するめは噛めば噛む<u>ほど</u>味が出てくる。
　④a　東京から大阪<u>まで</u>新幹線で行った。
　　b　風ばかりか雨<u>まで</u>降ってきた。
　⑤a　とうとう神<u>も</u>彼を見放してしまった。
　　b　体長が二メートル<u>も</u>ある巨大な蛇を見た。
　　c　夜<u>も</u>更けてきました。
5.　下線部の格助詞を複合格助詞に置き換えよう。
　①　年数の経過<u>で</u>品質が劣化する。
　②　お手元の資料<u>で</u>説明します。
　③　期末試験<u>で</u>朝から晩まで準備に没頭している。

4.6. 述語のしくみと助動詞の意味・機能

4.6.1 述語の内部

> 🏃 ここからはじめよう
>
> 次の文の下線部を／で区切った時、それぞれの部分がどういう事柄を表しているか、説明を考えよう。
> 部屋を散らかしたままだったら、母親に片付け<u>させ／られ／てい／た／だろう</u>。

▶述語の構成要素のとらえ方

日本語の述語の内部は、単語を次々に連接していくことからできていますが、その順序はほぼ一定して決まっています。【ここからはじめよう】の課題文は、おおむね以下のように説明できます。

(1) 片付け　<u>させ</u>　／　<u>られ</u>　／
　　　　　できごとが使役であること　　できごとが受身であること

　　　　　<u>てい</u>　／　<u>た</u>　／
　　　できごとが進行中であること　　できごとが過去のことであること

　　　　　<u>だろう</u>
　　　できごとを話し手の推測として述べていること

さらに、日本語学の用語を使うと以下のようになります。

(2) 片付け　<u>させ</u>　／　<u>られ</u>　／　<u>てい</u>　／　<u>た</u>　／　<u>だろう</u>
　　　　　　ヴォイス(態)　　　　アスペクト(相)　テンス(時)　モダリティ

それぞれは、おおよそ次のような内容を表しています。つまり日本語の述語は、これらの要素を次々に連結し、組み合わせることによってひとつのことがらを表しているといえます。

○ ヴォイス(態)…動詞によって表される事象を、誰・何の、誰・何に対する関わり方または関わられ方、関わらせ方として述べるかを表す。
○ アスペクト(相)…動詞の表す動きの中のどの過程にあるかを表す。たとえば、「読みはじめる」、「読んでいる」、「読みおわる」、「読んである」は、「読む」という動きがそれぞれ、始まること、進行中であること、終わること、終了した結果が続いていることを示している。
○ テンス(時)…述語によって表されるできごとと、その発話の発話時との時間的な先後関係を表す。
○ モダリティ…助動詞や終助詞などを用いて、叙述内容に対する話し手の認識のあり方や聞き手・読み手に対する伝達の持ち出し方、働きかけ方などを表す。

▶**モダリティのとらえ方**

モダリティについては、もう少し説明が必要かもしれません。まず、文はできごとの客観的な描写である叙述内容と、その叙述内容を話し手がどのように主体的に認識・評価しているか、および、その発話全体をどのような態度で聞き手に伝達しようとしているかという言表態度とによって成り立っています。叙述内容は言表事態・命題・コト・dictumと、言表態度は陳述・モダリティ・ムード・modusと呼ばれることがあります。両者の関係は、概略下図のような、言表態度が叙述内容を包み込むかたちのモデルによって示されます。

```
┌─ 言表態度 ─────────────────────────────┐
│ ┌─ 叙述内容 ──────────────────────┐      │
│ │ 部屋を散らかしたままだったら、母親に片付けさせられていた │ だろう │
│ └──────────────────────────────┘      │
└─────────────────────────────────────┘
```

つまり、「部屋を散らかしたままだったら、母親に片付けさせられていた」コトという客観的なできごとに対して、それを話し手が推測として主観的な表現で包み込んで述べるという構造をとっています。言表態度には、このような話し手の認識・評価に関わる部分と、

(3)　昨日は暑かった<u>ね</u>。

の「ね」にように、聞き手への伝え方、持ちかけ方に関わる部分とがあります。

　言表態度は、単なる主観の表現、心理的状態の表現とは異なります。

(4)a　犯人は山田氏らしい。

　　b　犯人は山田氏であると推理する。

(4)bの「推理する」はたしかに話者の主観的な判断を表していますが、話者がそのような心理的状態にあることを客体的なできごととして述べた叙述内容です。(4)aの「だろう」は何かしらの実体を指し示すような意味を伴っているわけではないので、言表態度です。

(5)a　私は、犯人は山田氏であると推理する。

　　b　田中さんは、犯人は山田氏であると推理する。

が文法的に適格であるのに対し、

(6)a　*私は、犯人は山田氏らしい。

　　b　*田中さんは、犯人は山田氏らしい。

が非文法的であることから、「だろう」や「らしい」は人称制限のある形容詞［⇨ 188 頁］と同じ性質を持っているといえます。

広げよう・深めよう　非言語記号の意味

　叙述内容・言表態度という二重性をとらえることは、人間の言語を他の記号体系と識別するうえで、極めて重要なことである。同一内容の数学的な記号による記述（数式）と言語的な表現とを比べると、言語表現は、単に数式を音声に出して「よむ」場合とは異なることに気づくはずである。

(7) a　$12 \times 8 = 96$
　　b　$\log_5 25 = 2$

(8) a　十二かける八は九十六です。
　　b　ログ五底の二十五は二だ。

　(7)のような数式は客観的な命題のみを表しているのに対し、言語表現には外形には現れてはいないが、やはり話者が「確言する」という言表態度がその命題に備わっているものと考えられる。数式を「12カケル8イコール96」と「読みあげる」場合は、たしかに音声の助けを借りてはいるものの、結果的に現れてしまう確言の言表態度は、「なかったことにしている」のである。「『一時停止しなさい。』という言語表現（発話）」と、「『一時停止』を意味する交通標識」そのものとの間にも、同様の違いがある。

4.6.2　ヴォイス（態）

ここからはじめよう

　次の各組の文の構造や意味の微妙な違いを考えよう。
① a　美術館の有名な絵が何者かによって盗まれた。
　 b　警察は何者かによって美術館の絵を盗まれた。
　 c　美術館は何者かによって有名な絵を盗まれた。

②a　春子は子どもをピアノ教室に行かせた。
　b　春子は子どもにピアノ教室に行かせた。

▶受動文の類型

　日本語の受動文には、①a＝直接受動文、①b＝間接受動文、①c＝所有者受動文の3種類が区別されます。

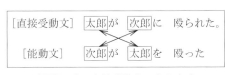

[図版21]　直接受動文のとらえ方

　直接受動文は、その文の主語と、「～に（よって）」や「～から」によって標示される受身の動きの働きかけ手を入れ替えると、できごとの事実関係が変わらない能動文ができます。
(9)　a　美術館の有名な絵が何者かによって盗まれた。
　　b　何者かがその美術館の有名な絵を盗んだ。
(10) a　太郎が次郎にほめられた。
　　b　次郎が太郎をほめた。
(11) a　大統領は多くの国民から愛されている。
　　b　多くの国民が大統領を愛している。
間接受動文や所有者受動文には、そのような対応する能動文が存在しません。
(12) a　警察は何者かによって美術館の絵を盗まれた。
　　b＊何者かが警察を有名な絵を盗んだ。
(13) a　美術館は何者かによってその美術館の絵を盗まれた。
　　b＊何者かがその美術館を有名な絵を盗んだ。
間接受動文では、次のような「降られる」、「泣かれる」という自動詞による受身表現も可能です。
(14)　夏子は帰宅途中に、にわか雨に降られた。
(15)　秋子は息子に泣かれた。

所有者受動文は次のように、広い意味での所有関係が前提となっている点が特徴です。

(16)　美術館は何者かによって有名な絵を盗まれた。(「美術館」∋「有名な絵」)

(17)　山田さんは、先生から息子をほめられた。(「山田さん」∋「息子」)

　なお、間接受動文には、何らかの意味で、できごとから間接的に被害を受けたという含みが存在します。直接受動文や所有者受動文にも、被害や恩恵を受けたという意味が感じられることがありますが、それは文の内容や述語の語彙的意味から、現実世界の経験に照らし合わせてそう感じられる場合があるからであり、被害の意味を構文的に含意する間接受動文とは区別されます。

　日本人は被害を意味する受動文を多用する、それは日本人が自己の利害に敏感な民族だからだという評言がまことしやかにされることがありますが、言語学的な根拠はありません。

▶使役文の類型

　日本語の使役文には、使役格を標示する格助詞の違いによって、②a＝ヲ使役文と、②b＝ニ使役文とがあります。ヲ使役文は強制・命令の意味が強く、ニ使役文は許容・放任の意味が強いといわれます。例えば次のように、強制的な意味を強く意識させる修飾語を付加すると差が出てくる場合がありますが、それでも判定には個人差が残ると思われます。

(18)a　花子はいやがる子どもを無理やり遊ばせた。
　　 b ?花子はいやがる子どもに無理やり遊ばせた。

　そのような差があるとしても、差が現れるのは、使役文の中に含まれている文が自動詞文の場合だけであり、もともと「―を」を含む文は、

ヲ使役文にはできません。これは、日本語の文が表面上で「―を」を二つ以上含むことができないためであると考えられます。

(19) a ＊花子は子どもを絵を描かせた。
　　 b 　花子は子どもに絵を描かせた。
(20) a ＊太郎は息子を勉強をさせた。
　　 b 　太郎は息子に勉強をさせた。

広げよう・深めよう　軍記物語の中の使役表現

　使役文の意味は、その「使役」という名称とはかけ離れて、強制・命令から許容・放任にまで、かなり広い範囲に及ぶ。ここで想起されるのが、古典の軍記物語に出てくる「馬を射させて」の類の表現である。

(21) 　むかへの岸より山田次郎が放つ矢に、畠山、馬の額をのぶかに射させて、弱れば、河中より弓杖をついて降り立ったり。
　　　　　　　　　　　　　　　　（平家物語・巻9・宇治川先陣）
(22) 　世にあらむと思ふも子どもがため、源太討たせて命生きても何かせん。　　　　　　　　　　　　（同・巻9・二度之懸）

名誉を重んじて屈辱的な表現を嫌った武士が、あえて「射られて・討たれて」とは言わずに「射させて・討たせて」と言ったのだというもっともらしい説明が行われることもあるようである。次のように、同じような使役表現は軍記物語に限らず、すでに古くから見えている。

(23) 　白散をある者、「よのま（＝たった一晩のうちだけで）」とて、船屋形に差しはさめりければ、風に吹きならさせて、海に入れて、え飲まずなりぬ。　　　　　　　　（土佐日記・正月元日）

この例によっても、その類の説明が無効であることは明らかである。これらは「敵が馬を射るのをなすがままにした」、「源太を討つの

をなすがままにした」、「風が吹きならして海に入るのをなすがままにした」というくらいの、広い意味での放任（＝食い止めることができない）の意味に理解するのが妥当である。

4.6.3 アスペクト（相）・テンス（時）

> 🏃 ここからはじめよう
> 　次の文の意味の違いを説明しよう。
> 　① 今、説明書を読みました。
> 　② 今、説明書を読んでいます。
> 　③ 今、説明書を読みます。

▶アスペクトのとらえ方

　【ここからはじめよう】の①〜③のように、「今」は発話時点を含んだ、その前後の幅のある時間の範囲を意味しうるものです。「説明書を読む」のが発話時から見ていつになるかは、述語の形式に委ねられているとみなければなりません。

　広い意味での日本語のアスペクトの表現形式には、複数の系列があります。第一に、「読む：読んでいる」のような、「―する」と「―している」の対立があります。次に、動詞の連用形に接続する「―はじめる・―だす・―かける・―つづける・―つづく・―おわる・―おえる・―やむ」などの形式があります。さらに、接続助詞「て」を介して続く「―ていく・―てくる・―てしまう」などの形式があります。これらが組み合わさって、例えば「読み始めてしまっている」のような複合形も作られます。

　それぞれの形式の意味は一義的ではありません。特に「―ている」については、

(24) a 雨が<u>降っている</u>。
　　 b 子供が校庭を<u>走っている</u>。
(25) a 髪の毛がぼさぼさに<u>のびている</u>。
　　 b 窓が大きく<u>開いている</u>。

のように、基本的には(24)のような、動きの最中にあるという〈進行〉の意味と、(25)のような、動きが完了してその結果として生じた状態が継続して残っているという〈結果〉の意味を表します。

▶テンスのとらえ方

　日本語のテンスは基本的に、「—する」と「—した」の対立によって示されます。述語が「ある」「いる」のような状態を表す語の場合、
(26) a 木の上に猿が<u>いる</u>。
　　 b 木の上に猿が<u>いた</u>。
のように、「—する」が発話時と同じ〈現在〉を、「—した」が発話時より以前である〈過去〉を表します。
　しかし、述語が動きを表す語の場合、
(27) a バスが<u>来る</u>。
　　 b バスが<u>来た</u>。
のように、「—する」が発話時よりも後である〈未来〉を表します。「—した」は〈過去〉を表しますが、「—した」が文末でない場所に現れると、
(28) a ご飯を<u>食べた</u>後は、必ず歯を磨きなさい。
　　 b 今度香港へ<u>行った</u>時は、時計を買おう。
のように、主節で示される時との相対的な先後関係を示すはたらきをすることになります。

広げよう・深めよう 「—した」の情意的な意味

　「—した」には、次のように時間の表現と直接関わらないで、話し手の主観的な言表態度に関係する用法がある。助動詞「た」に「発見・気づき」や「強意・軽い命令」の意味があるといわれるのは、このような場合をさしている。

(29) a　あっ、こんな所にあった。
　　 b　来週の会議はいつだった。
　　 c　こちらでよろしかったでしょうか。
　　 d　さあ、早く帰った、帰った。

これらは、

(30) a　あっ、こんな所にある。
　　 b　来週の会議はいつだ。
　　 c　こちらでよろしいでしょうか。
　　 d　さあ、早く帰る、帰る。

のように「た」を取っても中心的な意味は変わらない。ということは、(29)の「た」は過去の時を表していないということになる。

4.6.4　モダリティ

ここからはじめよう

　目の前にこれから初めて口にするケーキがあるとして、次のように発話したとしたら、聞き手には話し手のどのような含みが伝わるだろうか、考えよう。

① このケーキ、とても人気があるらしいよ。
② このケーキ、とても人気があるそうだよ。
③ このケーキ、とても人気があるようだよ。
④ このケーキ、とても人気がありそうだよ。

▶推量系助動詞のリスト

　学校文法では、広義の〈推量〉系の助動詞として、打消の意味を含むものを除くと、以下のようなリストがあげられています。

　　○　う・よう…意志（何かをしようという気持ち）・推量（想像・予想）
　　○　らしい…推定（根拠のある推論）
　　○　ようだ…推定（想像・予想）・たとえ・例示
　　○　そうだ…［連用形接続］様態（物事の様子）
　　　　　　　　［終止形接続］伝聞（他の人から伝え聞いたこと）

　狭義の〈推量〉と〈推定〉の違いは、「推定は推量よりも確かな根拠に基づいている」というように注釈されます。また、「だろう」については、「一語の助動詞とする考え方もある」という注記をつけていますが、これは学校文法では、「だろ（＝断定の助動詞「だ」の未然形）＋う（＝推量の助動詞）」に分解してしまうためです。しかし、独立した一つの助動詞だとする見方の方が合理的だという考えもあります。

　モダリティの分類方法にはいろいろな考え方がありますが、〈推量〉という話し手の述べ方をとりあげても、現代語では上記の「う・よう」を除く全てがこれに関わっています。

▶意味のとらえ方

　【ここからはじめよう】の①「人気があるらしい。」というのは、そう推論する根拠を、例えば店前の行列を見ているとか、インターネット上の評判を読んでいるとか、何かしらの方法で、話し手自身が直接入手している情報をもとに、話し手自身の判断として述べる場合に使われると考えられます。「らしい」を〈推定〉というのは、そういう意味がこめられています。

　②「人気があるそうだ。」は、インターネット上の評判を読んでいる

という場合は、使えるかもしれませんが、自分の目で店前の行列を見ていて、それをもとに判断するという場合には使えないでしょう。逆に、友人から「人気がある」という話を聞いているという場合には、むしろぴったりします。要するに、狭義の〈推量〉というよりも、判断の内容自体を他からの〈伝聞〉として入手しているという意味が含まれている時に使われる表現です。

　③「あるようだ」、④「ありそうだ」の場合は、「人気がある」ということ自体について情報を得ているのではなく、例えば行列ができているとか、インターネット上でよく話題に上がるとか、「人気がある」と推論できる情報を入手していて、そこから状況判断的に推測して述べているという述べ方であると説明できます。

　これが「人気がある」でなく、「おいしいらしい」、「おいしそうだ」、「おいしいようだ」、「おいしそうだ」となると、また違った要素、例えば話し手がそのケーキを見ていて、その視覚的情報をもとに判断しているのかという要素が入ってきます。いずれにしても、〈推量〉の述べ方を説明することは簡単ではありません。

広げよう・深めよう　モダリティに関わる助動詞相当語句

　格助詞に対して複合格助詞があるように、学校文法では分解されてしまうために、一語の助動詞とは認定されないものの、実質的に助動詞と同等の機能を果たしている語句は少なくない。例えば、〈推量〉という話し手の述べ方に相当する言い方には、次のような語句がある。

(31)　人気がある ｛ に違いない。
　　　　　　　　　かもしれない。
　　　　　　　　　みたいだ。
　　　　　　　　　はずだ。

〈説明〉という話し手の述べ方を取り上げても、「のだ」、「ものだ」、

「ことだ」、「わけだ」、「ところだ」などさまざまな形式があり、それぞれ少しずつ意味が異なる。

　ところで、次のように、文末に推量の表現形式が来なければ、話し手の〈推量〉という述べ方ができないかというと、そういうわけではない。これらの文がどういうモダリティを持っているかについては、いろいろなとらえ方ができる。

（32）　この様子では、たぶん／きっと　明日は大雨だ。
（33）　この様子では、明日は大雨だ。

課題

1. 次の文のどこかに打消の「ない」を入れるとしたらどこに入るか、その可能性を検証しよう。
　　　　　食べさせられていたらしい。
2. 次の文の「～ている」はどちらの意味にとられやすいか、その理由を考えよう。
　①a　太郎ははしごをあがっている。
　　b　太郎は台の上にあがっている。
　②a　木の葉がひらひらと散っている。
　　b　木の葉が庭一面に散っている。
3. 次の文の「～ている」はどんな意味を表しているか、考えよう。
　①　太郎は毎朝散歩をしている。
　②　毎年多くの人がガンで死んでいる。
　③　私はアメリカを三年前に旅行している。
　④　この道は右の方に大きく曲がっている。
4. 次の二つの小説の冒頭の文章表現には、どのような読み手の感じ方の違いが感じられるか、考えよう。
　①　四里の道は長かった。その間に青縞の市の立つ羽生の町があった。田圃にはげんげが咲き豪家の垣からは八重桜が散りこぼれた。赤い蹴出を出した田舎の姐さんがおりおり通った。

(田山花袋「田舎教師」)
② 歌島は人口千四百、周囲一里に充たない小島である。
歌島に眺めのもっとも美しい場所が二つある。一つは島の頂きちかく、北西にむかって建てられた八代神社である。
(三島由紀夫「潮騒」)
5.「う・よう」、「だろう」、「らしい」、「連用形＋そうだ」、「終止形＋そうだ」、「ようだ」、「に違いない」、「かもしれない」、「はずだ」について、次の観点から比べよう。
① 疑問文にすることができるか。
② 「た」を付けて過去の言い方にすることができるか。
③ 「ない」を付けて打消の言い方にすることができるか。
④ 直後に名詞を付けた連体修飾の節にすることができるか。

4.7. 連用修飾・連体修飾と文の接続

4.7.1 副詞の分類

> 🏃 ここからはじめよう
>
> 次の①～③の文の下線部の副詞は、何をどのように修飾しているかを明らかにし、その修飾のしかたの違いを説明しよう。
> ① 塀が<u>がらがらと</u>くずれた。
> ② 問題点が<u>かなり</u>多い。
> ③ <u>おそらく</u>明日は晴れるだろう。

▶連用修飾の関係

　副詞は通常、情態副詞（状態副詞）、程度副詞、陳述副詞（叙述副詞）に3分類され、【ここからはじめよう】の①～③が順にこれに相当します。この分類には中間的であったり、両面性を持っていたりする副詞がある

ことが指摘されていますが、基本的にはこの3分類をおさえておく必要があります。

情態副詞は①のように、「述語『くずれる』という動きの様子が『がらがらと』である」と修飾する形（様態）のほかに、次のような修飾のしかたがあります。

(1) 花びんがこなごなにくだけている。(結果)
(2) 太郎はうっかり宿題を忘れた。(主体の様子)
(3) 馬がことごとく走り去った。(数量)
(4) 当時、ときどき彼女に会った。(頻度)

程度副詞は②のように、程度性を有する形容詞・形容動詞を修飾するのが一般的ですが、「ちょっと眠る。」「もっと食べたい。」のように動きを表す動詞を、その程度の大きさとして修飾することもあります。「もっと食べたい。」は、学校文法では、

(5) もっと　食べたい。

という文節の関係に分析されますが、実際は［［もっと　食べ］たい］という構造を持っていると考えられます。また、程度副詞は次のように、方向・位置や時間・数量などの程度性を有する名詞を修飾したり、(6)dのように、名詞の「美人」を程度性のある状態的な意味にとらえて修飾したりすることもあります。

(6) a 目的地点はそこよりかなり東だ。
    b 少し右へ寄れ。
    c それはずっと昔のことだ。
    d 彼の妹はすごく美人だ。

陳述副詞も学校文法では、例えば③は、

(7) おそらく　明日は　晴れるだろう。

のように文節単位で修飾関係が分析されますが、単に述語の意味内容を

規定するのではなく、「明日は晴れるだろう」という全体に対しての話し手の主観的な判断のあり方を修飾するものです。陳述副詞が文副詞、主観副詞とも呼ばれるのは、そのような理由があるからです。

▶連用修飾成分

　情態副詞・程度副詞・陳述副詞というのは、品詞レベルにおける単語の性質としての分類です。これをこのまま文の構成要素としての連用修飾成分に当てはめた場合は、情態の連用修飾成分・程度の連用修飾成分・陳述の連用修飾成分と言い換えることができます。

　(8)　　大きな音を立てて、玄関の扉が開いた。(情態の連用修飾成分)
　(9)　　こちらの方が、わずかに優れている。(程度の連用修飾成分)
　(10)　ひょっとしたら、太郎は知らないのかもしれない。(陳述の連用修飾成分)

陳述の連用修飾成分は、ここまであげてきたような、叙述内容の事柄が起きる蓋然性に対する話し手の認識・判断に関わるものの他に、(11)のように叙述内容に対する話者の価値評価を表すもの、(12)のように発話の行為そのものに対して注釈を付けるものなどがあります。

　(11)a　珍しく太郎が欠席した。
　　　b　あいにく雨が降ってしまった。
　(12)a　本当は、そんなことはしたくないのだ。
　　　b　実をいうと、太郎には話してないのだ。

広げよう・深めよう　副詞の呼応

　副詞の中には、次のように、後ろに特定の語や表現を伴うものがある。
　(13)　彼の言葉を少しもうたがわなかった。(「少しも」→「ない」)

（14）　二人の言い合いは、まるで子どものけんかのようだ。(「まるで」→「ようだ」)

　これを副詞の呼応というが、常に「特定の語が来る」というのは言いすぎとなる。(14)の文末に「ようだ」が付かないが「まるで子どものけんかだ。」であっても、文としての適格性を欠くわけではない。

4.7.2　連体修飾節の諸相

> 🏃 ここからはじめよう
>
> 　次の①〜③の文の下線部の連体修飾節について、修飾される名詞との関係を考え、その構造の違いを説明しよう。
> ①　春子が私たちに語ってくれた話は、身の毛のよだつものだった。
> ②　夏子が物の怪に出会った話は、一晩で広まった。
> ③　秋子が不思議な体験をしたのは、去年の今頃だ。

▶関係節・限定節

　【ここからはじめよう】の①、②は、それぞれ関係節（同一名詞連体修飾・内の関係の連体節）、限定節（付加名詞連体修飾・外の関係の連体節）と呼ばれる構造です。両者の決定的な違いは、連体修飾節と被修飾名詞との関係にあります。

　関係節では、被修飾名詞を連体修飾節の中に戻して、完全な文に復元することができますが、限定節ではそれができません。

　被修飾名詞を連体修飾節の中に戻すというのは、次のような操作をいいます。

　　（15）a　［春子が私たちに語ってくれた］話
　　　→　b　春子が(その)話を私たちに語ってくれた。

　(15)aの連体修飾節「春子が私たちに語ってくれた」には、「語って

くれた」の対象となる「〜を」が欠けていますが、ちょうどそれが、被修飾名詞の「話」に相当します。そこで、「話」を連体修飾節の中に戻すと、(15)bのような完全な文が復元できるということになります。次の例文も関係節です。

(16) a ［花子が昔よく歩いていた］道
　　 b ［次郎が大学に入学した］日

英語では例えば、

(17)　The man who visited your home yesterday is my brother.
(18)　The place where I was born is Kyoto.

の 'who visited your home yesterday'、'where I was born' をそれぞれ関係代名詞節・関係副詞節といい、'the man'、'the place' を先行詞といいますが、日本語の関係節と被修飾名詞の関係とパラレルになっています。つまり、英語でも、

(19) a　the man ［who visited your home yesterday］
　→ b　The man visited your home yesterday.
(20) a　the place ［where I was born］
　→ b　I was born in the place.

のように、先行詞を関係代名詞節・関係副詞節の中に戻して、完全な文を復元できます。

限定節では、このようなことが不可能です。②の連体修飾節「夏子が物の怪に出会った」の中には、被修飾名詞「話」を戻す位置がありません。むしろこれは、

　　　［夏子が物の怪に出会った］＝話

のような構造であると理解できます。

つまり、連体修飾節と被修飾名詞がいわば同格関係になっています。次の例文も同様に限定節です。

(21) a ［源頼朝が鎌倉幕府を開いた］事実
　　 b ［人の頼みを断れない］性格

▶名詞節

　【ここからはじめよう】の③について、学校文法では、「秋子が不思議な体験をした」という連体修飾節が、名詞「の」を修飾しているという分析がされることになります。「の」は形式名詞に分類されますが、名詞としての実質的な意味を持っているかというとそうではなく、むしろ、「秋子が不思議な体験をしたの」の全体が、名詞と同じはたらきをしているという点が重要です。その点で関係節とも限定節とも異なります。そこでこの「秋子が不思議な体験をしたの」全体を、名詞節と呼ぶことがあります。

　名詞節は「の」以外に、「こと」でも示されますが、両者は若干意味が異なります。

(22) a 　冬子がピアノを弾くのを初めて聞いた。
　　 b 　冬子がピアノを弾くことを初めて聞いた。

広げよう・深めよう　同格の表現

　連体修飾節と被修飾名詞が同格関係にあるような、例えば(19)は、
(23) a 　［源頼朝が鎌倉幕府を開いた］という事実
　　 b 　［人の頼みを断れない］というような性格

のように、間に「という」や「との」、「というような」を挿入することが可能な場合がある。さらに細かく見ると、

(24) a 　［手軽に体重を減らす］方法
　　 b 　［大学院を受験する］準備

のように、「という」を入れることができない被修飾名詞、

(25) a 　［すぐに帰郷する］という手紙
　　 b 　［花子がかわいそうだ］という気持ち

のように、「という」を必須とする被修飾名詞、

(26) a　［早く出発しろ］との命令
　　　　b　［明日必ず連絡をください］という電話
　　　　c　［教師になろう］という決心

のように、実際の発話をそのまま引用する形をとるために、「という」の介入が不可欠になる文型などさまざまなケースがある。

4.7.3　複文の接続

> 🏃 ここからはじめよう
>
> 　次の各文の(　)の中の語句について、その語句を使った場合に、それぞれが適格な文になるか、検討しよう。
> 　① 君がそんなことを言う(ので／から)、またうまくいかなかったじゃないか。
> 　② このあたりは海に近い(ので／から)、一年中風が強い。
> 　③ 京都に行く(時／時に／時は)、必ずこの神社にお参りします。
> 　④ 山頂に着いた(時／時に／時は)、急に雨が降りだした。
> 　⑤ 寝ている(あいだ／あいだに)、大きな地震があった。
> 　⑥ 寝ている(あいだ／あいだに)、テレビがつけっぱなしだった。
> 　⑦ 春に(なると／なれば／なるなら／なったら)、このあたりは桜が満開になります。
> 　⑧ アメリカに(行くと／行けば／行くなら／行ったら)、あちらで会いましょう。
> 　⑨ あの国に(行くと／行けば／行くなら／行ったら)、現地で安いパソコンを買ってきてください。
> 　⑩ 外国に(行くと／行けば／行くなら／行ったら)、この店で時計が安く買えます。

▶原因・理由の表現と時の表現

　文を形式上で、単文、複文、重文に分けることがあります。二つの事柄を何かしらの関係のあることとして、一つの文で表現したい時、複文の形式が使われます。複文は一方の節が他方の節に対して従属する関係にある点で、二つの節が対等の関係でつながれる重文と区別されます。

　【ここからはじめよう】の①、②は、接続助詞「ので」、「から」を使って原因・理由を表す複文ですが、常に「ので」も「から」も対等に使えるわけではありません。②のように、原因・理由とその結果との間に客観的妥当性が高い場合は「ので」、①のように必ずしもそうでない場合は「から」が使われやすいといわれます。

　③〜⑥は、時の表現に関わる複文です。③、④の判定は微妙ですが、③は「時は」、④は「時・時に」の方が適格性は高くなるでしょう。また、⑤、⑥は時間の幅の間を通して出来事が継続している時には「あいだ」、時間の幅の間のどこか一時点で出来事が起きた時には「あいだに」が使われます。次の場合でも、「に」の有無による意味に差に共通性があります。

（27）　許可がおりる（まで／＊までに）、ここでずっと待っていなさい。
（28）　鬼が帰ってくる（＊まで／までに）、洗濯をしなさい。

▶条件表現

　【ここからはじめよう】の⑦〜⑩は条件表現に関する接続です。一般に、ある事柄Aが成り立つことが、別の事柄Bが成り立つための条件となっていることを表す表現を条件表現といいます。

　条件表現はまず、事柄Aが仮定として想定されたことか、すでに実現したことかという視点から、仮定条件と確定条件とに分けられます。また、事柄Aと事柄Bのつながりが予想通りであるか、予想に反して

いるかという別の視点から、順接条件と逆接条件とに分けられます。
　例えば、現代語の仮定順接条件は、

(29)　追加レポートを { 出せば、 / 出したら、 / 出すと、 / 出すなら、 } 単位がもらえます。

というように、「ば」・「たら」・「と」・「なら」などで表すことができます。これらは、用法の制限があったり、(29)のように同じように使える場合でも、少しずつ意味が違っていたりします。

　以下、簡単にまとめると、【ここからはじめよう】の⑦で「なら」が不適格になるのは、必ずそうなることを条件として述べることに「なら」は使えないという制約があるからです。⑧、⑨で「と」、「ば」が不適格になるのは、これらは一般的な因果関係について話し手の判断を述べる文の中で使われるため、文末が勧誘や依頼の表現になる時には使えないという制約があるからです。一般的な因果関係についての判断という点で、例えば⑦で「と」を選んだ場合、「春になると、必ず」という意味あいが出てくることがあります。⑩で「たら」が不適格になるのは、条件として述べる出来事の前に、帰結で述べる出来事が起きる事象に対しては、「たら」は使えないという制約があるためです。

広げよう・深めよう　接続助詞「て」による接続

接続助詞「て」には多様な意味があるとされる。例えば、以下のような意味が列記される。

(30) a　この店は味がよく<u>て</u>、値段も安い。(並立)
　　 b　日曜日にはテニスをし<u>て</u>、買い物に行った。(動作の連続)
　　 c　目をつむっ<u>て</u>、片足で立ってください。(動作の付随)
　　 d　寄付金を出し<u>て</u>、候補者を支援する。(手段)

e　風邪をひい<u>て</u>、学校を休んだ。（原因・理由）
　しかし、(30)d〜eで、手段や原因・理由の意味が出てくるのは、日常の経験の積み重ねとして、「て」の前後の出来事の間に、方法と目的の関係や原因と結果の因果関係が想定できるからであって、「て」自身に手段や原因・理由を表すはたらきがあると考えるべきではない。(30)a〜cもそれぞれの意味の違いは僅差であり、これも経験に由来するものである。総括すれば、「て」は二つのできごとを単純に接続するはたらきであると考えてよい。

課　題

1. 下線部の連用修飾語は、なにをどう修飾しているか、説明しよう。
　①a　包帯を<u>ぐるぐるに</u>巻いた。
　　b　包帯を<u>ぐるぐると</u>巻いた。
　②a　太郎は<u>幸せに</u>死ななかった。
　　b　<u>幸せにも</u>太郎は死ななかった。
　③a　牛は<u>急に</u>歩き始めた。
　　b　牛は<u>急に</u>早く歩き始めた。
　④a　<u>まだ</u>3時だ。
　　b　<u>もう</u>3時だ。
2. 次の語句を陳述の連用修飾語として使った文を作り、認識・判断、価値評価、発話行為のいずれに関係するか、検討しよう。
　　　案外　意外にも　幸い　幸いにも　さすが　残念ながら　所詮
　　　たしか　たしかに　ちなみに　ついでながら　なるほど
　　　早い話が　ひょっとしたら　まことに　無論　ものは相談だが
3. 次の副詞を使った文を作り、どのような述語や言表態度と呼応するか、検討しよう。
　　　あたかも　いったい　必ず　必ずしも　きっと　けっして
　　　ぜひ　全然　たとえ　多分　どうか　どうぞ　まさか　もし
　　　まるで　万一　めったに　よもや

4. 限定節には本節で取り上げた、連体修飾節と被修飾名詞が同格関係にある構造の他に、次のような型がある。連体修飾節と被修飾名詞がどのような関係にあるか、説明を考えよう。
   ① ［次郎が大学に入学した］翌日
   ② ［花子が歩いていた］右側
   ③ ［コーヒーをこぼした］よごれ
   ④ ［たばこを買った］おつり
5. 次の各組の文の構造や意味を比較しよう。
   ①a ［業者が不法な土地転売をした］結果が、地価の高騰であった。
     b 業者が不法な土地転売をしたために、［地価が高騰する］結果になった。
   ②a ［きのう本屋に注文した］返事がやっと来た。
     b ［きのう本屋に注文した］という返事がやっと来た。
6. 次の名詞を同格名詞として使った文を考えて、それが、①「トイウ」の介入を許されないもの、②「トイウ」の介入があってもなくてもよいもの、③「トイウ」の介入を必須とするもの、のいずれに分類できるか、検討しよう。
     意見　意志　依頼　噂　運命　恐れ　解釈　記憶　期待　癖
     経歴　言葉　事件　作業　習慣　信念　説明　想像　不平
     申し出　目的　夢
7. 「ので／から」、「時／時に／時は」、「あいだ／あいだに」、「まで／までに」、「ば・たら・と・なら」を使った文を作り、本書の説明の確からしさについて検証しよう。

5　日本語の文字・表記

5.1.　日本語の文字

5.1.1　日本語表記の規範性と多様性

> 🏃 ここからはじめよう
>
> 　次頁の図版①〜④は、本書の筆者が大学生に課した課題に対して、学生が書き出したものの一部である。課題は、「次の文章を、自分のふだんのふつうの書き方で、下のマス目の用紙に書いてください。」というものであった。この①〜④を比較して、日本語の表記について考えられる、さまざまなことを箇条書きにしてあげ、その後にお互いに意見交換をしよう。なお、文章の出典は、光村図書出版平成14年度版中学校国語教科書(2年)に収載されていた、貫戸朋子「マドゥーの地で」である。
>
> > わたしはだいがくをそつぎょうしてからくねんかんりんしょういとしてはたらきましたがそのごいったんいしをやめるけっしんをしましたもうとことんやったこんどはじぶんのあたらしいかのうせいをみつけたいというのがそのときのしんきょうでしたそしてすいすのじゅねーぶだいがくにりゅうがくししんりがくのべんきょうをはじめましたしかしやがてまたいしのしごとへのおもいがおさえがたくわきあがってきましたおおくのひとびとのささえをうけていしになったからにはいしとしてもてるちからをつくすことがほんぶんではないかとかんがえたからです

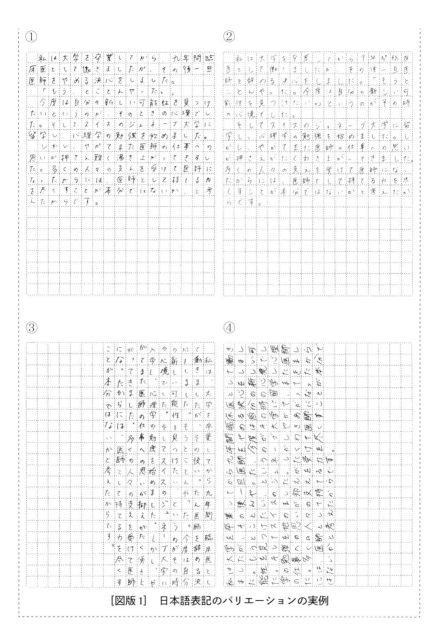

[図版1] 日本語表記のバリエーションの実例

▶日本語表記のバリエーション

日本語の研究において、「文字学」「文字論」は、研究の一分野として明確な位置を獲得しています。というのも、日本語や日本語文化が、文字・表記の研究にとって格好のフィールドであるからです。日本語の文字・表記は、一方で部分的ではあるものの厳格な規範性を持ち、他方で実に鷹揚で多様性に富んでいることから、尽きることない興味深い事象や研究材料を提供してくれるからでしょう。

厳格な規範性とは、例えば漢字テストや、テレビのクイズ番組に出てくる日本語の問題に見られるものです。何が根拠とされているのかはあいまいなまま、結果として正誤が明確に出てきます。そこまでではないとしても、【ここからはじめよう】の課題のように、大学生という均質的な集団をとった場合、「大学」「卒業」「働く」などについてはバリエーションが出てこないことは当然としても、ある程度のバリエーションが出てきてもおかしくないのではないかと予想される「わたし」「もてる」「つくす」についても、「私」「持てる」「尽くす」という漢字表記をする

語句	表記(人数)	誤記等・その他(人数)
「わたし」	私(134)　わたし(13)	
「もてる」	持てる(136)　もてる(10)	未記入(1)
「つくす」	尽くす(134)　つくす(13)	
「いったん」	一旦(90)　いったん(45)	一端(7)　一担(3)　一但(2)
「やめる」	辞める(105)　やめる(42)	
「おさえがたく」	抑え難く(48)　押さえ難く(16) おさえ難く(6)　抑えがたく(46) 押さえがたく(9)　おさえがたく(12)	押え難く(2)　仰え難く(5) 抑え固く(1)　抑さえ難く(1) 仰えがたく(1)
「わきあがって」	湧き上がって(47)　沸き上がって(34) わき上がって(14)　湧きあがって(14) 沸きあがって(11)　わきあがって(25) 涌き上がって(1)	溢き上がって(1)

[図版2]　日本語表記のバリエーション

といった傾向が顕著に現れます。その一方で、「いったん」「やめる」「おさえがたく」「わきあがって」については、実例①〜④の範囲だけでも書き方の違いが現れています。以上の語句について、147名の大学生を対象とした筆者の調査をまとめて示すと、前頁のようになります。

この表からも、「わたし」、「もてる」、「つくす」ではおよそ9割程度の大学生が均質的な書き方を採用していることがわかり、逆に「いったん」以下には、多様な書き方への広がりがあることがうかがえます。

「わき上がって」の「湧」と「涌」は、戦後の当用漢字表［⇨252頁］からずっと表外字であったのですが、2010年の常用漢字表改訂［⇨249頁］によって、「湧」だけが新規に常用漢字となりました。両者は異体字の関係にあるとも、意味的に違いがあるともいわれていますが、多くの文脈において「沸」によってまかなわれてきたものです。

しかし、この改訂によって常用漢字表の表内字となったことをきっかけとして、約30％の大学生が新たに「湧」を使い始めたとは考えにくいものです。今回の被調査者である大学生は、義務教育段階で必須的に「湧」も「涌」も学習してはいないはずです。表外字でありながら、現実には「湧」を使っている人が多かったというのが実態であり、常用漢字への新規採用は、むしろそのような実態を後追いしたものであるとも考えられます。

その点では「私」も同じで、常用漢字表改訂以前には、「私」には「わたくし」の訓はありましたが、「わたし」は表外音訓でした。しかし、実際にはこれだけ多くの人が「わたし」を「私」で書いていたということになります。このようなところにも、日本語の表記のきまりに関する制約力のゆるさが現れています。

なお、「一端・一担・一但」、「仰え難く・仰えがたく・抑え固く」、「溢き上がって」はいわゆる誤字であり、「押え難く・抑さえ難く」は送り仮名のきまり［⇨279頁］を外れたものです。

▶日本語表記の許容度の高さ

　日本語の表記の多様性や制約のゆるさ、許容度の高さとして、おおよそ次のような点が挙げられます。

❶　表意(表語)的文字である漢字と、表音的文字である平仮名・片仮名の複数の文字体系が併用される。部分的ではあるが、ローマ字も使われる。

　そのうえで、ある語の表記を、一つの文字体系によってしなければならないという絶対的な制約がない。例えば花の'rose'は、「ばら」「バラ」「薔薇」の三通りに書けるし、ローマ字で「bara」でもよい。マスコミや教育などの比較的明確な基準を持つ分野以外では、文字体系間での選択の余地がある。

❷　ある語の表記を一つの文字体系の中でするにしても、異なる文字列が可能性としてある。

　具体的には、意味の似ている同訓・同音の漢字の存在、仮名遣いや送り仮名の許容度の高さ、振り仮名の任意性と自由度の高さ、ある程度の略字の容認、外来語・固有名詞等の表記のバリエーションなどである。

❸　漢字には、もともとの中国語の段階で備わっていた形・音・義に、日本独自の訓が加わった結果、多くの漢字に「読み」としての音と訓が併存している。しかも、複数の音、複数の訓をもつ漢字が少なくない。ひとつの漢字に複数の字形が存在することもまれではない。

❹　句読点や、「ゝ・々」などの反復符号、「　」『　』(　)などの表記記号の使い方に大まかな指針はあるが、絶対的なきまりはない。段落の構成法や書式についても、絶対的なきまりがない。

❺　文章が縦書きにも横書きにもできる。

広げよう・深めよう　文字の幻想

　言語が人間のコミュニケーションのための道具であるとしたら、文字はコミュニケーションのための道具の、そのまた道具である。しかし日本語においては、文字は言語の音をただ単純に写すだけの道具にとどまることなく、独自に自立的な言語文化を作り上げてきたといっていい。

　戦後の国語審議会が実質的に「国字」審議会であったといわれるのも、現在の大学入試の国語の問題に必ず漢字の読み書きが出題されるのも、小学校の学習漢字の学年配当がきめ細かく決められているのも、日常生活の中で漢字が、かなり重要な意味を持つものと見られているからだと言ってよいだろう。

　近いところに目を向けても、一財団法人のキャンペーン企画である年末恒例の「今年の漢字」が、あたかも国家レベルの行事であるかのようにニュース番組で取りあげられるのも、じゃんけんの「チョキ」に負けると「チ・ヨ・コ・レ・イ・ト」と言いながら、5歩ではなく6歩も先に進まれてしまうのも、実際には「拍余り」であるのに、それを文字に置き換えて「字余り」という言い方をするのも、すべて日本語にとって文字が相当に高いウエイトを占めているからであるといえよう。

　もともとの出典や近世以前の日本での伝承過程には異説があるようだが、現在、「書は人なり」という格言は、「書かれた字を見れば、その人の人柄がわかるものだ」という意味で理解されている。これも文字に対するある種の幻想といっていいものかもしれない。

【字余りの俳句】
旅に病んで夢は枯野をかけめぐる　松尾芭蕉
赤い椿白い椿と落ちにけり　河東碧梧桐

5.1.2 表記の正しさの根拠

> 🏃 **ここからはじめよう**
>
> 　現代の日本語の表記の正誤に関する次の発言には、どのような根拠があるのだろうか、考えよう。
> ①　「ひとごみ」は「人混み」と書いても、「人込み」と書いても正しい。
> ②　「60 歳のテイネン」の「テイネン」は、「定年」でも「停年」でも正しい。
> ③　「交渉がナンコウする」の「ナンコウ」は、「難航」は正しいが、「難行」は誤りである。
> ④　同じ「ショウカイ」でも、「知人を紹介する」、「身元を照会する」と書き分けなければならない。
> ⑤　同じ「つとめる」でも、「解決に努める」、「会社に勤める」、「議長を務める」と書き分けなければならない。
> ⑥　「体育」に読み仮名を振る時は、「たいく」ではなく、「たいいく」にしなければならない。
> ⑦　子どもの名前に「蛍」は使えても、「螢」は使えない。
> ⑧　「天」の読みとして、「あま」は小学校 1 年で、「あめ」は高等学校で教える。

▶成文化された根拠

　日本語には、表記法について成文化されたいくつかのきめごとがあります。ただし、その決められ方や一般社会への浸透度はまちまちであるといえます。

　漢字についてもっとも根幹となるのは、「常用漢字表」です。詳しくは次節で取りあげますが、2010 年に内閣告示によって改正されたもので、2136 字の漢字の字体と音訓が決められています。もちろん、「決め

られている」といっても、一般社会での表内字以外の使用を厳しく禁止するものではありません。と

[図版3] 常用漢字表の構成

いうより、もともと個々人の自由な漢字使用を禁止しようとしても、できるものではありません。

　常用漢字表には、例えば【ここからはじめよう】の①「ひとごみ」のように、「人混み」とも「人込み」とも書くというような、単語のレベルの記述が所々にあります。しかし、すべての単語の表記をあげることなど到底不可能であり、②「定年・停年」はどちらも正しいが、③交渉の「難航」は正しく「難行」は誤りであるというようなことも、それがそのまま書かれているわけではありません。にもかかわらず、これらの正誤は社会的な慣習として成り立っています。実際に漢字テストでは○×がつけられますが、それはまさに慣習としか言いようのない決めごとです。

[図版4] 国語辞典の表記漢字の表示
(『新明解国語辞典』第7版(三省堂2012年)より)

　国語辞典に書いてあるというかもしれませんが、国語辞典そのものは、「正しさ」に関する公的な権威や規制力を持っているものではありません。端的に言えば、国語辞典に書いてあるから正しいのではなく、まずはじめに社会的な暗黙の了解があり、国語辞典はそれを忠実に再現しようとしているのだといえます。

　では、【ここからはじめよう】の④「ショウカイ」のような同音異義語、⑤「つとめる」のような同訓異字の書き分けについてはどうでしょうか。現在市販されている日本語表記に関するガイドブックや、中学校・高等学校などでよく使われる国語便覧のような本には、必ず「同音異義

語の使い分け」が載っています。しかしこれも、その本の編集者が独自に作成したもので、その点では国語辞典と同じです。つまり、現実の実態を再現しようとしたものです。

同訓異字は少し事情が異なります。1973年に国語審議会は、常

哀惜	悲しむ	哀惜の念に堪えない
愛惜	大切にする	愛惜の品々を手放す
異義	異なる意味	同音で異義の言葉
異議	異なる意見	異議はありませんか
偉業	立派な仕事	偉業を成し遂げる
遺業	死者が残した仕事	父の遺業を継ぐ
意思	考え	本人の意思　意思表示
意志	強い気持ち	意志の強い人　意志薄弱
遺志	生前の考え	故人の遺志を生かす
異状	アブノーマル	身体には異状がない
異常	変化・変調	異常な事態　異常気象
一律	一様	一律に扱う　千編一律
一率	同じ率	一率に増額する
移動	・一般的	机を移動させる
異動	人事	人事異動　営業部に異動
引退	職や地位から退く	社長を引退する
隠退	俗世から身を引く	郷里に隠退する

[図版5] 「同音異義語」の使い分け
（三省堂編修所編(2015)『新しい国語表記ハンドブック（第7版）』(三省堂)より）

【あがる・あげる】位置・程度などが高い方に動く。与える。声や音を出す。終わる。
二階に上がる。地位が上がる。料金を引き上げる。成果が上がる。腕前を上げる。お祝いの品物を上げる。歓声が上がる。雨が上がる。

【揚がる・揚げる】空中に浮かぶ。場所を移す。油で調理する。
国旗が揚がる。花火が揚（上）がる*。たこ揚げをして遊ぶ。荷を揚げる。海外から引き揚げる。天ぷらを揚げる。船を揚げて取り組む。全力を揚げる。犯人を揚げる。

【挙がる・挙げる】はっきりと示す。結果を残す。執り行う。こぞってする。捕らえる。
例を挙げる。手が挙がる。勝ち星を挙げる。式を挙げる。国を挙げて取り組む。全力を挙げる。犯人を挙げる。

*
「花火があがる」は、「空中に浮かぶ」花火の様子を置いて「揚」を当てるが、「空高く上がっていく（高い方に動く）」花火の様子に視点を置いた場合には「上」を当てることが多い。

【あく・あける】
【明く・明ける】目が見えるようになる。期間が終わる。遮っていたものがなくなる。
子犬の目が明く。夜が明ける。年が明ける。喪が明ける。らちが明かない。

【空く・空ける】からになる。
席が空く。空き箱。家を空ける。時間を空ける。

[図版6] 「異字同訓」の漢字の使い分け例（部分）
（三省堂編修所編(2015)『新しい国語表記ハンドブック（第7版）』(三省堂)より）

用漢字表の前身である当用漢字表の漢字の音訓を策定するにあたり、参考資料として「『異字同訓』の漢字の用法」を発表しました。これは、「慣用上の使い分けの大体」を示したものでしたが、そもそもの「当用漢字音訓表」は内閣告示によるものであって、その点では一般の国語辞典とは異なり、ある種の権威を持ったものでした。その後の社会に与えた制約力も小さくはなかったと想像できます。「『異字同訓』の漢字の用法」は、2010年の常用漢字表の改訂も含めて、2014年に「『異字同訓』の漢字の使い分け例」となっています。

なお、熟語の表記の正誤という点では、「同音の漢字による書き換え」（1956年国語審議会総会報告）による代用字［⇨ 271 頁］という、多少むずかしい別の問題もあります。

「体育」の読みは、「たいく」ではなく「たいいく」が正しいということの根拠は何かというと、単純に見えて実は複雑かもしれません。常用漢字表の「育」には「イク」の音しかないので、その限りでは常用漢字表が規定しているともいえます。他方で、「体育」の実際の発音は「タイク」であることが多いと考えられます。にもかかわらず漢字テストでは正規の語形である「たいいく」と書かなければいけないということになっていますが、これは、漢字テストという場の中での暗黙の了解であるともいえます。

常用漢字表と同じ内閣告示にかかるものには、他に次のようなものがあります。本書では後であらためて取りあげますが、国語施策としての策定の経緯、現在の社会の中での浸透度などまちまちです。特に「ローマ字の綴り方」は、現在では現実との乖離が非常に大きくなっています［⇨ 281 頁］。

- 〇　現代仮名遣い（1946年の「現代仮名づかい」を1976年に改定）
- 〇　送り仮名の付け方（1959年の「送りがなの付け方」を1973年に改定）
- 〇　外来語の表記（1991年）

○　ローマ字の綴り方（1954年）

▶強い制限

法的な根拠のある漢字の使用制限ということに関連して、二つのことにふれておきます。

一つは、子どもの命名に使える漢字ということです。日本の戸籍に子の名前を届けるためには、常用漢字といわゆる人名用漢字の範囲でしか、漢字使用が認められていません。人名用漢字とは、法務省による戸籍法施行規則に指定されたもので、最近改正は2010年11月と2015年1月にありましたが、現行では常用漢字表にない632字種650字体の漢字と、常用漢字表内字の異体字［⇨257頁］212字種212字体（例えば「恵」に対する「惠」）を合わせた漢字を通常は指します。「蛍」は、常用漢字表に示された字体であり、人名用漢字表には異体字としての「螢」はあげられておらず、したがって戸籍の名としては使用できません。

もう一つは、小学校で学習することが義務化されている学習漢字についてであり、どの漢字をどの学年で学習するかについて、学年別に細かく指定されています。文部科学省告示である「小学校学習指導要領」（最新改正版は2008年3月、ただし2017年に改正予定）には別表として、学習漢字1006字の学年別配当表があげられています。

一
丑 丞 乃 之 乎 也 云 亘‐亙 些
亦 亥 亨 亮 仔 伊 伍 伽 佃 佑
伶 侃 侑 俄 俠 俣 俐 倭 俱 倦
倖 偲 傭 儲 允 兎 兜 其 冴 凌
凜‐凛 凧 凪 凰 凱 函 劉 劫 勁

二
亞（亜） 惡（悪） 爲（為） 逸（逸） 榮（栄）
衞（衛） 謁（謁） 圓（円） 緣（縁） 薗（園）
應（応） 櫻（桜） 奧（奥） 橫（横） 溫（温）
價（価） 禍（禍） 悔（悔） 海（海） 壞（壊）
懷（懐） 樂（楽） 渴（渇） 卷（巻） 陷（陥）

［図版7］　人名用漢字表（部分）

〔人名用漢字は「一」（＝常用漢字表の表外字）と「二」（＝常用漢字表の表内字の異体字）から構成される〕

学習指導要領は法律ではありませんが、この指定を守らないと、教科書検定には合格しないというくらいに制約の強いものです。

第一学年	一 右 雨 円 王 音 下 火 花 貝 学 気 九 休 玉 金 空 月 犬 見 五 口 校 左 三 山 子 四 糸 字 耳 七 車 手 十 出 女 小 上 森 人 水 正 生 青 夕 石 赤 千 川 先 早 草 足 村 大 男 竹 中 虫 町 天 田 土 二 日 入 年 白 八 百 文 木 本 名 目 立 力 林 六 (80字)
第二学年	引 羽 雲 園 遠 何 科 夏 家 歌 画 回 会 海 絵 外 角 楽 活 間 丸 岩 顔 汽 記 帰 弓 牛 魚 京 強 教 近 兄 形 計 元 言 原 戸 古 午 後 語 工 公 広 交 光 考 行 高 黄 合 谷 国 黒 今 才 細 作 算 止 市 矢 姉 思 紙 寺 自 時 室 社 弱 首 秋 週 春 書 少 場 色 食 心 新 親 図 数 西 声 星 晴 切 雪 船 線 前 組 走 多 太 体 台 地 池 知 茶 昼 長 鳥 朝 直 通 弟 店 点 電 刀 冬 当 東 答 頭 同 道 読 内 南 肉 馬 売 買 麦 半 番 父 風 分 聞 米 歩 母 方 北 毎 妹 万 明 鳴 毛 門 夜 野 友 用 曜 来 里 理 話 (160字)
	悪 安 暗 医 委 意 育 員 院 飲 運 泳 駅 央 横 屋 温 化 荷 界

[図版8] 学年別漢字配当表(部分)

広げよう・深めよう　正書法

　正書法とは、文字及び表記符号を用いて言語を書き写す際の規範として決まっている正しい書き表し方をいう。この場合の規範とは、ある社会において成立しているという意味での社会的な決めごとだが、実際には、たとえば内閣告示として出された「常用漢字表」［⇨249頁］や、新聞協会の「用字用語集」のように明文化されているものだけをいうのではなく、漠然とした暗黙の合意として存在する慣習まで含めて考える。

　本来の正書法とは、ある語や文の正しい書き方として唯一のものがあり、他を誤りとして排除するものなので、「山・やま・ヤマ」のように、文字体系でのバリエーションがあったり、「定年・停年」のように、漢字の選択ができたりするような、厳しい制限がない日本語には正書法は存在しないという見方もできる。

　他方で、例えば「押さえる」でなく「押える」、「わたしは、…」でなく「わたしわ、…」と書くのはやはり誤りとされるのだから、そこには「ゆるやかな正書法」が存在するという見方もある。また、法令や公用文、マスコミ、教育などにおいては、一定の書き方がかなり徹底されているので、局所的ではあっても、「かなり厳格な正書法が存在する」という見方もできる。

課題

1. 【ここからはじめよう】の①〜④について、本節で取り上げた事項以外に、日本語の書き方に関するバリエーションとしてどのような要素が考えられるか、あげてみよう。
2. 次の写真のように、自分の周囲の公的な印刷物や掲示物などから、常用漢字表の表外字を使用しているものを見つけよう。ただし、固有名詞を除く。

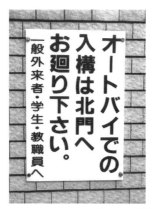

［図版 9］　常用漢字表の表外字の使用

3. 「『異字同訓』の漢字の使い分け例」を見て、自分が覚え違いをしていたと思う熟語の表記がないか、拾い出そう。
　　（例）「犯人を探す：埋蔵金を捜す」「タオルを搾る：レモンを絞る」
4. 熟語には、「体育」のように、実際には多くの人が「タイク」と発音していても、漢字テストの読みでは「たいいく」と書かなければならないというようなものがある。「委員会」に対する「インカイ」と「いいんかい」、「雰囲気」に対する「フインキ」と「ふんいき」の関係もそうである。このような例を他に探してみよう。

5.2. 漢字のかたちと読み

5.2.1 漢字の字体・字形

> 🏃 ここからはじめよう
>
> 次の漢字を手書きする時に、自分はどちらの形で書いているだろうか、ふりかえろう。
>
> ① 北 北　② 道 道　③ 戸 戸　④ 紙 紙　⑤ 主 主
> ⑥ 保 保　⑦ 角 角　⑧ 改 改　⑨ 木 木　⑩ 令 令
> ⑪ 嗅 嗅　⑫ 稽 稽　⑬ 頰 頰　⑭ 餌 餌　⑮ 遡 遡
> ⑯ 喩 喩　⑰ 葛 葛　⑱ 塡 塡　⑲ 彙 彙　⑳ 箋 箋

▶形の違いのとらえ方

漢字の形について話をするときには、字形・字体などさまざまな用語が使われます。本書の筆者は、用語について、下の図のように考えています。

形が似ていても意味が異なる別字は字種の違い、視認できる実際の形が違っても同じ漢字であると認められる場合を字体の違いとし、字体の違う漢字相互を異体字といいます。そして、点画の実際の形まで同じでも、書き方の違いによって視

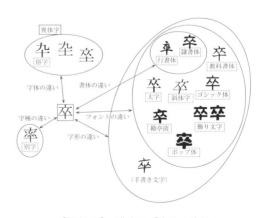

[図版10]　漢字の「字形・字体」

覚的な違いが出るものを、字形の違いとして扱います。字形の違いの中で、中国の漢字の歴史に関わり、書道において書法の違いとして扱われる「〜体」といわれてきたものを書体の違いとし、また、活版印刷や最近のパソコン印字等で使われる活字のデザインの違いを、フォントの違いとしておきます。ただし、書体とフォントの用語の使われ方は流動的です。

▶字形の許容度

　常用漢字表には、「(付)字体についての解説」が付いていますが、内容的には印刷で使われる明朝体活字のデザインの違いについてと、明朝体と手書きの習慣的な字の形の違いについてを扱っており、本書の筆者の用語に従えば、「字形について」の解説としてとらえられます。

　【ここからはじめよう】の①〜⑩は、その解説にある明朝体のデザインと手書きの違いや、手書きの場合のはねる・はらう・つけるなどの違いをあげてあります。小・中学校の国語教科書が教科書体という活字を採用しているのは、学習上の混乱を避けるために、できるだけ手書きの字形に近いものを示そうとしているからです。また、「(付)字体についての解説」は、基本的にこれらの違いを許容する立場に立っているので、漢字テストにおいて、はねる・はねないとか、はらう・とめるとかをいたずらに厳しく扱うのは正しい考え方とはいえません。

　⑪〜⑳は、2010年の常用漢字表の改訂によって、新しく追加された漢字の、いわゆる新旧字体の違いをあげたものです。常用漢字表の前身である当用漢字表においては、多くの漢字に点画を省略した新字体が採用されましたが、2010年に追加された漢字では、伝統的な字体を主としてあげつつ、しかし、一般に通用している省略字体を排除しない立場をとっています。結果として、〈しょくへん〉には「食」と「𩙿」が、〈しんにょう〉には「辶」と「辶」が両方とも許容される結果になってい

ます。漢字相互の関係でも、例えば「真」「慎」と「塡」、「浅」「残」と「箋」のような不均衡が生じました。これは、当用漢字表の時代にあっても、「独」と「濁」、「仏」「払」と「沸」、「証」と「澄」のように、すでに存在したものです。見方によっては、「渋」「摂」と「品」「協」の関係も同じように不均衡と考えることもできます。

広げよう・深めよう　異体字と俗字

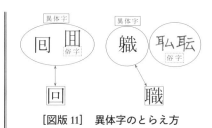

[図版11]　異体字のとらえ方

異体字の中に、正規の漢字の形として社会的に認知されていない、いわゆる俗字を含めるか、含めないかについては、上のように二通りの考え方があろう。左側が含める見方、右側が含めない見方である。なお、「耺」「𦘒」は「職」の点画を省略してできた字体であり、略字とよぶことがある。

漢字は中国の古い昔からの蓄積であるため、さまざまな異体字が存在する。右の図版は、平安時代に作られた漢字辞書である『類聚名義抄』(観智院本)からの転載であるが、現代の「勤」の字について、三字の異体字をあげている。割注の冒頭に書かれている「谷今正」が、三つの漢字について上から順に「俗(＝谷)字」、「今字」、「正字」であると記しているが、その意味するところは明白ではない。

近世になると異体字についての専門の研究書ができるなどするが、日本語の歴史上でも、漢字の形は興味

[図版12]　観智院本『類聚名義抄』の異体字

深い関心事であったのだろう。現代でも生活の中で、実際にはさまざまな異体字が使われている。

漢字とつきあう 六

戸籍に息づく「渡ナベ」18種

日本のインターネット利用人口は8529万人（05年末、総務省・通信利用動向調査）。多くの人が使う検索エンジンで「森鷗外」を調べた。グーグルでは「森鴎外」が57万5千件出てくるが、「森鷗外」は2万7100件。ヤフーでは「鴎外」が39万1千件で、「鷗外」はわずか7620件だった。

字体によって、アクセスできる情報は大きく制限される。

国立国語研究所（東京都立川市）の「漢字情報データベース」。法務省の「戸籍統一文字」に含まれる「辺」を出してもらうと、パソコンの画面に、渡辺の「辺」の異体字（表）が並んだ。全部で18種類ある。

総務省の「住民基本台帳ネットワーク統一文字」では17種。さらに活字にできず、画像処理した字も少なくない。

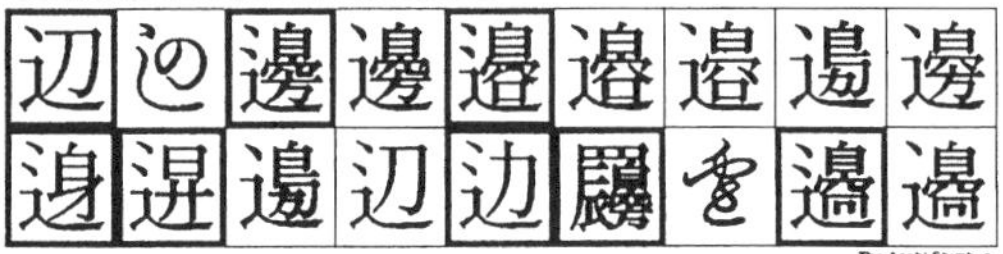
The Asahi Shimbun

データベース作製を担当した早稲田大学の笹原宏之・助教授(41)が振り返る。「当事者も意識しなかった字体が生まれた。もはや誰も使いこなせない段階に来ていると感じましたね」

78年に生まれたJIS（日本工業規格）漢字コードは、改正などを重ねて漢字は計1万50字入っている。だが、「辺」は3種しかない。

米国のコンピューター関連企業が中心となって作った「ユニコード」には、JIS漢字を含む世界中の文字が搭載され、93年にISO（国際標準化機構）規格となった。

かつて、日本文芸家協会などが「ユニコードは漢字が足りない。日本の漢字を守れ」と批判したが、字数は増え続け、7万以上の漢字が入った。

それでも「辺」は8字（表、太枠内）だけ。行書や草書は書体差と見なされ、対象外だ。

規格からはみ出す戸籍文字の迷宮は、パソコンもカバーできない。

笹原さんが言った。

「文字は本来社会的な存在だ。人間が使いこなせる文字集合でないと、存在しないと同じです」

（清水弟）

[図版 13] 「辺」の異体字

（『朝日新聞』（2007年2月2日）より）

5.2.2 漢字の音と訓

ここからはじめよう

漢字字典・漢和辞典を使い、漢字の「よみ」について、次のことを調べよう。

① 「行」「脚」「頭」の音

② 「生」「空」「治」の常用漢字表にない訓

▶漢字の音

日本語の漢字には、複数の音を持つものが少なくありません。中国語から日本語への漢字の伝来が、歴史的に数回に及ぶため、その伝来の時期による中国語の方言差や、日本における伝承母体の差を反映しているからです。大きくは、呉音・漢音・唐音（宋音）に分類されます。

漢字	行	脚	頭	経	団	湯	和	胡
呉音	ギョウ	キャク	ズ	キョウ	ダン	トウ	ワ	ゴ
漢音	コウ	カク	トウ	ケイ	タン	トウ	カ	コ
唐音(宋音)	アン	キャ	チュウ	キン	トン・ドン	タン	オ	ウ

　呉音は、5、6世紀頃の揚子江下流の南方地域で話されていた中国語方言の音の流れをくむもので、早くに伝来した物や仏教関係の用語として現代でも残っています。漢音は、随から唐にかけて中国に渡った留学生などによって伝えられた音で、当時の洛陽・長安を中心とする北方地域の中国語方言の音をもとにしています。唐音(宋音)は、主に鎌倉時代から江戸時代までの長い時期にわたって、この時代に伝わった新しい物や禅宗関係の用語の中で、断片的に伝わってきた音です。漢字字典などによっては、例えば「頭」に対して「ヅ」「トウ」「チウ」のように、歴史的仮名遣いで書かれることもあります。

　唐音(宋音)は、次のような熟語に現れます。

　　行脚　行灯　塔頭　饅頭
　　看経　水団　布団　湯婆
　　和尚　胡乱　胡散

　日本の漢字の音には、呉音・漢音・唐音(宋音)の重層性に加え、これらに分類できない音や、中国語からの規則的な対応関係からずれる音などが蓄積されてきました。その中には、例えば「消耗」の「耗」のように、もともとは「コウ」であった音が、漢字を構

[図版14] 「頭」の音
(山田俊雄・他編(2012)『例解新漢和辞典』第4版(三省堂)より(音の「チュウ」、訓の「かみ」「こうべ」は常用漢字表の表外音訓))

成する「毛」に引かれて、「モウ」と読まれるようになったものもあります。呉音・漢音・唐音(宋音)以外の音をひとくくりに慣用音とよぶことがあり、また、「耗＝モウ」の類を慣用読みということがあります。

慣用読みには、「耗」のように、常用漢字表の正規の音に登録されているものから、「残滓」(＝ザンシ)に対する「ザンサイ」のように、認知度や許容度がけっして高くないと思われるものまであって、受容のされ方はまちまちです。

▶漢字の訓

漢字の訓は、もともと漢字の意味に対応する数多くの和語(和訓)のうち、淘汰され、定着した特定のものが、安定した「読み」にまで昇華したものです。当用漢字表によって、訓も整理がなされた結果、現在の常用漢字表においては、原則的には一字一訓の対応となっています。

例えば、259頁にあげた平安時代に作られた漢字字典では、「勤」に「つとむ・つつしむ・わずかに・ねんごろ・いたわる」の訓が付いていますが、現代の目から見たら、果たしてその漢字の読みとして成り立つのか、納得しにくい訓も付いています。これが、現在の常用漢字表では「つとめる」と、その自動詞の「つとまる」だけになっています。他方で、次のように、多数の訓が付いている漢字もあります。

「生」…いきる・いかす・いける・うまれる・うむ・おう・はえる・はやす・き・なま

「上」…うえ・うわ・かみ・あげる・あがる・のぼる・のぼせる・のぼす

「明」…あかり・あかるい・あかるむ・あからむ・あきらか・あける・あく・あくる・あかす

逆に、次のように、同じ訓に対して複数の漢字が対応するものがあり、これが同訓異字となります。

あく・あける…「明」「空」「開」
おさまる・おさめる…「収」「納」「治」「修」
すすめる…「進」「勧」「薦」

さらに、漢字の「読み」として音と訓とが併存することから、次のように音訓両用の読みをもつ熟語や、音と訓との混合でよむ重箱読み、湯桶読みが存在することになりました。

　音訓両用読み…「草原(くさはら・ソウゲン)」「根本(ねもと・コンポン)」
　重箱読み…「縁側(エンがわ)」「献立(コンだて)」
　湯桶読み…「荷物(にモツ)」「身分(みブン)」

「明日・雪崩・小豆(あす・なだれ・あずき)」のような二字以上の漢字にまとめて訓が対応するものを熟字訓といいます。常用漢字表には「付表」がついて

[図版 15] 重箱(左)と湯桶(右)

小学校配当	中学校配当	高等学校配当
大人(おとな)	硫黄(いおう)	息吹(いぶき)
河原(かわら)	田舎(いなか)	神楽(かぐら)
昨日(きのう)	風邪(かぜ)	河岸(かし)
今日(きょう)	仮名(かな)	蚊帳(かや)
果物(くだもの)	為替(かわせ)	玄人(くろうと)
今朝(けさ)	心地(ここち)	雑魚(ざこ)
七夕(たなばた)	早乙女(さおとめ)	師走(しわす)
一日(ついたち)	白髪(しらが)	山車(だし)
眼鏡(めがね)	老舗(しにせ)＊	祝詞(のりと)
真面目(まじめ)＊	固唾(かたず)＊	猛者(もさ)

(＊は 2010 年改定時の新規追加)

[図版 16] 常用漢字表「付表」の熟字訓の例

おり、ここには熟字訓と、いわゆる当て字とが列記されていますが、両者の間には中間的なものがあり、厳密に区別することはできません。現在の一般社会では、常用漢字表「付表」以外にも、多くの熟字訓や当て字が実際に使われています。

広げよう・深めよう　国字・国訓

漢字は本来、中国語から取り入れられたものであるが、「働」「畑」「込」「峠」「匂」「塀」「栃」「腺」「奴」「辻」「榊」「鋲」のように、日本で新たに鋳造された漢字があり、これを国字という。このうち、

「働」〜「腺」は常用漢字表の表内字であるが、「匂」〜「腺」は2010年改定時に追加された漢字である。「匁」〜「鋲」は表外字であるが、「匁」は2010年改定時に削除された漢字である。国字の多くは訓だけを持っているが、中には「働」や「鋲」のように音を持つものもある。

また、「鮎」「萩」のように、中国における原義「なまず」「ひさぎ」を離れて、日本での独自の解釈、例えば「萩」を「秋の草」と解して「はぎ」という訓がついたものを国訓という。

[図版17] 国字の例

課題

1. 書道で扱われる文字の形の種類としての書法や、パソコンで使われるフォントの種類にはどのような名称のものがあるだろうか、調べよう。
2. 自分の氏名に使われている漢字には、どんな異体字があるか、調べよう。また、身辺から常用漢字表に載っている字体以外の異体字が使われているものを見つけよう。

[図版18] 「髙」の使用

3. 常用漢字表の字体から、「独」と「濁」、「仏」「払」と「沸」、「証」と「澄」のような、簡略化によって生じている字体の不均衡を探そう。
4. 常用漢字表の「(付)字体についての解説」を見て、本節で取りあげた以外の漢字で、自分の手書きの漢字の形について気がついたことをあげよう。また、常用漢字表に追加された漢字について、異なる字体があるものを列挙しよう。
5. 次の俗字・略字のもとの漢字が何か、調べよう。また、日常生活の中で自分は使うことはないか、ふりかえったり、周囲の人、特に高年層の人に実際に使っているか、聞いてみたりしよう。

才 旺 囮 仂 斗 品 临 夲 佼 泚 厂 厎 囪 冊 杈

6. 次の漢字の読みが、音として扱われているか、訓として扱われているか、調べよう。

絵(え)　菊(きく)　肉(にく)　馬(うま)　梅(うめ)　敵(てき)

7. 常用漢字表の中には、「台」のように「タイ・ダイ」の清音・濁音2種類の音がある漢字と、「山」の「サン」のように清音1種類の音だけを持つ漢字がある。清音・濁音2種類の音がある漢字を他に探し、清音1種類の音だけを持つ漢字とはどこが違うのか、説明しよう。その際に、「地」「治」の扱い方に注意すること。また、例えば「応」「皇」が、「反応」「天皇」の読みとしては「ノウ」となるのに、常用漢字表には「ノウ」の音があがっていないことなどと関連づけて説明しよう。

8. 次の熟語の本来の読み方と慣用読みを調べよう。

堪能　矜持　弛緩　憧憬　情緒　垂涎　隧道　端緒　掉尾　貼付
直截　捏造　稟議　独壇場(独擅場)　散水車(撒水車)

9. 重箱読み・湯桶読みをする熟語をあげよう。また、音訓両様の読みを持つ熟語や「変化」(=ヘンカ・ヘンゲ)のように、二通り以上の音読みを持つ熟語をあげよう。「梅雨」(=つゆ・バイウ)のように、一方が熟字訓であってもよい。そのうえで、読み方が変わると意味が変わるか、考えよう。

(例)「大家」＝「おおや」(借家の貸し手)・「タイカ」(立派な人物)
　　　　→意味が異なる

10. 常用漢字表「付表」に載っている熟字訓以外で、一般社会でもよく使用されているのではないかと思われる熟字訓を探そう。

(例)「向日葵(ひまわり)」「海老(えび)」「流石(さすが)」

11. 次の国字の読みと意味を調べよう。

凧 凩 凪 笹 扨 籾 糀 蛯 裃 躾 雫 颪 鰯 鱈 鳰

5.3. 熟語の表記

5.3.1 漢字表記の多様性

> 🏃 **ここからはじめよう**
>
> 次の①〜⑳の熟語について、自分はどのような書き方をしているだろうか。❶〜❼から選んで、お互いに結果を比べよう。
>
> ①　A：状態／B：情態　　　②　A：精彩／B：生彩
> ③　A：探険／B：探検　　　④　A：敷設／B：布設
> ⑤　A：因習／B：因襲　　　⑥　A：兆候／B：徴候
> ⑦　A：無残／B：無惨　　　⑧　A：的中／B：適中
> ⑨　A：起点／B：基点　　　⑩　A：究極／B：窮極
> ⑪　A：献言／B：建言　　　⑫　A：変人／B：偏人
> ⑬　A：配列／B：排列　　　⑭　A：反復／B：反覆
> ⑮　A：容態／B：容体　　　⑯　A：語源／B：語原
> ⑰　A：重体／B：重態　　　⑱　A：表記／B：標記
> ⑲　A：委託／B：依託　　　⑳　A：改訂／B：改定
>
> ❶　Aのみを使用する。
> ❷　Aを主に使用するが、Bもそのときどきの気分で、時々またはたまに使用する。
> ❸　Bのみを使用する。
> ❹　Bを主に使用するが、Aもそのときどきの気分で、時々またはたまに使用する。
> ❺　A・B両方をそのときどきの気分で、同じくらいに使用する。
> ❻　A・B両方を意味の違いによって使い分ける。
> ❼　どちらともいえない／その単語を使わない／その単語の意味がわからない／その他

▶専門分野での表記

　①〜⑳について、実際に社会に通用している使い分けのきまりはどうなのかというと、かなり微妙です。

　④では、鉄道は「敷設」だが、水道管やガス管、電線は「布設」だというのですが、その業界に関係している人でなければ、ふつうは気づかない違いです。⑲で、法令の用語としては「委託」を使うのだそうですが、これも専門的な用字です。

　そこまで専門的というわけではないとしても、

② 　「〜を放つ」の場合は「生彩」。
⑨ 　鉄道線の始まりの地点は「起点」、計測の基準となる場所は「基点」[例「駅を基点として半径1キロメートル以内」]。
⑪ 　一般に「意見を申し立てる」意味だが、公的な行政機関に対しては「建言」。
⑫ 　「ふつうとは違っている人」の意味だが、「奇人変人」という時は「変人」。
⑱ 　「表記」は一般的に広く「文字化されたもの」、「標記」は「標題やタイトルに書いてあること」。
⑳ 　価格や規則は「改定」、本や辞書は「改訂」。

という差があるというのも、たしかにそう言われればそうか、という程度でしょう。

▶基準の確からしさ

　【ここからはじめよう】の選択肢の❶〜❻で、他と大きく異なるのは❻です。❻は、A・B両表記に意味の違いがあると考えて両者を使い分けているので、これはゆれではありません。

　❷・❹は、A・Bは同じ意味だと考えています。❶、❸はどちらか一

方だけを使うということなので、そこに個人的なゆれは生じません。以上のことをまとめると、❷、❹、❺は、個人の中でのゆれであるということができます。

　漢字の字面から、①の「状態」は物理的、身体的なありようで、「情態」はそれに気持ちのありようも加わるという違いがあると感じるかもしれませんが、「心理状態」という熟語があるように、「状態」が心理面を排除するものではありません。

　同じように、
⑰　身体的に深刻な場合は両方使うが、比喩的に組織やシステムが危険な状態は「重態」。
⑲　「容態」は病気の状況［例「容態が悪化する」］、「容体」は人の姿かたち［例「容体を飾る」］。

というのにも確証がありません。

　感覚的に、現在一般的に使われるのは、⑬では「配列」、⑭では「反復」、⑯では「語源」であり、他方はやや特異な感じがするという人がいるかもしれませんが、これも確かではありません。その他については、何ともいえません。ただし、以上はあくまで本書の筆者が考えるところであって、これが正解であるとか、すべての人に通じる日本語のスタンダードだということではありません。

　「ゆれ」ているか、いないか、「ゆれ」ているとしても、どのようにどの程度「ゆれ」ているのかということ自体が、ゆれているともいえます。しかし、熟語の表記における文字の選択という点で、たしかに潜在的な多様性は存在します。

広げよう・深めよう　「膨脹」と「遵守」

　「膨脹」の「脹」も、「遵守」の「遵」も、当用漢字表の時代から表内字であった。その意味で、「膨張：膨脹」、「遵守：順守」の間にも、

同じような表内字相互の多様性が存在してきた。さかのぼれば、もともとは「膨脹」、「遵守」という用字であったが、複雑な経緯があって一般社会に「膨張」、「順守」が広まることになった。

しかし、その程度には差があるという判断があったのだろうか、2010年の常用漢字表改定で、「遵」は残されたが、「脹」は除外されることになった。一般には今後、「ジュンシュ」は二通りの書き方が続いていくかもしれないが、「ボウチョウ」は「膨張」に一本化されていく可能性が高い。ただし、食品業界では、ベーキングパウダーのようなパンや菓子を膨らませるための食品添加物は、「膨脹剤」と書く習慣があるというのである。

1946年の当用漢字表の前文には、「法令・公用文書・新聞・雑誌および一般社会で、使用する漢字の範囲を示したものである。」という明記があり、その内閣告示にも、「現代国語を書きあらわすために、日常使用する漢字の範囲を、次の表のように定める。」とあって、「範囲」という考え方に拠っていた。

1981年の常用漢字表の前文には、「法令・公用文書・新聞・雑誌・放送等、一般の社会生活で用いる場合の、効率的で共通性の高い漢字を収め、分かりやすく通じやすい文章を書きあらわすための漢字使用の目安となることをめざした。」とあり、「範囲」から「目安」へと、規制緩和の方向に性格が変わった。

2010年の改定でも、追加196字に対し、削除はわずか5字であった。追加音訓も28字28音訓であったが、削除は3字3音訓であって、制限はより軽くなってきたといえる。

○2010年「常用漢字表」改定時の削除字（人名用漢字に追加）
　勺　錘　銑　脹　匁

○同削除音訓
　畝　せ
　疲　つからす
　浦　ホ

5.3.2 代用字によって生じた多様性

> 🏃 **ここからはじめよう**
>
> 次の①〜⑳の熟語について、自分はどのような使い方をしているだろうか、ふりかえり、(1)〜(7)から選んで、結果をお互いに比べよう。
>
> ①　A：暗唱／B：暗誦　　②　A：衣装／B：衣裳
> ③　A：憶測／B：臆測　　④　A：回転／B：廻転
> ⑤　A：干害／B：旱害　　⑥　A：肝心／B：肝腎
> ⑦　A：記章／B：徽章　　⑧　A：凶悪／B：兇悪
> ⑨　A：月食／B：月蝕　　⑩　A：古希／B：古稀
> ⑪　A：賛美／B：讃美　　⑫　A：史跡／B：史蹟
> ⑬　A：叙情／B：抒情　　⑭　A：総菜／B：惣菜
> ⑮　A：注釈／B：註釈　　⑯　A：手帳／B：手帖
> ⑰　A：特集／B：特輯　　⑱　A：風刺／B：諷刺
> ⑲　A：盲動／B：妄動　　⑳　A：連合／B：聯合
>
> ❶　Aのみを使用する。
> ❷　Aを主に使用するが、Bもそのときどきの気分で、時々またはたまに使用する。
> ❸　Bのみを使用する。
> ❹　Bを主に使用するが、Aもそのときどきの気分で、時々またはたまに使用する。
> ❺　A・B両方をそのときどきの気分で、同じくらいに使用する。
> ❻　A・B両方を意味の違いによって使い分ける。
> ❼　どちらともいえない／その単語を使わない／その単語の意味がわからない／その他

▶表外字の代用字

1946年に当用漢字表が制定されて以来、表内字の範囲では書けない熟語が生じました。そこで、1956年に国語審議会は、「同音の漢字による書きかえ」を作成しましたが、これは、表外字をそれと音が同じで意味が近い漢字によって代用するというものでした。例えば、

　　「暗誦」の「誦」が表外字となったため、「誦」と同音で意味の近い「唱」に代用させて、「暗唱」と書く。

とするのです。これがマスコミや教育を通して、一般社会でも広く用いられることになりましたが、中には、「意嚮→意向」、「坐礁→座礁」、「彎→湾」のように、現在ではほぼ置きかわったのではないかと思われる熟語もあります。しかし、すべての熟語で古い被代用字を完全に追い

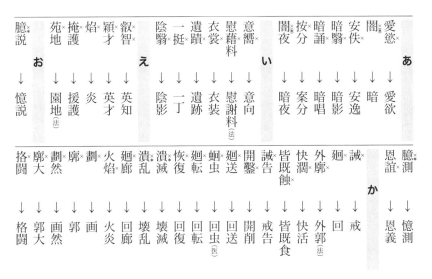

[図版19]　同音の漢字による書きかえ（部分）

（×が被代用字。＊は2010年の常用漢字表改定によって表内字となったもの、（＊）は同改定で表内音訓となったもの。）

（三省堂編修所編（2015）『新しい国語表記ハンドブック（第7版）』（三省堂）より）

やることはなかったために、実際には、「暗唱：暗誦」というゆれが生じる結果となっています。

【ここからはじめよう】の①〜⑳以外にも、次のような両様の表記が行われていると思われます。左側が代用字です。

(1) 愛欲：愛慾　陰影：陰翳　英知：叡智　火炎：火焔
薫製：燻製　下克上：下剋上　更生：甦生　広範：広汎
混交：混淆　混迷：昏迷　死体：屍体　収集：蒐集
焦燥：焦躁　蒸留：蒸溜　尋問：訊問　扇情：煽情
象眼：象嵌　疎水：疏水　退廃：頽廃　嘆願：歎願
転倒：顛倒　反乱：叛乱　膨大：厖大　野卑：野鄙

「同音の漢字による書きかえ」は熟語単位で列記されたものでしたが、これが掲出語以外の熟語にも類推によって拡大され、一般に広まったものがあります。

(2) 委縮：萎縮　憶病：臆病　格好：恰好　貫録：貫禄
棄損：毀損　義援金：義捐金　気迫：気魄　奇弁：詭弁
敬謙：敬虔　激高：激昂　幻惑：眩惑　混然：渾然
俊足：駿足　純朴：醇朴　冗舌：饒舌　台頭：擡頭
抽選：抽籤　波乱：波瀾

その中には、例えば「衣装：衣裳」では「衣装」は服装一般だが、「衣裳」は和装の場合であるとか、「収集：蒐集」では「収集」は集めること一般だが、「蒐集」は珍しいものを集める場合であるとか、すべての人にとってそうであるということではないとしても、新旧の間で意味の分化が起きたと思われるものがあります。

「英知」よりも「叡智」の方が、「退廃」よりも「頽廃」の方が、より程度が高い、進ん

［図版20］　被代用字の使用

でいると感じる人がいるかもしれません。また、「史蹟」や「編輯」など、日常のさまざまなところでも被代用字は使われており、完全に置きかわったわけではありません。

▶表外字の復活

「同音の漢字による書きかえ」によって被代用字となった漢字で、1981年の常用漢字表の制定、2010年の同改定によって、復活した被代用字がありました。「潰滅・決潰・…」や「哺育」はすでに一般社会でも「壊滅・決壊・…」、「保育」で定着しているだろうし、「蝕甚」はかなり特殊な語であるから、これらについては、今後もあらたにゆれが生じる可能性は少ないと思われます。しかし、

(3)　盲動：妄動　摩滅：磨滅　憶説：臆説　憶測：臆測
　　　破棄：破毀　肝心：肝腎　広範：広汎

などについては、代用字の表記が被代用字に完全に置きかわっているとはいいがたく、今後も二重性は継続されていくと思われます。さらに、「同音の漢字による書きかえ」から類推によって一般化していたものとしても、

(4)　盲想：妄想　憶病：臆病
　　　棄損：毀損

も同じような状況といえるでしょう。

「闇」は常用漢字表の改定で復活したものの、「アン」の音は表外音訓のままでしたが、「暗夜：闇夜」は両方が行われていると思

○1981年「常用漢字表」の制定
　妄（妄動→盲動）
　磨（研磨→研摩　磨滅→摩滅、
○2010年「常用漢字表」の改定
　臆（臆説→憶説　臆測→憶測）
　毀（破毀→破棄）
　潰（潰滅→壊滅　決潰→決壊　潰乱→壊乱
　　　全潰→全壊　倒潰→倒壊　崩潰→崩壊）
　窟（理窟→理屈）
　甚（蝕甚→食尽）
　腎（肝腎→肝心）
　汎（広汎→広範）
　哺（哺育→保育）

[図版21]　復活した被代用字
(例示は「同音の漢字による書きかえ」の掲載語)

われます。同じく復活した「錮」は、「同音の漢字による書きかえ」にはあげられなかったものの、「禁錮」に対する「禁固」がすでに一般化していると考えられます。

広げよう・深めよう　まぜ書き

　2010年の常用漢字表の改定の目的の一つは、まぜ書きの解消であった。新聞などでは比較的頻度の高い熟語でも、一方が表外字である場合、「淫行（いんこう）」「拉致（らち）」「補塡（ほてん）」「拳銃（けんじゅう）」「抹消（まっしょう）」とルビをつけるのでなければ、「いん行」「ら致」「補てん」「けん銃」「まっ消」のようなまぜ書きにせざるを得なかった。これがかえって読みにくく、不自然な感じがするという議論は以前から続いていた。

　たしかに改定によって多くのまぜ書きが解消されたが、いまだに未解決のものもあり、しかし、だからといって常用漢字の字種をいたずらにふやすことも現実的にメリットは少ない。実際に、「拉」や「塡」は「拉致」「補塡・装塡」以外に使い道はほとんどないであろう。漢字をふやせば、義務教育段階の負担も重くなる。

　要するに、コミュニケーションの道具として共用し、合意できる最大範囲と、必要な語は漢字で書けるようにという要求とのせめぎ合いは、今後も続く課題である。

[図版22]　まぜ書きの例

課題

1. 次の各組の漢字表記について、自分はどういう使い方をしているか、ふりかえり、お互いに結果を比べよう。
   ① 町：街　　② 成長：生長　　③ 基準：規準
   ④ 年配：年輩　⑤ 仕度：支度　　⑥ 充分：十分
   ⑦ 煩雑：繁雑　⑧ 侵食：浸食　　⑨ 修正：修整
   ⑩ 食料：食糧
2. 本節272頁の(1)、(2)について、自分はどういう使い方をしているか、ふりかえり、お互いに結果を比べよう。
3. 本節273頁の(3)、(4)について、自分はどういう使い方をしているか、ふりかえるとともに、周囲の人がどのような使い方をしているか、調べてみよう。
4. 日常生活などで比較的よく使われる熟語で、2010年の常用漢字表の改定によって新たに追加された漢字によっても解消されないまぜ書きにはどのような語があるか、調べよう。

5.4. 仮名表記とローマ字表記のきまり

5.4.1 仮名づかいの問題点

> **ここからはじめよう**
>
> 次の言葉の□に入る仮名を、仮名づかいのきまりにしたがって選び、どのような原理がはたらいているのか、説明しよう。
>
> ① じ・ぢ／ず・づ
>   こ□んまり　手綱(た□な)　新妻(にい□ま)　基□く　裏□ける
>   世界中(せかい□ゅう)　稲妻(いな□ま)　絆(き□な)
>   杯(さか□き)　跪く(ひざま□く)

② う・お
鸚鵡(お□む)　扇(お□ぎ)　抛る(ほ□る)　王様(お□さま)
高利(こ□り)　狼(お□かみ)　氷(こ□り)　覆う(お□う)
通る(と□る)　大きい(お□きい)

▶歴史上の仮名づかい

　仮名によって語を表記する時の一定の基準が、仮名づかいです。日本語で仮名が使われ始めた初期には、おおよそ日本語の拍と仮名文字は1対1の関係を結んでいたのですが、拍の体系の変化によって、この対応関係が崩れてしまい、変化後の発音に対応した新しい表記も現れるようになりました。新旧両様の表記に対して、何らかの基準による正誤の判断を定めたものが仮名づかいです。

　中世においては、一部の限られた社会においてでしたが、藤原定家の表記原理から派生した定家仮名づかいが、ある程度の規範として行われていました。近世に定家仮名づかいを批判した契沖は、古い文献上に証拠を求め、歴史的な原初の段階の書き方を規範として定める方針をとりました。

　この方向性を持った仮名づかいが、明治になると公教育に採用され、歴史的仮名づかいとして一般に行われるようになりました。戦後の国語施策において、現代語音に基づいた「現代仮名づかい」(1946年)が「現代語をかなで書きあらわす場合の準則」として示され、その後、これをほぼ踏襲する「現代仮名遣い」(1986年)として、日常生活の中で一般化しました。

▶現代仮名づかいの原則

　現代仮名づかいは、現代語の音韻に従うことを原則とする点で歴史主義ではなく、一応は表音主義に立っています。しかし、一部には全く異

◎「四つがな」のきまり

5 次のような語は、「ぢ」「づ」を用いて書く。

(1) 同音の連呼によって生じた「ぢ」「づ」

例 ちぢみ(縮)　ちぢむ　ちぢれる　ちぢこまる
つづみ(鼓)　つづら　つづく(続)　つづめる(△約)　つづる(*綴)

〔注意〕「いちじく」「いちじるしい」は、この例にあたらない。

(2) 二語の連合によって生じた「ぢ」「づ」

例 はなぢ(鼻血)　そえぢ(添乳)　もらいぢち　そこぢから(底力)　ひぢりめん
いれぢえ(入知恵)　ちゃのみぢゃわん
まぢか(間近)　こぢんまり
ちかぢか(近々)　ちりぢり
みかづき(三日月)　たけづつ(竹筒)　たづな(手綱)　ともづな　にいづま(新妻)　けづめ　ひづめ　ひげづら
おこづかい(小遣)　あいそづかし　わしづかみ　こころづくし(心尽)　てづくり(手作)　こづつみ(小包)　ことづて　はこづめ(箱詰)　はたらきづめ　みちづれ(道連)
かたづく　こづく(小突)　どくづく　もとづく　うらづける　ゆきづまる　ねばりづよい
つねづね(常々)　つくづく　つれづれ

なお、次のような語については、現代語の意識では一般に二語に分解しにくいもの等として、それぞれ「じ」「ず」を用いて書くことを本則とし、「せかいぢゅう」「いなづま」のように「ぢ」「づ」を用いて書くこともできるものとする。

例 せかいじゅう(世界中)
いなずま(稲妻)　かたず(固唾)　きずな(*絆)　さかずき(杯)　ときわず　ほおずき　みみずく
うなずく　おとずれる(訪)　かしずく　つまずく　ぬかずく　ひざまずく
あせみずく　くんずほぐれつ　さしずめ　でずっぱり　なかんずく
うでずく　くろずくめ　ひとりずつ
ゆうずう(融通)

◎「オ列長音」のきまり

(5) オ列の長音

オ列の仮名に「う」を添える。

例 おとうさん　とうだい(灯台)
わこうど(若人)　おうむ
かおう(買)　あそぼう(遊)　おはよう(早)
おうぎ(扇)　ほうる(放)　とう(塔)
よいでしょう　はっぴょう(発表)
きょう(今日)　ちょうちょう(*蝶々)

6 次のような語は、オ列の仮名に「お」を添えて書く。

例 おおかみ　おおせ(仰)　おおやけ(公)　こおり(氷・△郡)
こおろぎ　ほお(頬・△朴)　ほおずき　ほのお(炎)　とお(十)
いきどおる(憤)　おおう(覆)　こおる(凍)　しおおせる
とおる(通)　とどこおる(滞)　もよおす(催)
いとおしい　おおい(多)　おおきい(大)　とおい(遠)
おおむね　おおよそ

これらは、歴史的仮名遣いでオ列の仮名に「ほ」又は「を」が続くものであって、オ列の長音として発音されるか、オ・オ、コ・オのように発音されるかにかかわらず、オ列の仮名に「お」を添えて書くものである。

［図版 23］　現代仮名づかい(抜粋)

(三省堂編修所編(2015)『新しい国語表記ハンドブック(第７版)』(三省堂)より抜粋)

なる原理が混在しています。

その一つは、いわゆる四つ仮名に関してです。「じ・ず」を原則としつつも、二語の連合の場合は「はなぢ(鼻血)」「そこぢから(底力)」

……、「みかづき(三日月)」「たづな(手綱)」……のように、「ぢ・づ」とする点です。ただし、「二語に分解しにくいもの」は、「せかいじゅう／せかいぢゅう(世界中)」「いなずま／いなづま(稲妻)」……のように、「じ・づ」を本則とするが、「ぢ・づ」も許容するとしています。「新妻」は「新＋妻」に分解できるが、「稲妻」は「妻」ではないのでこれ以上分解できない一語と見るのが原則だというのです。

　この「二語に分解できるか、できないか」のよりどころは、「現代語の意識では一般に」とするというのですが、結局は個人の感覚に委ねられる部分が小さくないということになります。

　混在している別の原理のその二は、オ列長音についてです。「おおかみ(狼)」「おおせ(仰)」「おおやけ(公)」……など、歴史的仮名づかいで「ほ」「を」に遡るものは「オ列の仮名に『お』を添える」とし、そうでない「う」「ふ」にさかのぼるものは「『う』を添える」という点です。すなわち、「おう／おお」の区別は、歴史的仮名づかいをもとに決まることになります。

　一般の人、特に仮名づかいを学ぶ小学校低学年児童や日本語を外国語として学ぶ人にとっては、歴史的仮名づかいの詳細を知る由もなく、結局は一つひとつの語の書き方を、その語ごとに覚えていくことになります。これは、助詞の「は」「を」「へ」についても同じで、小学生に対して「発音通りに書こう」というのが、実はまやかしであるともいえます。

　ただし、どのような文字体系であれ、発音のままをすべてそのとおりに書き写すことが可能な文字体系というものは存在しません。発音通りに書くような仮名づかい、例えば、オ列長音はすべて「おお」に、四つ仮名はすべて「じ・ず」に統一するというような仮名づかいが、ただ単にきまりとして単純であるというだけで優れているというわけでもありません。助詞を表記する「を」は、確かに歴史主義の残存ですが、これを使うことによって、文章の読み取りが極めて容易になっているというのも事実です。

広げよう・深めよう　送り仮名

送り仮名の本来の目的は、訓での読み方を明示するということであったので、そのときどきに恣意的に記されることが多く、明治以前には一定した用法というものがなかった。口語文の普及に伴い、送り仮名の付け方についても統一的な基準を求めるような動きが現れ、戦後の国語施策のなかで、「送りがなのつけ方」(1959年)によって、「現代口語文を書く場合の送りがなのつけ方のよりどころ」が示された。これが改定されて、現在の「送り仮名の付け方」(1973年)となった。

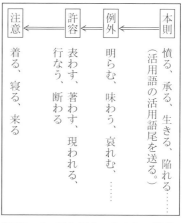

[図版24] 送り仮名のきまりの構成

本則（活用語の活用語尾を送る。）：憤る、承る、生きる、陥れる……
← 例外：明らむ、味わう、哀れむ……
← 許容：表わす、著わす、現われる、行なう、断わる……
← 注意：着る、寝る、来る

「送り仮名の付け方」は、原則である「活用語の活用語尾を送る」という基準があるものの、その中身は、「本則(基本的な法則)→例外(慣用に従うもの)→許容(本則外の慣用に従ってもよいとするもの)→注意」というような、かなり複雑な構造になっている。「活用語の活用語尾を送る」という基準の徹底は、そう簡単に実現しないからである。

その理由の第一は、日本語の派生関係によるものである。「動かす、照らす、語らう……」などの派生的な語は、もとになる活用語の送り方である「動く、照る、語る……」によるとする。ところが「活用語尾を送る」という基準に単純にしたがえば、「動す、照す、語う……」となって、送りがなの原則自体は画一化できるが、今度は漢字「動」の読みに、「うご・うごか」の2種類ができてしまうことになる。送り仮名のきまりの単純化のしわ寄せが、漢字の訓の複雑化にいくということになる。日本語の構造上で、送り仮名の基準の統一と漢字の訓

の統一は、本来的に共存しえない関係にある。

　理由の第二は、慣用の問題である。「謡、虞、趣、話……」や「届、願、曇、晴……」のような動詞から転成してできた名詞、「書留、割引、受付、植木……」のような複合名詞には、習慣的に送りがなをつけないものが少なくない。

　このような背景を背負っているので、きまりとして単純化はできず、結果として一つひとつの語ごとに、送り仮名を覚えていくしかないのである。

5.4.2　ローマ字表記の多様性

> 🏃 ここからはじめよう
>
> 　「新橋」のローマ字表記が二通りあることについて、その理由を考えよう。
>
>
>
> [図版 25]　「新橋」のローマ字表記

▶歴史上のローマ字表記

　ローマ字は、中世末期から近世初期にかけて来日したポルトガルやスペインのキリスト教宣教師たちによってもたらされました。近世の鎖国時期にはオランダ人や蘭学者が、幕末・明治初期には英米人が主にローマ字による日本語表記を試みていました。

　現在、一般に使われているローマ字の綴り字法には、二種類がありま

第1表〔( )は重出を示す。〕							
a	i	u	e	o			
ka	ki	ku	ke	ko	kya	kyu	kyo
sa	si	su	se	so	sya	syu	syo
ta	ti	tu	te	to	tya	tyu	tyo
na	ni	nu	ne	no	nya	nyu	nyo
ha	hi	hu	he	ho	hya	hyu	hyo
ma	mi	mu	me	mo	mya	myu	myo
ya	(i)	yu	(e)	yo			
ra	ri	ru	re	ro	rya	ryu	ryo
wa	(i)	(u)	(e)	(o)			
ga	gi	gu	ge	go	gya	gyu	gyo
za	zi	zu	ze	zo	zya	zyu	zyo
da	(zi)	(zu)	de	do	(zya)	(zyu)	(zyo)
ba	bi	bu	be	bo	bya	byu	byo
pa	pi	pu	pe	po	pya	pyu	pyo

第2表			
sha	shi	shu	sho
		tsu	
cha	chi	chu	cho
		fu	
ja	ji	ju	jo
di	du	dya	dyu	dyo
kwa			
gwa			
			wo

[図版26] ローマ字のつづり方

す。社会でより広く使われているヘボン式は、『和英語林集成』(初版1867年)の編者であるJ. C. ヘボン James Curtis Hepburn が採用した綴り字法の流れをくむものです。もう一つは、田中館愛橘が主張した日本式に対して、1937年に文部省が修正した訓令式を基調とする綴り字法です。

公的なものとしては、1954年に内閣告示された「ローマ字のつづり方」があるだけで、それ以後は改正されていません。「ローマ字のつづり方」には、第1表と第2表があげられており、第1表は訓令式の系統、第2表がヘボン式の系統を受け継いでいます。そして、「一般に国語を書き表す場合」は第1表により、「国際的関係その他従来の慣習をにわかに改めがたい事情にある場合に限り」、第2表によるというものでした。

▶現代社会のローマ字表記

その後、実際の社会の中では、例えば次頁の駅名表示のようにヘボン

式が圧倒的優勢となっています。訓令式はほとんど完全にといっていいほどに姿を消してしまって、わずかに国語教科書の中だけに姿をとどめることになっています。

[図版27] ヘボン式ローマ字表記

　さらに「新橋駅」のローマ字表記が「SHIMBASHI」となっていたり、「○○新聞」のローマ字表記が「SHIMBUN」となっていたりと、ヘボン式のさらにその改訂パタンも使われています。現実社会の方が、国語政策よりもさらに先行してしまったといえます。

広げよう・深めよう　カタカナの機能

> 　カタカナはもともと、平安時代に漢文を訓読する際の注記から生まれたものであった。漢籍や仏典の漢文に、日本語での読み方を記したものを訓点資料というが、漢字と漢字の狭い字間・行間に記す文字として、漢字の点画を省略してできたカタカナが、本文の漢字との視覚的な識別がしやすく、都合がよかったのであろう。そのためもあって、伝統的には学問や研究の分野では、主にカタカナが使われてきた。
> 　259頁に掲載した『類聚名義抄』も、寺院において学問僧によって編纂され、書き写されていったものである。現在でも自然科学の分野では、動植物の名称は「ツバメ」「タンポポ」のように、カタカナ書きが主流である。
> 　そのような特別な分野での使用を別とすると、近年の日常生活では、主として外来語やオノマトペの表記に使われる。しかし、ひらがなや漢字で書かれるのがふつうであるところで、あえてカタカナ表記をした例を見ることも少なくない。カタカナ自体の使用頻度や使用場

面が限られていることを逆用して、特定の語句を目立たせたいとか、ふつうとは少し違った意味で使っているというニュアンスを伝えたいとかいった意図があるものと考えられる。

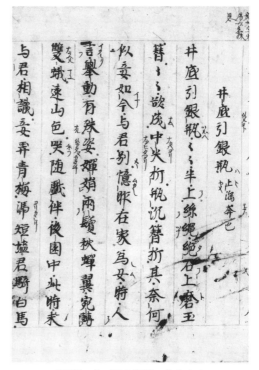

[図版28] 訓点資料のカタカナ
(太田次男・小林芳規(1982)『神田本白氏文集の研究』(勉誠社)より)

ところが、ウエストに安っぽいベルトがのぞいていたり、髭がサマになっていなかったりでどうも無理がある。韓流スターか、はたまたホストクラブの看板かって感じになってるじゃん。この路線でいくには、男としてのコクも個性も足りなすぎるんだって。アベノミクスで、イケイケ日本も帰ってきそうな気配。世の女性のみなさんもこの機会に、ホンモノのギラギラ男にも今一度、目を向けていただければ、と。

書籍のタイトル　　　　　(『週刊朝日』第118巻第41号
　　　　　　　　　　　　(2013年9月20日)より)

[図版29] カタカナの表現効果

課題

1. 次の語が、意識の上で一語であるか、二語に分解できるか、話し合おう。
   かたず(固唾)　ほおずき(酸漿)　みみずく(木菟)　うなずく
   おとずれる(訪れる)　かしずく　つまずく　ぬかずく　さしずめ
   でずっぱり　なかんずく　うでずく

2. 次の語の歴史的仮名遣いを調べよう。
   おうむ(鸚鵡)　おうぎ(扇)　ほうる(抛る)　おうさま(王様)
   こうり(高利)　おおかみ(狼)　こおり(氷)　おおう(覆う)
   とおる(通る)　おおきい(大きい)　とう(塔)　きょう(今日)
   ちょうちょう(蝶々)　ほのお(炎)　とお(十)

3. 送りがなのきまりについて、1959年の「送りがなのつけ方」と1973年の「送り仮名の付け方」では、「表す・表わす」、「行う・行なう」について扱い方が異なっている。何がどのように変えられたのか、調べて説明しよう。

4. 「SHIMBASHI」のような、ふつうのヘボン式ローマ字表記をこえているような表記を身辺から探そう。

5. 雑誌などから、カタカナ表記の機能として興味深い例を探そう。

5.5. 表記の周辺

5.5.1 表記の多様性

ここからはじめよう

次の①〜②の文章の中のふりがなの使い方について、気がついたことを書き出そう。また、写真③〜④の商品名、店名の表記について、その意図や戦略を考えよう。

① にごりえ 21

何と姿が見えるかと嬲（なぶ）る、ああもう帰つたと見えますとて茫然（ぼん）としてゐるに、持病といふのはそれかと切込まれて、まあそんな処でござんせう、お医者様でも草津の湯でもと薄淋しく笑つてゐるに、御本尊を拝みたいな俳優（うてぎ）で行つたら誰れの処だといへば、見たら吃驚（びつくり）でござりませう色の黒い背の高い不動さまの名代（みやうだい）といふ、では心意気かと問はれて、こんな店で身上はたくほどの人、人の好いばかり取得とては皆無でござんす、面白くも可笑しくも何ともない人といふに、それにお前はどうして逆上（のぼせ）せた、これは聞き処と客は起かへる、大方逆上性（のぼせしやう）なのでござんせう、貴君の事をもこの頃は夢に見ない夜はござんせぬ、奥様のお出来なされた処を見たり、ぴつたりと御出のとまつた処を見たり、まだまだ一層かなしい夢を見て枕紙（まくらがみ）がびつしよりに成つた事もござんす、高ちやんなぞは夜る寐るからとても枕を取るよりはやく鼾（いびき）の声たかく、宜い心持らしいがどんなに浦山（うらやま）しうござんせう、私はどんな疲れた時でも床へ這入（はい）ると目が冴（さ）へてそれはそれは色々の事を思ひます、よもや私が何をおもふか事があるだらうと察してゐて下さるから嬉しいけれど、考へたとて仕方がない故人前ばかりの大陽気、それこそはお分りに成りますまい、苦労といふ事はしるまいと言ふお客様もござ菊の井のお力は行（ゆ）ぬけの締りなしだ、

②

風立ちぬ・美しい村

＊
＊＊

　八ヶ岳の大きなのびのびとした代赭色の裾野が漸くその勾配を弛めようとするところに、サナトリウムは、いくつかの側翼を並行に拡げながら、南を向いて立っていた。その裾野の傾斜は更に延びて行って、二三の小さな山村を村全体傾かせながら、最後に無数の黒い松にすっかり包まれながら、見えない谿間のなかに尽きていた。
　サナトリウムの南に開いたバルコンからは、それらの傾いた村とその赭ちゃけた耕作地が一帯に見渡され、更にそれらを取り囲みながら果てしなく並み立っている松林の上に、よく晴れている日だったならば、南から西にかけて、南アルプスとその二三の支脈とが、いつも自分自身で湧き上らせた雲のなかに見え隠れしていた。
　サナトリウムに着いた翌朝、自分の側室で私が目を醒ますと、小さな窓枠の中に、藍青色に晴れ切った空と、それからいくつもの真っ白い鶏冠のような山顛が、そこにまるで大気からひょっくり生れでもしたような思いがけなさで見られた。そして寝たままでは見られないバルコンや屋根の上に積った雪からは、殆んど目がいに見春めいた日の光を浴びながら、絶えず水蒸気がたっているらしかった。

（①＝「にごりえ」〔樋口一葉(1949)『にごりえ・たけくらべ』(新潮社)〕、
　②＝「風立ちぬ」〔堀辰雄(1951)『風立ちぬ・美しい村』(新潮社)〕より）

[図版 30]　ルビとあて字

▶ルビの機能

　日本語には、漢字という表意的な文字と、仮名という表音的な文字の2種類の文字体系が併用されていることから、ふりがなという独特な表記様式が生じました。ふりがなをどの漢字につけるか、どうつけるかは、マスコミや教育のような規範性の高い分野を除けば、ほぼ個人の自由に委ねられているので、明確な基準があるとはいえません。時として、かなり個人的なものや、技巧的なものが生まれてくる素地があります。

　ふりがなが付される場合には、大別して二通りがあります。

　その第一は、通常の表記において読みが困難であったり、あるいは、むずかしいと思われたりする漢字の、その読みを特定するために付けられるものです。細かく見ると、常用漢字表に含まれない漢字や字体の読みを示したり、表外音訓の読みを示したりするもの、複数の読みを持つ漢字、漢語の読みを限定するもの、いわゆる当て字や熟字訓の読みを示すものなどがあります。

　【ここからはじめよう】にあげた樋口一葉や堀辰雄の文章は、それぞれ明治20年代、昭和10年代に発表された小説です。近代の文章では、漢字、漢語の読みが現在よりも固定的ではなかったために、現在から見ると多少驚かされるようなふりがなが現れます。

第二は、語の音形と意味とを視覚的に多重化して示そうとする作為的なふりがなです。ふりがなには、その漢字の規範的、一般的な読みとは必ずしもいえない語があえて選ばれており、ある種の表現効果や、時には遊戯性が意図されていることがあります。具体的にみると、通常は音読みをする漢字や漢語にあえて一般的ではない読みを付すもの、隠語や俗語の類の特異な語形を付すもの、漢字や漢語に外来語の読みを付すものなどさまざまな形態があります。

　さらに、本文とふりがなの関係が逆になったり、ふりがなに外国語や記号が使われたりと、かなり自由で多種多様な表現が行われています。もはや「ふりがな」の範囲を越えているともいえます。

▶あて字の機能

　漢字が表意的文字であるところから、音と意味との二重性を利用して、特別な表現効果を意図した文字の選択が、日常生活のあちこちから発見できます。このような用字が伝統的に使われて定着し、もはや当て字の意識が薄れているものには、「歌舞伎」「寿司」「護美箱」などがありますが、現在でも個人の創意によって新たに作られているものも多く、店名、商品名や広告、新聞・雑誌などの見出しなどで、しばしば見つけることができます。

　またカタカナが利用されることもありますが、これも異なる文字体系を併用する日本語ならではの事象であるといえます。

①

②

③

④ 野菜をたっぷり、摂(ト)る(ル)ティーヤ!

⑤ マートン会心弾　前日…判定巡り退場処分

（『朝日新聞』（2013年8月16日）より）

⑥

（『サンケイスポーツ』（2013年7月13日）より）

⑦

（『サンケイスポーツ』（2013年8月29日）より）

[図版31]　あて字の機能

広げよう・深めよう　読めない仮名表記

　ひらがなには、かつて変体仮名とよばれる複数の字体が存在した。例えば、現在の「は」は漢字の「波」からできたが、他にも「者」「八」「盤」を字母とするさまざまな字体が使われていた。現在ではわずかに、箸袋に書いてある「おてもと」や蕎麦屋の暖簾に書いてある「そば」などに、変体仮名の名残が見られる程度である。片仮名についても、かつては複数の字体が併存していた。

　仮名文字についてのそのような多様

[図版32]　変体仮名の使用

性は、現在ではあまり見られなくなったが、一方では次のように、最近のマンガに、常識を覆されるような新しい仮名表記が現れている。実際に表している音はなんとなく想像できる。例えば、「母音の仮名＋濁点」はおそらく有声声門摩擦音［ɦ］、または有声咽頭摩擦音［ʕ］が想定できる。ただし、実際のところは、言語音というより、叫び声のような一種の物理的な音を表そうとしているのかもしれない。そうであれば「読めない」ということも理解できる。

マンガにはこのような例が少なからず見られる。右下の例は、単純に「んごおおおっ」という表記かもしれないが、もしかしたら、「ご」の濁点にさらに「ん」をつけているようにも見える。

（左上・右上・左下＝浜田ブリトニー「パギャル！」より、右下＝藤原ヒロ「会長はメイド様！」より）

（時計野はり「学園ベビーシッターズ」より）

[図版 33]　特殊な表記

課題

1. 図書や雑誌から、興味深いルビの事例を探してみよう。
2. マンガなどから、読めない仮名表記の事例を探してみよう。
3. 日常生活の周辺から、興味深い当て字の事例を探してみよう。

6　日本語の位置

6.1.　「日本語」と「国語」

6.1.1　日本の言語

> 🏃 **ここからはじめよう**
>
> 次の発言の妥当性について、意見を交流しよう。
> ① 日本人であれば、「真っ赤なうそ」ということばの「真っ赤」は、「まったくの」という意味であることは、だれでもわかるはずだ。
> ② 「国語教育」は、日本国内の小・中・高等学校で行われている教科に関する教育であり、日本人を対象としている。

▶国の言語

「日本語」を意味することばとして、伝統的に「国語」という語が頻用されますが、この語の意味は単純ではありません。おおまかにいっても、「国語」には、

❶　ある一国の言語
❷　日本国民にとっての自国の言語としての日本語
❸　日本における学校教育の一教科

という三つの用法があります。❶、❷は言語を指します。❸は言語ではなく、学校での教科を指しますが、そもそも自国語や自国語によって書かれる文章に関わる教育の教科名を「国語」と称すること自体、世界の

国々にあっては異例のことです。❶の意味では、国家語、公用語という用語もありますが、これらについても意味がかなり曖昧です。

単純に「国の言語」といっても、次のようなさまざまな理解のされ方がありそうです。
❶　その国において行われている言語のすべて
❷　その国において行われている言語のうち、大学等の高等教育で用いられている言語
❸　その国において行われている言語のうち、新聞や放送で使われているような社会性・公共性の高い言語
❹　その国において行われている言語のうち、行政府などの公的機関が用いる言語
❺　その国において行われている言語のうち、国家が外交等で対外的に用いている言語
❻　その国において行われている言語を代表し、国家を象徴する言語
さらに、公的な言語といった場合、慣習的にそのように認められているのか、法律等によって明文化されているのかという違いがあります。

英語の 'mother tongue' は、「生後、自然なかたちで身についた言語」という意味であり、通常は母語と訳されます。言語学では純粋に科学的な認識として 'native language' という用語を使いますが、これも通常は母語と訳されます。これらは個人にとっての言語を指していて、国や地域にとっての言語とは視点が異なります。

▶「国語」・「日本語」

民族と国境の複雑な地理的、歴史的背景を抱えた世界の各国、地域では、一つの言語がその国の言語であるという状況は極めてまれです。日本に育った多くの人は、「日本の言語」というと無条件で日本語であると考えがちですが、では、どのような意味で日本の言語が日本語である

のかということについては、ほぼ無反省であるといってもいいのではないでしょうか。しかし、けっして日本という国に存在する言語は、日本語だけではありません。

　土地としての日本国内には、古くよりアイヌ語が存在していて、日本はけっして単一言語国家ではありません。日本国内において日本語を話す人というのは、民族的にも国籍としても、いわゆる日本人に限られるわけではありません。要するに、「日本語＝日本国の言語＝日本人の言語＝国語」という図式は短絡です。

　近年、閉鎖的でやや古めかしいイメージを伴った「国語」に代えて、他の言語との相対的関係においてとらえられる「日本語」を好んで使おうとする動きが強くなってきました。

　背景には、日本語を外国語として学ぶ日本語教育の拡大があげられるでしょう。また、経済を中心としたさまざまな活動のグローバル化ということもあるでしょう。

　学校教育における教科名称としての「国語」は、そう簡単に改称されることはないかもしれませんが、日本語の研究者が一堂に集う「国語学会」は、2004年に「日本語学会」に名称を変更しました。これも含めて、「国語」から「日本語」への移行が、単なる名目的・形式的なものにとどまることなく、日本語の実体に対する正確な理解を伴うものでなくてはなりません。

　21世紀は知識基盤社会であるといわれますが、そこでは国境を越えた紛争の解決や異質の文化を背景とした人々の協働が今まで以上に強く求められています。そのためにも、わが国の言語や言語文化への正しい認識と、それらを相対化してとらえる視点に立った教育とがさらに必要となっているといえます。

広げよう・深めよう　多言語国家

　世界の国々の中で、多民族国家、多言語国家はけっして珍しいものではないが、インドはもっとも複雑な国の一つであると考えられる。方言を含めた言語の数が500とも2,000ともいわれるインドでは、憲法によって連邦政府が使う 'official language' としてのヒンディー語と、各州政府が使う公用言語を取り決めている。

[図版1]　インドの国

　各州の公用言語は、現在は20前後ともいわれる指定言語の中から各州が決めるもので、それにはもはや日常的な生活のための言語ではなくなった古典語であるサンスクリット語さえ含まれている。それに加えて、連邦議会の使用言語、州議会の使用言語、州と州、州と連邦の間の公文書の使用言語が、それぞれ決められているという。

　しかも、いったんは猶予期間の後に公用語としての地位から外そうとした英語については、法改正をしてまでも、補助公用語としての併用を認めざるをえない状況にあった。また、実際に大学教育の大部分は英語で行われていて、政府の要職につくためには、英語の習得が不可欠だというのである。

　やや古くなるが、1996年の新聞に次のような記事があった。

　　　首相がにわかヒンズー語　　■インド
　　　インドのゴウダ首相は15日、デリーのレッド・フォートで開かれた独立記念式典で、覚えたてのヒンズー語で、安全保障や経済政策などについて国民向けの演説をした。
　　　ゴウダ首相は南部カルナタカ州の出身で、同州のカンナダ語と英語しかしゃべれなかった。しかし、インドの首相は独立記念日

にヒンズー語で演説することになっており、同首相は6月の就任後、9億国民のうち約4億人が話すヒンズー語の学習を始め、個人教師から6週間の特訓を受けた。

　この日、首相は用意した草稿を読んだが、その演説ぶりについて、インドのマスコミ関係者は「多少の発音の違いはあったが、間期間でこれだけ話せるとは。小学5年生くらいの出来ばえかな」とほめていた。　　　　　　　（『朝日新聞』1996年8月16日）

6.1.2　絶滅危惧言語

> 🏃 **ここからはじめよう**
>
> 　次の文章は琉球語による口承民話を、できるだけ発音に近いかなで書き写したものである。どのような内容の話だろうか、想像してみよう。
>
> 犬の足
>
> 　昔、犬 やよ、足三本 あいたんり。あっくしん ガックン ガックン ねーぐち、じょーい ぱいぬくとぅんならん。あんしや ぬーん ならんでい 言ち、みーんがてぃ うにげーしちゃん。
> 「わんが足三本しや、なあ、あっくしん でーじ。ぱいぬくとぅんならん。ぬすどぅん はちみるくとぅ ならんくとぅ、なー、一本足いらちとぅらしんそーれ。」
> でい言ち、うにげーしちゃん。
> 「あんしやー でーじえーさーん。」
> でい言ち、はみー。
> 「わんが足といねーなー、むみくらんかい くーうぇんちゅ しかむぬ くとぅ、ぬーがらしてい とぅらさんきねならん。」
> でい言ち、むぬかんげー しちゅーたん。
> むぬかんげー しちゅたるばーに、あまからよー じっこー がんじゅー はる まやー とぅんとぅるもーか していちゃん。
> 「えーえー、まやー。やーが足よ、あぬあわりな犬かに 一本わきてぃ とぅらはんな。」
> りち、言ちゃーとぅ、
> 「わんが足といねーなー、むみくらんかいくーうぇんちゅ しかむぬ くとぅ、まやーんかい くとぅわったん。」
> でい、くとぅわらてぃ はみーや、また むぬかんげー しちゅた ん。
> くんどうやよー、あまから「足ぬきゃっさん あいん ムカジがちゃーん。
> 「えーえー、ムカジ。やーが足、きゃっさん あいとぅーよー、ぬ あわりな犬 によ、わきていとぅらはんな。」
> りち、言ちゃーとぅ、
> 「わんが足きゃさん あいしがよ、一本なー一本よー。」
> くんどうやよー、あまから「足ぬきゃっさん あいん ムカジがちゃーん あいとぅーよー、一本よー、あいしがよ、一本なー一本んかい やくみがあてぃ

> でぃ言ち、くとぅわらったん。
> 「あいやなー。」
> はみー、また、むぬかんげー しとぅん。ウコールんかい、いっぺーぬ めーみーちゃんに、ウコールがあいたん。
> 昔やよ、ウコール、足四本あいたんり。ウコール、やーぬ足よ、あぬ、あわりな犬かい 一本わきてぃとぅらりち、言たー。
> 「しまやびんどー。わんぬー、めーなち ふまんがてぃ びっちびけーるういとぅ、一本、わきてぃしまびんどー。」
> でぃ言ち、ウコールが言たん。
> なーみ ゆるくでぃ、犬 ゆでぃ、ウコールからぬ足一本たっくゎーちとぅらん。
> 「うりち、ぬすどぅん はちみるくとぅ ないりち、ゆるくだん。ウコールからもらった足いぇしが 犬やはみんがてぃ くくるから ぐりーしちゃん。
> 「ばいぬくとぅ なたん。」
> りち、
> なーみ ゆるくでぃ、犬 うっさーかったーしち、「ばいぬくとぅ なたん。」
> うぬばーから 犬や すべーすんばーに うぬ足だーちゃならんりち、はた足あぎてぃ すべーすぬくとぅ なたんでぃ。

▶消滅の危機にある言語

　【ここからはじめよう】にあげたのは、琉球方言によって語られた「犬の足」という民話です。語り手は沖縄県名護市在住の新城京美氏（2012年当時52歳）で、上掲の翻字と次の共通語訳は、本書の筆者が勤務する大学の大学院学生であった比嘉惠友美氏によるものです。このような民話の収集と記録にはどのような価値があるのでしょうか。

　世界にある言語は、6,000とも7,000ともいわれていますが、ユネスコ（国連教育科学文化機関）は、2009年に世界で2,500を上回る言語が消滅の危機にあると発表しました。538言語が最も危険な「極めて深刻」に分類され、このうち199語は話し手が10人以下だというのです。さらに「重大な危険」が502言語、「危険」が632言語、「脆弱」が607言語であるとしています。また、1950年以降に消滅した言語は219言語

犬の足

昔、犬は足が三本だったそうです。歩くのにもがくがくしてしまい、当然、走ることもできません。そこで、このままでは何もできないと思って、犬は神様にお願いをしました。
「三本の足では、歩くのもたいへんです。歩くこともできず、どろぼうも捕まえられません。私にも一本、足をください。」
と言ってお願いしました。
「これはいかんな。」
と言って神様は、もう一本、足をあげなければならないぞ。」
と考えこんでしまいました。

その時、元気な猫が勢いよく走ってきました。
「おいおい、猫よ。おまえのこの足を、あのかわいそうな犬に、一本分けてくれないか。」
と言ってみたところ、
「私の足を取られたら、お米を食べに来たねずみが来ても、捕まえることができません。」
と言って断られました。
猫に断られてしまって、神様は、またどうしたらよいか、考え始めました。

今度はふもとから、足がたくさんあるムカデがやってきました。
「おいおい、ムカデよ。おまえの足はたくさんあるのだから、一本だけかわいそうな犬に分けてくれないか。」
と言ったところ、
「私の足はたくさんありますが、一本一本にそれぞれ役目がありますので、分けることはできません。」
と言って断られてしまいました。

「ああ、どうしよう。」
神様が再び考えええました。その時、仏壇の前を見ました。そこには、お線香を立てているウコールがありました。

昔は、ウコールは四本足だったそうです。神様がウコールに、
「おい、ウコール、おまえの足を、あのかわいそうな犬に、一本分けてくれないか。」
と言ったところ、
「いいですよ。私は毎日、ここにすわっているだけなので、一本くらい分けてもだいじょうぶですよ。」
と、ウコールが言いました。

神様は大喜びをして、犬を呼んで、ウコールからもらった足を一本、つけてあげました。
「これで、走ることができる。」
と言ったり、どろぼうを捕まえることもできる。」
と言ったりして喜びました。ウコールからもらった足ではありますが、犬は神様に、心からお礼しました。

この時から、犬はおしっこをする時に、この足をおしっこでよごしてはいけないと、片足をあげて、おしっこをするようになったということです。

にのぼるというのです。

　日本国内では、以下の8つの言語・方言が絶滅危惧言語とされました。ここでは、方言も一言語として扱われています。

○　極めて深刻＝アイヌ語
○　重大な危機＝八重山語(八重山方言)・与那国語(与那国方言)
○　危険＝八丈語(八丈方言)・奄美語(奄美方言)・国頭語(国頭方言)・沖縄語(沖縄方言)・宮古語(宮古方言)

　少数言語の衰退の背景には、単に言語だけの問題でなく、政治や民族的・宗教的対立、経済や社会構造など、複雑な要素が微妙に絡みあっています。沖縄の状況をとっても、本土復帰以後、一方で経済的にも社会的にも本土の水準を回復しようとする動きがあり、一方で独自の伝統

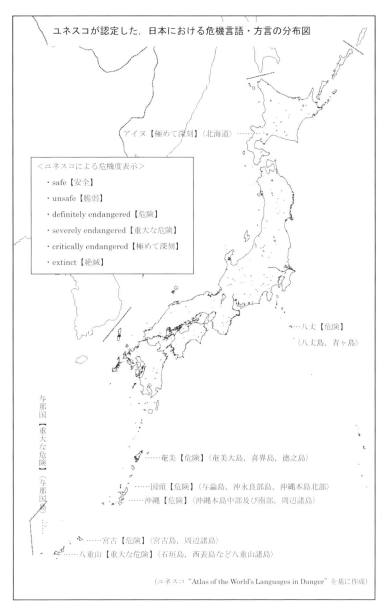

[図版2]　消滅の危機にある方言・言語
（文化庁ホームページより）

文化を保存しようという動きがあって、両者の共存はそう簡単ではないようです。

▶言語文化の保守

　ユネスコ認定の8言語・方言だけでなく、日本各地の方言の中には、この先の動向に危機感を持たれているものもあります。各地で方言に関わる活動を盛り上げたり、積極的に商品化しようとする動きもある［⇨142頁］のですが、口承民話のような言語・方言によって語り継がれてきた言語文化を、記録として残していくことは極めて価値のあることです。

　次の写真は、山形県南陽市にある「夕鶴の里」です。民話の語り部たちの育成や、民話による語りの会の会催などの取り組みが行われています。

　［図版3］　山形県南陽市にある「夕鶴の里」と刊行物

広げよう・深めよう　アイヌ語

　アイヌ語は、現在の日本国土の先住民族であるアイヌ民族に固有の言語である。現在でもその系統は未詳であるが、少なくとも日本語とは別系統の言語であることは確実である。

[図版4]　アイヌ語に関する出版物

　2009年にユネスコ（国連教育科学文化機関）によって、その存続が「極めて深刻」とされたが、当時の新聞も、

> 日本では、アイヌ語について話し手が15人とされ、「極めて深刻」と評価された。財団法人アイヌ文化振興・研究推進機構（札幌市）は「アイヌ語を日常的に使う人はほとんどいない」としている。アイヌ語はロシアのサハリンや千島列島でも話されていたが、いずれもすでに消滅していた。

と紹介している。この「話し手」とは、母語話者としての話し手のことである。

　現在もアイヌ語の研究やアイヌ語に関する出版、アイヌ語を記録に保存しようとする活動、アイヌ語を学習する活動などアイヌ語を守る活動も、さまざまなかたちで行われている。

課題

1. 「国語教育」と「日本語教育」の違いを、教育の対象者、目的、教員の資格・資質、教材（教科書）の条件・内容などの観点からまとめよう。
2. アイヌ語、琉球方言の歴史について調べよう。
3. 世界の多言語国家、例えばスイス、ベルギー、スペイン、ボスニア・ヘルツェゴビナ、アイルランド、カナダ、ハイチ、シンガポール、中華人民共和国、フィジーなどの言語について調べてみよう。

6　日本語の位置

ベルギー深刻　言葉の壁

第1党にオランダ語圏独立派

仏語圏への支出に不満

【ブリュッセル＝井田香奈子】北部オランダ語圏と南部フランス語圏の言語圏＝図＝が対立するベルギーの総選挙で、オランダ語圏の分離・独立を訴える政党「新フランドル同盟」が第1党になった。同党を中心に連立協議が進むが、将来的なベルギー消滅を支持する政党が政権の核となるのは初めて。経済格差の広がりを背景に、長年の南北言語戦争は新たな局面に入っている。

クライネム町の庁舎では、ポスターや案内は言語別の2枚が並ぶ＝井田写す

新フランドル同盟は13日の総選挙で27議席を獲得し、定数150の下院で最大勢力となった。デウェーフェル党首は、言語圏別の地方政府への権限委譲を進めると訴え、将来的にベルギーの「発展的解消」を支持する分離独立を求める声が高まる。

ベルギーの言語圏

北部がオランダ語圏、南部がフランス語圏、欧州連合（EU）や北大西洋条約機構（NATO）の本部があるブリュッセル首都圏は両言語併用地区。1830年、オランダからの独立を宣言して建国したが、第2次世界大戦後、経済成長に成功したオランダ語圏が優勢だった。以降フランス語が経済力を強めており、1963年に言語境界線を画定。93

年に連邦制に移行し、地方政府の権限が大幅に強化された。

ッセルから、地価が安く緑が多い周辺のオランダ語圏に移り住む人が増えており、オランダ語圏の住民に「税金が仏語圏に回されている」との不満が強い。

このため、オランダ語圏主要政党も「ベルギー消滅」まで求めていないという。分離・独立が実現する見通しは当面ない。

ただ、今回の総選挙では、同盟に即時独立を加えるなど急進的な政党の得票率がオランダ語圏で46％に上った。こうした勢いを背景に、さらなる地方分権についての議論が加速する流れになっている。

対立に戸惑い

オランダ語圏での分離・独立を求める声の強まりに、言語圏対立の「最前線」では戸惑いが広がる。ブリュッセルに接するクライネム町は、地理的にはオランダ語圏だが、

住民の8割はフランス語話者。個別に求めがあればフランス語でも公共サービスを提供する特例自治体の一つだ。

「ただでさえオランダ語を主体とする地方政府からの締め付けだけはオランダ語を覚えようとしない新住民に対し、オランダ語話者の権限を持つと、年金や失業補償などの社会保障は連邦政府が担う。このため、オランダ語圏の住民に「税金が仏語圏に回されている」との不満が強い。

今後の連立協議は、同盟や26議席を得た第2党の仏語圏社会党などを中心に進める。仏語圏政党は「ベルギーの一体化」を重視、ほかのオランダ語圏主要政党も「ベルギー消滅」まで求めていないという。分離・独立が当面実現する見通しは当面ない。

立」が実現に近づくなら、この町はブリュッセル首都圏に組み込んでもらうしかない」

図書館は蔵書の4分の3以上がオランダ語の本でないといけない、と、地方政府の補助金は出ないと、町長は「利用者の多数が求めるのをやりくりしつつ、町長は「利用者の多数が求めるフランス語の本。蔵書がオランダ語だけで、市民サービスといえますか」と話す。町予算だけで仏語圏図書館をやりくりしつつ、町長はフランス語を認めない方針を探る。オランダ語圏地方政府は、学校ではオランダ語以外話せるなど一定の条件を満たさなければ不動産の新規購入を認めない方針を探る。オランダ語を強く奨励。

ないが」としつつ、こうぼした。「『オランダ語圏独立』が実現に近づくなら、この町はブリュッセル首都圏に組み込んでもらうしかない」

[図版5]　ベルギーの言語状況
（『朝日新聞』（2010年6月20日）より）

6.2. 日本語の類型

6.2.1 日本語特殊論

> 🏃 **ここからはじめよう**
>
> 「日本語は世界の言語の中でも特殊な言語である。」という主張を聞いたことがないだろうか、お互いに意見を交流しよう。

▶英語との対比

　日本語は世界の諸言語と比較すると、どのような特徴を持った言語であるのかということは、一般の人々の興味の対象になりやすいのでしょう。そこでまず出てくるのが、「日本語は特殊な言語である」という考えです。この種の日本語ユニーク論は、かつてほどではないにしろ、依然として根強いように思われます。中・高等学校の英語の時間に、世界の言語の中では英語のような文法を持っている言語が「標準」であり、日本語はかなり「変わった」言語であると聞かされていた人もいるようです。

　例えば、「英語には敬語がないが、日本語にはそれがあるので、日本語は特殊だ」となるのでしょう。もちろん、英語に敬語に相当する表現がないというのは誤りです。すると今度は、「日本語ほど敬語が複雑に発達した言語はない」となります。しかし、日本語の敬語が「複雑に発達している」ことが、厳密に立証されているわけではありません。

　さらに、日本語の特殊性が、日本文化の特殊性や、日本的思考・行動様式の特殊性に直結されて論じられることがあります。例えば、ある比較文化論者の著書に、次のようなことが書かれていました。

　日本語では、自分の聞いたことを他人に伝えるのに、判断主体（英語の 'I'）の欠如した「〜と聞こえた」という自発表現を好んで使い、「常

に個人の主体性・能力・責任の問題である」はずの可能表現のことを言うのにも、「来られる」と自発表現を使いたがるのだが、これは日本文化の本質と深く関わり合っているからである、それは、英語などのインド＝ヨーロッパ語では、きびしく「自」と「他」を峻別する態度を受け止めるために形成された言語であって、日本語は常に「自」と「他」の区別を止揚しようとする日本文化のうえに作り上げられた言語だからだ、というのです。

　つまり、日本語で自発表現が多用されるのは、自己と他者の対立を好まない日本人、日本文化の特性を反映したものであり、逆に英語などは、自他を明確に区別する文化を持っているから、主語の 'I' をはっきりと形に出す文法が発達したというのです。

　その著者は、日本語の「できる」という表現にも言及しています。日本語では、自分で料理をしておきながら「ご飯ができましたよ。」と、その著者の言葉によれば、「自然展開」的な言い方をするというのです。しかし、これに相当するもっとも一般的な英語表現は、'Dinner is ready.' でしょう。「be＋形容詞」というのは、「～の状態にある」ということで、日本語の動詞「できる」よりもさらに能動的ではない静的な表現だといえます。そうなるとかえって英語圏の文化の方が、より自己主張をしない自己埋没的な文化であるということになってしまうでしょう。

▶日本文化論との関係

　日本文化や日本人の思考様式・行動様式には、ある種の典型的な類型や他の文化とは異なるユニークな点が、たしかにあるのかもしれません。現在では古典となっている、日本人や外国人による興味深い日本文化論も多数あります。

　しかし、仮にそのような文化の特性がたしかにあったとしても、それと日本語の構造や表現類型とはもともと無関係のものであると考えるの

[図版6]　戦後の日本論の著書
（土居健郎(1971)『「甘え」の構造』(弘文堂)
ルース・ベネディクト、長谷川松治 訳(2005)
『菊と刀　日本文化の型』(講談社〔1976、社会思想社〕)
中根千枝(1967)『タテ社会の人間関係』(講談社))

が言語学の立場です。

広げよう・深めよう　雨の名前

　「日本人は自然に対して繊細な感性を持った民族である」というのも、時として言われる言説である。その根拠としてあげられやすいのが、自然現象に関する日本語の語彙の豊富さである。

　例えば、「雨」に関して、英語なら'rain'の一語しかないが、日本語には「小雨・大雨・長雨・にわか雨・氷雨・霧雨・夜雨・こぬか雨・さみだれ・春雨・秋雨・しぐれ・天気雨・通り雨・村雨・涙雨・長雨……」といろいろな雨の単語がある、だから日本語は繊細だ、というのである。

　一般的に日本語には単語が多いというのは、たしかにそうなのかもしれない。しかし、では、エスキモー語には「雪」を表す単語が数多くあるといい、日本語の中には「風」を表す単語を豊富に持つ方言があるというが、それらのことによってエスキモー語やその方言が、自然現象に繊細であるという解釈に結びつけることはまずないであろう。言語事象としては事実かもしれないが、それを安易に、時として都合いいように解釈して、文化論に結びつけることは慎まなければならない。

6.2.2 日本語文法特殊論

> 🏃 **ここからはじめよう**
>
> 次の例文をもとに、日本語と英語での「平叙文から疑問文を作る手順」を説明しよう。
> ① 「きのう、ジョンがここへ来ました。」→「きのう、ジョンがここへ来ましたか。」
> ② "John came here yesterday." → "Did John come here yesterday?"

▶文の中の語順

　語順という観点から世界の 130 の言語を比較検討し、言語の類型を求めようとした角田太作は、たいへん興味深い研究結果を提示しています。例えば、他動詞文に現れる S（主語）・O（目的語）・V（動詞）の基本的な語順を調べた結果、SOV が 57 言語、SVO が 51 言語であり、V が文頭にくる言語は少数であるというのです。日本語の基本的な語順は SOV ですから、この点ではごくありふれた言語だということになります。

　日本語が世界の言語の中で少数派となるのは、関係節と名詞の語順であり、日本語と同じように、関係節が名詞に先行するのは約 29 言語、英語のように関係節が名詞に後行するのは約 86 言語であるというのです。「約」というのは、関係節の位置が確認できない言語などがあるからだそうです。

▶言語の類型

　角田によると、興味深いのは一般疑問文（英語の yes/no 疑問文）の作り方だというのです。圧倒的大多数の言語では、平叙文のイントネー

ションを変えることによって一般疑問文を作ることができますが、これは日本語でも英語でも同じです。つまり、平叙文では文末に下降調のイントネーションが現れますが、同じ文の文末を上昇調にするだけで疑問文になります。それ以外にはどんな方法があるかということが問題となります。

日本語の終助詞「か」のように、一般疑問文を示す印を付ける(必ずしも文末とは限らない)という言語は約 93 言語であり、この点では日本語は多数派に属します。英語ではどうするのかというと、be 動詞か助動詞がある場合には、その be 動詞、または助動詞を文頭の主語と倒置する、be 動詞も助動詞もない場合は、助動詞 do を挿入してから主語と倒置するということになります。つまり、助動詞を挿入するという操作と、倒置をするという操作の二つの操作をすることになります。

世界の 130 の言語の中で、倒置をする言語は 12 言語であり、かなりの少数派だそうです。そして、その倒置の際にさらに助動詞を挿入するという言語は、英語だけであるというのです。すなわち、角田によれば、「英語は(私が調べた 130 の言語の中では)他に類例のない、世にも希な、極めて珍しい言語である。」となります。

英語文法標準説という妄信が生まれた背景には、よくいわれるように、明治期以来の西洋文化偏重、特に戦後日本におけるアメリカ文化偏重、英語の世界的規模における政治的・経済的な優位、日本国内での外国語教育における英語への傾斜、特に中等教育段階における英語以外の外国語教育の欠如など、おおまかにいえば、英語は外国語の代表であるというような短絡な図式があるからではないでしょうか。英語の文法との比較において異なる日本語の文法規則を、日本語の特殊性としてとらえがちなのだといえます。

広げよう・深めよう　日本語の系統

　二つの言語が、共通の祖語から分化してきたと考えられる時、両言語は系統関係にあるという言い方をする。同系統と目される言語どうしの比較によって、その共通祖語を再建し、そこから言語の歴史を合理的に説明することを目的とする研究を比較言語学という。系統がいまだ明らかではない言語の系統を議論する時には、系統論という用語も使われる。比較言語学は19世紀にドイツを中心として発達し、インド=ヨーロッパ諸語に属する言語相互の関係を明らかにするとともに、さまざまな音法則の発見などを通して、言語の縁戚関係を証明する方法を確立した研究分野であった。

　日本語が世界の言語の中で、どの言語と類縁関係にあり、どの言語の系統に属するかについて、現在までに実に多くの説が提出されてきた。しかし、確実な証明は、いまだなされていないというのが事実である。世界の言語の中には、このような系統未詳の言語が少なからず存在する。

課題

1. 古典の日本語（おおよそ平安時代の日本語）では、平叙文から一般疑問文がどのように作られるか、説明しよう。
2. 過去に日本語が、同じ系統とされた言語、同じ語源であるとされた言語にはどのような言語があったか、調べてみよう。

参考文献

■1　日本語学の視界

石黒圭(2013)『日本語は「空気」が決める　社会言語学入門』光文社
今井邦彦 編，D. ウイルスン・他，井門亮・他 訳(2009)『最新語用論入門 12 章』大修館書店
今井邦彦(2001)『語用論への招待』大修館書店
今井邦彦・西山佑司(2012)『ことばの意味とはなんだろう　意味論と語用論の役割』岩波書店
大津由紀雄 編(2009)『はじめて学ぶ言語学　ことばの世界をさぐる 17 章』ミネルヴァ書房
沖森卓也・木村義之・陳力衛(2006)『図解日本語』三省堂
加藤重広(2007)『学びのエクササイズ　ことばの科学』ひつじ書房
北原保雄 監修，佐久間まゆみ 編(2003)『朝倉日本語講座 7 文章・談話』朝倉書店
小泉保 編(2001)『入門語用論研究　理論と応用』研究社
佐久間まゆみ・杉戸清樹・半澤幹一 編(1997)『文章・談話のしくみ』おうふう
鈴木孝明・白畑知彦(2012)『ことばの習得』くろしお出版
高崎みどり・立川和美 編(2008)『ここからはじまる文章・談話』ひつじ書房
高崎みどり・立川和美 編(2010)『ガイドブック文章・談話』ひつじ書房
寺村秀夫・佐久間まゆみ・杉戸清樹 編(1990)『ケーススタディ　日本語の文章・談話』おうふう
中村明(2011)『たのしい日本語学入門』筑摩書房
中村萬里・坂本浩一・矢毛達之・久保蘭愛(2013)『入門日本語学ワークブック』双文社出版
益岡隆志 編(2011)『はじめて学ぶ日本語学　ことばの奥深さを知る 15 章』ミネルヴァ書房
籾山洋介(2009)『日本語表現で学ぶ入門からの認知言語学』研究社
森山卓郎 編(2012)『日本語・国語の話題ネタ　実は知りたかった日本語のあれこれ』ひつじ書房
安井稔(2007)『新版言外の意味(上)・(下)』開拓社
山田敏弘(2009)『日本語のしくみ(シングル CD 付)』白水社
J. L. オースティン，坂本百大 訳(1978)『言語と行為』大修館書店

J. トマス，浅羽亮一 監訳(1998)『語用論入門　話し手と聞き手の相互交渉が生み出す意味』研究社

J. V. ネウストプニー・宮崎里司 編(2002)『言語研究の方法　言語学・日本語学・日本語教育に携わる人のために』くろしお出版

S. ハート，今泉忠明 監修，平野知美 訳(1998)『動物たちはどんな言葉をもつか』三田出版会

T. R. ハリディ・P. J. B. スレイター 編，浅野俊夫・藤田和生・長谷川芳典 訳(1998)『動物コミュニケーション　行動のしくみから学習の遺伝子まで』西村書店

E. S. S. ランバウ，小島哲也 訳(1992)『チンパンジーの言語研究　シンボルの成立とコミュニケーション』ミネルヴァ書房

■2　日本語の音声・音韻

北原保雄 監修，上野善道 編(2003)『朝倉日本語講座3　音声・音韻』朝倉書店

窪薗晴夫・西光義弘 編(1998)『日英語対照による英語学演習シリーズ1　音声学・音韻論』くろしお出版

窪薗晴夫 監修，田中真一(1999)『日本語の発音教室　理論と練習』くろしお出版

窪薗晴夫(1999)『日本語の音声』岩波書店

窪薗晴夫(2006)『アクセントの法則』岩波書店

国際交流基金(2009)『国際交流基金日本語教授法シリーズ2　音声を教える』ひつじ書房

小松英雄(2009)『いろはうた　日本語史へのいざない』講談社

斎藤純男(2006)『日本語音声学入門(改訂版)』三省堂

城生佰太郎(2012)『日本語教育の音声』勉誠出版

杉藤美代子(2012)『日本語のアクセント、英語のアクセント　どこがどう違うのか』ひつじ書房

飛田良文・佐藤武義 編(2002)『現代日本語講座3　発音』明治書院

福盛貴弘(2010)『基礎からの日本語音声学』東京堂出版

松森晶子・新田哲夫・木部暢子・中井幸比古 編(2012)『日本語アクセント入門』三省堂

馬淵和夫(1993)『五十音図の話』大修館書店

山口幸洋(2002)『方言・アクセントの謎を追って』悠飛社

山田敏弘(2007)『国語教師が知っておきたい日本語音声・音声言語』くろしお出版

湯澤質幸・松崎寛(2004)『シリーズ日本語探究法3　音声・音韻探究法』朝倉書店

■ 3　日本語の語彙

糸井通浩・半沢幹一 編(2009)『日本語表現学を学ぶ人のために』世界思想社
井上史雄・大橋敦夫・田中宣廣・日高貢一郎・山下暁美(2013)『魅せる方言　地域語の底力』三省堂
岩田祐子・重光由加・村田泰美(2013)『概説　社会言語学』ひつじ書房
大西拓一郎(2008)『シリーズ現代日本語の世界6　現代方言の世界』朝倉書店
沖森卓也・木村義之・田中牧郎・陳力衛・前田直子(2011)『図解日本の語彙』三省堂
沖森卓也 編，木村一・鈴木功眞・吉田光浩(2012)『日本語ライブラリー　語と語彙』朝倉書店
小野正弘(2009)『オノマトペがあるから日本語は楽しい　擬音語・擬態語の豊かな世界』平凡社
樺島忠夫(1981)『日本語はどう変わるか　語彙と文字』岩波書店
北原保雄 監修，斎藤倫明 編(2002)『朝倉日本語講座2　語彙・意味』朝倉書店
北原保雄 編(2004)『問題な日本語』大修館書店
北原保雄 編(2005)『続弾！　問題な日本語』大修館書店
北原保雄 編(2007)『問題な日本語　その3』大修館書店
木部暢子・竹田晃子・田中ゆかり(2013)『方言学入門』三省堂
金水敏(2003)『ヴァーチャル日本語　役割語の謎』岩波書店
金水敏 編(2007)『役割語研究の地平』くろしお出版
金水敏 編(2011)『役割語研究の展開』くろしお出版
工藤真由美・八亀裕美(2008)『複数の日本語　方言からはじめる言語学』講談社
国広哲弥(1997)『理想の国語辞典』大修館書店
国広哲弥(2006)『理想の国語辞典II　日本語の多義動詞』大修館書店
窪薗晴夫(2002)『新語はこうして作られる』岩波書店
窪薗晴夫(2008)『ネーミングの言語学　ハリー・ポッターからドラゴンボールまで』開拓社
小池清治・河原修一(2005)『シリーズ日本語探究法4　語彙探究法』朝倉書店
小池清治・鈴木啓子・松井貴子(2005)『シリーズ日本語探究法6　文体探究法』朝倉書店
国際交流基金(2011)『国際交流基金日本語教授法シリーズ3　文字・語彙を教える』ひつじ書房
小林隆・篠崎晃一 編(2007)『ガイドブック方言調査』ひつじ書房
小林千草 編(2005)『文章・文体から入る日本語学　やさしく、深く、体験する試み』武蔵野書院
小林千草(2009)『シリーズ現代日本語の世界4　現代外来語の世界』朝倉書店

定延利之(2011)『日本語社会のぞきキャラくり　顔つき・カラダつき・ことばつき』三省堂

佐藤和之・米田正人 編(1999)『どうなる日本のことば　方言と共通語のゆくえ』大修館書店

佐藤亮一 監修, 小学館辞典編集部 編(2002)『お国ことばを知る　方言の地図帳』小学館

真田信治・渋谷勝己・陣内正敬・杉戸清樹(1992)『社会言語学』おうふう

真田信治(2002)『方言の日本地図　ことばの旅』講談社

真田信治 編(2006)『社会言語学の展望』くろしお出版

真田信治・D. ロング・朝日祥之・簡月真 編(2010)『社会言語学図集(改訂版)日本語・中国語・英語解説』秋山書店

篠崎晃一(2008)『出身地がわかる！　気づかない方言』毎日新聞社

柴田武・長嶋善郎・国広哲弥・山田進(2002)『ことばの意味　辞書に書いてないこと』平凡社

柴田武・長嶋善郎・浅野百合子・国広哲弥・山田進(2003)『ことばの意味2　辞書に書いてないこと』平凡社

柴田武・長嶋善郎・浅野百合子・国広哲弥・山田進(2003)『ことばの意味3　辞書に書いてないこと』平凡社

陣内正敬(1998)『日本語の現在　揺れる言葉の正体を探る』アルク

陣内正敬(2007)『外来語の社会言語学　日本語のグローカルな考え方』世界思想社

陣内正敬・森本郁代・阿部美恵子・笹井香・竹口智之(2010)『時事外来語で日本理解　大学からの超級カタカナ語』関西学院大学出版会

陣内正敬・田中牧郎・相澤正夫 編(2012)『外来語研究の新展開』おうふう

田中ゆかり(2011)『「方言コスプレ」の時代』岩波書店

田守育啓(2002)『オノマトペ　擬音・擬態語をたのしむ』岩波書店

東北大学方言研究センター(2012)『方言を救う、方言で救う　3.11被災地からの提言』ひつじ書房

徳川宗賢・真田信治(1995)『関西方言の社会言語学』世界思想社

独立行政法人国立国語研究所 編(2004)『分類語彙表―増補改訂版』大日本図書

中井精一 編(2005)『社会言語学の調査と研究の技法』おうふう

仁田義雄(2002)『辞書には書かれていないことばの話』岩波書店

飛田良文・佐藤武義 編(2002)『現代日本語講座4　語彙』明治書院

日比谷潤子 編(2012)『はじめて学ぶ社会言語学　ことばのバリエーションを考える14章』ミネルヴァ書房

米川明彦(1996)『現代若者ことば考』丸善出版

米川明彦(1998)『若者語を科学する』明治書院
C. オグデン・I. リチャーズ，石橋幸太郎 訳，外山滋比古 解説(2008)『意味の意味(新装)』新泉社

■4　日本語の文法

会田貞夫・中野博之・中村幸弘 編(2011)『学校で教えてきている現代日本語の文法(改訂新版)』右文書院
天野みどり(2008)『学びのエクササイズ　日本語文法』ひつじ書房
井上史雄(1989)『言葉づかい新風景(敬語と方言)』秋山書店
井上優(2002)『シリーズ日本語のしくみを探る1　日本語文法のしくみ』研究社
加藤重広(2006)『日本語文法　入門ハンドブック』研究社
菊地康人(1997)『敬語』講談社
菊地康人(2008)『敬語再入門』講談社
北原保雄 監修，菊地康人 編(2003)『朝倉日本語講座8　敬語』朝倉書店
北原保雄 監修・編(2003)『朝倉日本語講座5　文法Ⅰ』朝倉書店
北原保雄 監修，尾上圭介 編(2004)『朝倉日本語講座6　文法Ⅱ』朝倉書店
小泉保(2008)『現代日本語文典　21世紀の文法』大学書林
小池清治・赤羽根義章(2002)『シリーズ日本語探究法2　文法探究法』朝倉書店
国際交流基金(2010)『国際交流基金日本語教授法シリーズ4　文法を教える』ひつじ書房
近藤安月子(2008)『(日本語教師を目指す人のための)日本語学入門』研究社
近藤安月子・姫野伴子 編(2012)『日本語文法の論点43　「日本語らしさ」のナゾが氷解する』研究社
定延利之(2008)『煩悩の文法　体験を語りたがる人びとの欲望が日本語の文法システムをゆさぶる話』筑摩書房
中山緑朗・飯田晴巳 監修，沖森卓也・山本真吾・木村義之・木村一 編(2013)『品詞別学校文法講座1　品詞総論』明治書院
名古屋大学日本語研究会 GA6編(2006)『ふしぎ発見！　日本語文法。』三弥井書店
日本語記述文法研究会 編(2003)『現代日本語文法4　モダリティ』くろしお出版
日本語記述文法研究会 編(2007)『現代日本語文法3　アスペクト・テンス・肯否』くろしお出版
日本語記述文法研究会 編(2008)『現代日本語文法6　複文』くろしお出版
日本語記述文法研究会 編(2009)『現代日本語文法2　格と構文・ヴォイス』くろしお出版
日本語記述文法研究会 編(2009)『現代日本語文法5　とりたて・主題』くろしお出版

日本語記述文法研究会 編(2009)『現代日本語文法 7　談話・待遇表現』くろしお出版
日本語記述文法研究会 編(2010)『現代日本語文法 1　総論・形態論』くろしお出版
野田尚史(1991)『はじめての人の日本語文法』くろしお出版
野田尚史 編(2005)『コミュニケーションのための日本語教育文法』くろしお出版
益岡隆志(1993)『24 週日本語文法ツアー』くろしお出版
益岡隆志(2003)『三上文法から寺村文法へ　日本語記述文法の世界』くろしお出版
益岡隆志・野田尚史・森山卓郎 編(2006)『日本語文法の新地平 1　形態・叙述内容編』くろしお出版
益岡隆志・野田尚史・森山卓郎 編(2006)『日本語文法の新地平 2　文論編』くろしお出版
益岡隆志・野田尚史・森山卓郎 編(2006)『日本語文法の新地平 3　複文・談話編』くろしお出版
宮島達夫・仁田義雄 編(1995)『日本語類義表現の文法　上　単文編』くろしお出版
宮島達夫・仁田義雄 編(1995)『日本語類義表現の文法　下　複文・連文編』くろしお出版
宮田幸一(2009)『日本語文法の輪郭』くろしお出版
森山卓郎(2002)『ここからはじまる日本語文法』ひつじ書房
森山卓郎(2002)『表現を味わうための日本語文法』岩波書店
森山卓郎(2004)『コミュニケーションの日本語』岩波書店

■ 5　日本語の文字・表記

犬飼隆(2002)『シリーズ日本語探究法 5 文字・表記探究法』朝倉書店
沖森卓也・笹原宏之・常盤智子(2011)『図解日本の文字』三省堂
沖森卓也(2011)『日本の漢字　1600 年の歴史』ベレ出版
北原保雄 監修，林史典 編(2005)『朝倉日本語講座 2　文字・書記』朝倉書店
今野真二(2009)『振仮名の歴史』集英社
今野真二(2010)『日本語学講座 1　書かれたことば』清文堂出版
今野真二(2013)『正書法のない日本語』岩波書店
今野真二(2013)『漢字からみた日本語の歴史』筑摩書房
今野真二(2013)『常識では読めない漢字』すばる舎
笹原宏之・横山詔一・E. ロング(2003)『国立国語研究所プロジェクト選書 2　現代日本の異体字　漢字環境学序説』三省堂
笹原宏之(2006)『日本の漢字』岩波書店
笹原宏之(2008)『訓読みのはなし　漢字文化圏の中の日本語』光文社
笹原宏之(2011)『漢字の現在』三省堂

笹原宏之(2013)『方言漢字』KADOKAWA
佐藤栄作(2013)『見えない文字と見える文字』三省堂
杉本つとむ(2001)『漢字百珍　日本の異体字入門』八坂書房
高木裕子(1996)『日本語の文字・表記入門　解説と演習』バベル・プレス
田島優(2008)『シリーズ現代日本語の世界3　現代漢字の世界』朝倉書店
當山日出夫(2009)『新常用漢字表の文字論』勉誠出版
中田祝夫・林史典(2000)『日本の漢字』中央公論新社
町田和彦 編(2009)『図説　世界の文字とことば』河出書房新社
屋名池誠(2003)『横書き登場　日本語表記の近代』岩波書店

■ 6　日本語の位置

井上史雄・吉岡泰夫 監修(2004)『沖縄の方言　調べてみよう暮らしのことば』ゆまに書房
沖縄むかし話の会 編(2005)『読みがたり　沖縄のむかし話』日本標準
北原保雄 監修，早田輝洋 編(2005)『朝倉日本語講座1　世界の中の日本語』朝倉書店
京極興一(1993)『「国語」とは何か』東宛社
呉人惠(2011)『日本の危機言語　言語・方言の多様性と独自性』北海道大学出版会
国立国語研究所 編(2002)『多言語・多文化共生社会における言語問題』凡人社
笹原健・野瀬昌彦(2012)『日本語とX語の対照2　外国語の眼鏡をとおして見る日本語』三恵社
砂川有里子・加納千恵子・一二三朋子 編(2010)『日本語教育研究への招待』くろしお出版
田窪行則(2013)『琉球列島の言語と文化　その記録と継承』くろしお出版
田村すゞ子(2013)『アイヌ語の世界』吉川弘文館
角田太作(2009)『世界の言語と日本語(改訂版)　言語類型論から見た日本語』くろしお出版
野瀬昌彦(2011)『日本語とX語の対照　言語を対照することでわかること』三恵社
姫野昌子・金子比呂子・村田年・小林幸江(1998)『ここからはじまる日本語教育』ひつじ書房
外間守善(2000)『沖縄の言葉と歴史』中央公論新社
堀井令以知(1997)『比較言語学を学ぶ人のために』世界思想社
松本克巳(2007)『世界言語のなかの日本語　日本語系統論の新たな地平』三省堂
南雅彦(2009)『言語と文化　言語学から読み解くことばのバリエーション』くろしお出版
宮岡伯人 編(1996)『言語人類学を学ぶ人のために』世界思想社

L-J. カルヴェ，砂野幸稔・今井勉・西山教行・佐野直子・中力えり 訳(2010)『言語戦争と言語政策』三元社

319

図版出典一覧

※記載のないものは著者の作成。

■1　日本語学の視界

[図版1]　『朝日新聞』読者投稿欄，朝日新聞社
　　　　①「感情表現には適切な日本語を」(2012年5月29日朝刊16面、東京本社)
　　　　②「若者語考　言葉とは奥が深い」(2010年7月16日朝刊14面、大阪本社)
　　　　③「美しい鼻濁音　消滅は寂しい」(2008年12月11日朝刊14面、東京本社)
　　　　④「鼻濁音のない方言も美しい」(2008年12月18日朝刊14面、東京本社)

[図版2]　文化庁文化部国語課(2008)『平成19年度国語に関する世論調査　日本人の国語力と言葉遣い』ぎょうせい

[図版3]　文化庁文化部国語課(2003)『平成14年度国語に関する世論調査』・同編(2008)『平成19年度国語に関する世論調査』(ぎょうせい)よりデータを抽出して作成

[図版6]　国土交通省Webサイト「道路標識一覧」(http://www.mlit.go.jp/)

[図版7]　公益財団法人交通エコロジー・モビリティ財団Webサイト「標準案内用図記号ガイドライン」(http://www.ecomo.or.jp/)

[図版8]　デイヴィッド・クリスタル，風間喜代三・長谷川欣佑 監訳(1992)『言語学百科事典』p.575，大修館書店(Frisch, K. von 1962 Dialects in the language of bees. Scientic American 207(August).)

[図版9]　谷川俊太郎 詩，瀬川康男 絵(1973)「かっぱ」『ことばあそびうた』福音館書店

■2　日本語の音韻・音声

[図版1]　平山輝男(1968)『日本の方言』講談社
[図版6]　著者撮影
[図版10]　福島邦道 解説(1976)『天草版伊曽保物語』(勉誠社文庫3)勉誠社
[図版17]　江口正弘(1986)『天草版平家物語対照本文及び総索引』明治書院
[図版21]　福島邦道 解説(1976)『天草版伊曽保物語』(勉誠社文庫3)勉誠社
[図版22]　平成24年度版中学校国語教科書『中学生の国語　二年』p.129，三省堂
[図版24]　天理図書館善本叢書和書之部編集委員会 編(1976)『類聚名義抄　観智院本法』天理大学出版部・八木書店(天理大学附属天理図書館蔵)
[図版26]　文化庁文化部国語課(2004)『平成15年度国語に関する世論調査』(ぎょうせ

い）よりデータを抽出して作成
[図版 27] NHK 放送文化研究所 編(1998)『NHK 日本語発音アクセント辞典　新版』p.898，日本放送出版協会
[図版 28] 金田一春彦 監修，秋永一枝 編(2014)「アクセント分布図」『新明解日本語アクセント辞典 CD 付き　［第 2 版］』三省堂

■ 3　日本語の語彙

[図版 2]　〈苗代　写真提供〉PIXTA（ピクスタ）
〈足踏み脱穀機　写真提供〉塩竈市教育委員会
[図版 5]　田中章夫(1982)「日本語の語彙の構造」佐藤喜代治編『講座日本語の語彙　第 2 巻　日本語の語彙の特色』p.112, 120, 117，明治書院
[図版 6]　国立国語研究所 編(2004)『分類語彙表　増補改訂版』p.338–339，大日本図書
[図版 8]　坂本一郎(1984)「私の基本語彙論」『日本語学』第 2 巻第 3 号，明治書院
[図版 9]　沖森卓也・木村義之・田中牧郎・陳力衛・前田直子(2011)『図解日本の語彙』p.41，三省堂
[図版 10]　文化庁文化部国語課(2008)『平成 19 年度国語に関する世論調査』ぎょうせい
文化庁文化部国語課(2009)『平成 20 年度国語に関する世論調査』ぎょうせい
[図版 13]　〈煙管　写真提供〉DAISYOH TABACO SHOP「世界のたばこ」Web サイト「きせる　助六煙管」(http://www.world-tobacco.net/free_9_53.html)
[図版 15]　〈イラスト〉萱島雄太
[図版 16]　林巨樹・松井栄一 監修，小学館辞典編集部 編(2006)『現代国語例解辞典 [第 4 版]』より「くずす」「からい」，小学館
[図版 17]　林巨樹・松井栄一 監修，小学館辞典編集部 編(2006)『現代国語例解辞典 [第 4 版]』より「あそぶ」，小学館
[図版 18]　林巨樹・松井栄一 監修，小学館辞典編集部 編(2006)『現代国語例解辞典 [第 4 版]』より「はら」，小学館
山田忠雄・柴田武・酒井憲二・倉持保男・山田明雄・上野善道・井島正博・笹原宏之 編(2012)『新明解国語辞典 [第 7 版]』より「はら」，三省堂
北原保雄 編(2010)『明鏡国語辞典 [第 2 版]』より「はら」，大修館書店
[図版 20]　『朝日新聞』「塩が欲しくなる？　ヒョウ柄巨大ナメクジ上陸」(2013 年 6 月 24 日)，朝日新聞社

[図版 21]　徳川宗賢（1981）『日本語の世界 8　言葉・西と東』中央公論社
[図版 22]　〈コートローラー　写真提供〉三和体育製販株式会社「SANWA TAIKU」WEB サイト（http://www.sanwa-taiku.co.jp）
[図版 23]　文化庁文化部国語課（2008）『平成 19 年度国語に関する世論調査』ぎょうせい
[図版 24]　文化庁文化部国語課（2008）『平成 19 年度国語に関する世論調査』ぎょうせい
[図版 25]　国立国語研究所（1981）『大都市の言語生活』（三省堂）をもとに作成
[図版 26]　井上史雄（1998）『日本語ウォッチング』（岩波新書）p.88，岩波書店
[図版 27]　佐藤亮一監修，小学館辞典編集部 編（2002）『お国ことばを知る　方言の地図帳』p.275，小学館
[図版 28]　篠崎晃一（2008）『出身地（イナカ）がわかる！　気づかない方言』毎日新聞社
[図版 29]　①〈方言かるた　写真提供〉まいぷれ那須「とちぎご当地方言かるた」随想舎
　　　　　②〈方言ステッカー　画像提供〉株式会社ディーシップ「LOVE LIVE ふくしま丸型ステッカー」
　　　　　③〈方言のれん　写真提供〉「地域語の経済と社会—方言みやげ・グッズとその周辺—第 262 回　大阪方言 10 万円」（三省堂 Word-Wise Web 2013 年 7 月 13 日　筆者：井上史雄）（http://dictionary.sanseido-publ.co.jp/wp/2013/07/13/ 地域語の経済と社会 – 第 261 回 –2/）
　　　　　④〈方言お菓子　写真提供〉「富山方言ハートせんべい」有限会社イシダ（http://ishida-creation.jp）
[図版 31]　〈イラスト〉萱島雄太
[図版 32]　森川ジョージ（1995）『はじめの一歩　28』P.87，講談社
[図版 33]　吉崎観音（1999）『ケロロ軍曹　1』角川書店
[図版 34]　浜田ブリトニー（2008）『パギャル！　1』小学館
　　　　　藤原ヒロ（2006）『会長はメイド様！　1』白泉社
　　　　　手塚治虫（1973）『ブラック・ジャック』手塚プロダクション
　　　　　東村アキコ（2010）『海月姫　4』講談社
　　　　　東川篤哉（2012）『謎解きはディナーのあとで』小学館

■ 4　日本語の文法

[図版 2]　〈薬局店頭広告〉著者撮影
[図版 5]　北原保雄 編（2010）『明鏡国語辞典 ［第 2 版］』より「たしか」「じじつ」「きょう」，大修館書店

	平成 24 年度版中学校国語教科書『新しい国語』p.250，東京書籍
	平成 24 年度版中学校国語教科書『中学生の国語　一年』p.233，三省堂
[図版 6]	平成 24 年度版中学校国語教科書『中学生の国語　二年』p.345・付録，三省堂
[図版 7]	〈大人な女性　画像提供〉ヘア＆メイク NEW★SATR! WEB サイト（http://newstar.tokyo）
	〈今風な和室づくり　画像提供〉住宅情報館株式会社「住宅情報館」WEB サイト「住まいの情報館　今風な和室づくり（2012/12/27）」（https://www.jutakujohokan.co.jp）
	〈うふふなひじき〉株式会社くらこん「うふふなひじき」（著者撮影）
[図版 9]	平成 24 年度版中学校国語教科書『中学生の国語　二年』p.240，三省堂
[図版 11]	〈私電駅掲示広告〉著者撮影

■ 5　日本語の文字・表記

[図版 3]	文化庁 Web サイト「常用漢字表」(http://www.bunka.go.jp)
[図版 4]	山田忠雄・柴田武・酒井憲二・倉持保男・山田明雄・上野善道・井島正博・笹原宏之 編(2012)『新明解国語辞典［第 7 版］』より「ていねん」「なんこう」，三省堂
[図版 5]	三省堂編修所 編(2015)『新しい国語表記ハンドブック(第 7 版)』より「同音異義語の使い分け」p.180，三省堂
[図版 6]	三省堂編修所 編(2015)『新しい国語表記ハンドブック(第 7 版)』より「「異字同訓」の漢字の使い分け例」p.157，三省堂
[図版 7]	法務省 Web サイトより「人名用漢字表」(http://www.moj.go.jp)
[図版 8]	文部科学省 Web サイトより「小学校学習指導要領」(http://www.mext.go.jp)
[図版 9]	〈看板〉著者撮影
	〈のぼり〉著者撮影
[図版 12]	天理図書館善本叢書和書之部編集委員会 編(1976)『類聚名義抄　観智院本僧』天理大学出版部・八木書店(天理大学附属天理図書館蔵)
[図版 13]	『朝日新聞』「漢字とつきあう 6　戸籍に息づく「渡ナベ」18 種」(2007 年 2 月 2 日)，朝日新聞社
[図版 14]	山田俊雄・戸川芳郎・影山輝國 編(2012)『例解新漢和辞典』第 4 版より「頭」，三省堂
[図版 15]	〈重箱〉著者撮影
	〈湯桶　写真提供〉高橋そば製粉株式会社「産地の見えるそば粉屋」Web サイト (http://sobakoya.ocnk.net)

[図版 17]	〈寿司屋の湯呑み茶碗　写真提供〉PIXTA（ピクスタ）
[図版 18]	〈最高裁判所〉著者撮影
[図版 19]	三省堂編修所 編(2015)『新しい国語表記ハンドブック(第7版)』より「同音の漢字による書きかえ」p.198，三省堂
[図版 20]	〈史蹟　神泉苑〉著者撮影
[図版 22]	〈処方せんの看板〉著者撮影
	〈皮フ科の看板〉著者撮影
[図版 23]	三省堂編修所 編(2015)『新しい国語表記ハンドブック(第7版)』より「現代仮名遣い」p.208-209，三省堂
[図版 25]	〈新橋の看板〉著者撮影
[図版 27]	〈西千葉の看板〉著者撮影
[図版 28]	太田次男・小林芳規(1982)『神田本白氏文集の研究』p.102，勉誠社
[図版 29]	小関智弘(2007)『道具にヒミツあり』(岩波ジュニア新書)岩波書店
	旺文社 編(2013)『高校入試ニガテをなんとかする問題集　国語』旺文社
	ドン小西(2013)「ドン小西のイケてるファッションチェック　長谷川博己」『週刊朝日』第118巻第41号(2013年9月20日)p.15，朝日新聞社
[図版 30]	①樋口一葉(1949)「にごりえ」『にごりえ・たけくらべ』(新潮文庫)p.21，新潮社
	②堀辰雄(1951)「風立ちぬ」『風立ちぬ・美しい村』(新潮文庫)p.118，新潮社
	③株式会社母恵夢「瀬戸内銘菓　母恵夢」
	④「おうちカフェ花楽里」ロゴ(著者撮影)
[図版 31]	①〈書影〉筒井康隆(1986)『言語姦覚』(中公文庫)，中央公論社
	②〈商品ロゴ〉株式会社アサヒコーポレーション「通勤快足」ロゴ
	③〈看板〉「和処居」看板(著者撮影)
	④〈ポスター〉株式会社JR東日本リテールネット，NEW DAYSポスター「野菜をたっぷり，摂るティーヤ！」(著者撮影)
	⑤『朝日新聞』「マートン会改心弾」(2013年8月16日)，朝日新聞社
	⑥『サンケイスポーツ』「ももくろ驚竜ショーだZ～」(2013年7月13日)，産業経済新聞社
	⑦『サンケイスポーツ』「「心友」優子，佐江らに見送られ…さよならAKB秋元卒業」(2013年8月29日)，産業経済新聞社
[図版 32]	〈のれん　画像提供〉染元亀屋染物店暖簾屋Webサイト「横須賀　立花」(http://www7b.biglobe.ne.jp/~nolenya/index.nolenya.html)
	〈箸袋　写真提供〉溝端紙工印刷株式会社

[図版 33]　浜田ブリトニー(2008)『パギャル！　1』小学館
　　　　　藤原ヒロ(2006)『会長はメイド様！　1』白泉社
　　　　　時計野はり(2012)『学園のベビーシッターズ 6』白泉社

■ 6　日本語の位置

[図版 1]　外務省 Web サイト「インド」(http://www.mofa.go.jp)
[図版 2]　文化庁 Web サイト「ユネスコが認定した、日本における危機言語・方言の
　　　　　分布図」(http://www.bunka.go.jp)
[図版 3]　夕鶴の里 Web サイト「南陽市　文化施設のご案内　夕鶴の里」
　　　　　(http://nansupo.ddo.jp/nanyo-cl/yuduru/index.html)
[図版 4]　萱野茂(2002)『萱野茂のアイヌ語辞典　増補版』三省堂
　　　　　知里幸恵 編訳(2009)『アイヌ神謡集』岩波書店
[図版 5]　『朝日新聞』「ベルギー深刻　言葉の壁」(2010 年 6 月 20 日)，朝日新聞社
[図版 6]　土居健郎(1971)『「甘え」の構造』弘文堂
　　　　　ルース・ベネディクト，長谷川松治 訳(2005)『菊と刀　日本文化の型』講
　　　　　　談社
　　　　　中根千枝(1967)『タテ社会の人間関係　単一社会の理論』講談社

索　引

あ
アクセントの型　63
アクセントの平板化　72
アスペクト（相）　220

い
異音　24
位相語　144
異体字　257
異分析　120

う
ヴォイス（態）　220

お
送り仮名　279
音韻　24
音韻論　11, 24
音声学　11, 24
音節　43
音素　11
音素配列論　48
音素論　24
音用論　48

か
下位語　80
外来語　90
書き言葉　88
学習漢字　253

活用　195
漢音　261
漢語　90
感情表現語彙　78
慣用音　262
慣用読み　262

き
基本的な意味　106
逆成　118
旧情報　212

け
形態音韻論　55
形態素　10
形態論　11
謙譲語による尊敬語代用　168
現代仮名づかい　276

こ
語彙　76
語彙体系　80
語彙論　11
口語　88
合成語　57, 113
口頭語　87
呉音　261
国語　293
国字　263
語源俗解・民間語源　118

国訓　264
語用論　12
混淆　117
混種語　91

し

恣意性　14
子音　29
色彩語彙　80
指示詞　182
シソーラス　82
自動詞　184
社会言語学　11
集団語　144
熟字訓　263
主語　205
主題　208
上位語　80
条件表現　239
畳語　57, 113
使用語彙　87
情態副詞（状態副詞）　232
新情報　212
親族語彙　77
新方言　141
人名用漢字　253
心理言語学　11
遂行動詞　20

す

遂行文　20
推定　229

せ

清音　54

正書法　255
線状性　14

そ

総記　212
相補分布　27
促音　38

た

対照言語学　11
対比　212
代名詞　182
代用字　272
高さアクセント（ピッチアクセント）　62
濁音　54
他動詞　184
単音　24
単純語　57, 113
談話　12
談話文法　12

ち

中立叙述　212
超越性　16
調音器官　28
陳述副詞（叙述副詞）　232

つ

強さアクセント
　（ストレスアクセント）　62

て

程度副詞　232
丁寧語による尊敬語代用　168
テンス（時）　220

と
同位語　80
唐音（宋音）　261
同訓異字　262
統語論　11
特殊音素　44
特殊拍　46

に
二重敬語　169
女房詞　145

は
拍　43
派生語　113
派生的な意味　106
撥音　38
話し言葉　88

ひ
比較言語学　11, 309
鼻濁音　22
表記論　11

ふ
複合格助詞　216
複合語　57, 113
副次的意味　105
副詞の呼応　235
文語　88
文章　12
文章語　87
文章論　12
分節性　10
文体論　12

文法論　11

へ
変体仮名　290

ほ
母音　29
母音の無声化　48
方言学　11
方言周圏論　139

ま
まぜ書き　274

め
明示的意味　105
文字論　11

も
モダリティ　220

ゆ
ゆれ　71, 133

ら
ら抜き言葉　6

り
理解語彙　87
略語　116
略字　259
臨時一語　115

る
類推　118

れ

歴史言語学　11
連体修飾節　235
連濁　55

わ

和語　90

【著者紹介】

伊坂淳一（いさかじゅんいち）

1955年、千葉県生まれ。筑波大学大学院博士課程中退。現在、敬愛大学教育学部教授。千葉大学名誉教授。

［主な著書、論文等］

書記法の発達（2）（朝倉日本語講座②文字・書記（北原保雄 監修、林史典 編）朝倉書店　2005年4月　分担執筆）

文の成分（品詞別学校文法講座 第1巻（中山緑朗・他 監修、沖森卓也・他 編）明治書院　2013年11月　分担執筆）

〈「つごもり（晦日）」のはなし〉存疑（国語国文　1987年3月）

中学生の日本語表現における文法的不適格性の分析（千葉大学教育学部研究紀要　第60巻　2012年3月）

小学校高学年児童の日本語表現における文法的不適格性の分析（千葉大学教育学部研究紀要　第61巻　2013年3月）

学力向上と授業改善への提言と課題（千葉大学教育学部附属中学校研究紀要　第43集　2013年3月）

新ここからはじまる日本語学
First Steps to Japanese Language Studies, Second Edition
ISAKA Junichi

発行	2016年12月1日　初版1刷 2024年3月5日　　　6刷 （1997年1月25日　ここからはじまる日本語学　初版1刷　（2016年3月24日　19刷））
定価	1800円＋税
著者	©伊坂淳一
発行者	松本功
装丁者	大崎善治
印刷・製本所	三美印刷株式会社
発行所	株式会社 ひつじ書房 〒112-0011 東京都文京区千石2-1-2 大和ビル2F Tel.03-5319-4916 Fax.03-5319-4917 郵便振替 00120-8-142852 toiawase@hituzi.co.jp　https://www.hituzi.co.jp/

ISBN978-4-89476-710-2　C1081

造本には充分注意しておりますが、落丁・乱丁などがございましたら、小社かお買上げ書店にてとりかえいたします。ご意見、ご感想など、小社までお寄せ下されば幸いです。

［刊行書籍のご案内］

学びのエクササイズ認知言語学
谷口一美著　定価 1,200 円＋税

学びのエクササイズことばの科学
加藤重広著　定価 1,200 円＋税

学びのエクササイズ日本語文法
天野みどり著　定価 1,200 円＋税

学びのエクササイズレトリック
森雄一著　定価 1,400 円＋税

学びのエクササイズ文学理論
西田谷洋著　定価 1,400 円＋税

学びのエクササイズ子どもの発達とことば
伊藤崇著　定価 1,600 円＋税

［刊行書籍のご案内］

ベーシック英語史
家入葉子著　定価 1,600 円＋税

ベーシック新しい英語学概論
平賀正子著　定価 1,700 円＋税

ベーシック英語構文文法
大谷直輝著　定価 1,800 円＋税

ベーシック日本語教育
佐々木泰子編　定価 1,900 円＋税

ベーシック生成文法
岸本秀樹著　定価 1,600 円＋税

ベーシック語彙意味論
岸本秀樹・于一楽著　定価 1,700 円＋税

ベーシック現代の日本語学
日野資成著　定価 1,700 円＋税

ベーシックコーパス言語学　第 2 版
石川慎一郎著　定価 1,700 円＋税

ベーシック応用言語学　第 2 版—L2 の習得・処理・学習・教授・評価
石川慎一郎著　定価 2,100 円＋税

［刊行書籍のご案内］

基礎日本語学　第 2 版
衣畑智秀編　定価 1,800 円 + 税

ここからはじまる日本語文法
森山卓郎著　定価 1,800 円 + 税

ここからはじまる文章・談話
高崎みどり・立川和美編　定価 2,000 円 + 税